Mobile & PC 동시 학습이 가능한
쎄듀런 단어 암기 서비스

학생용

문제 유형	유료 서비스		무료 서비스
	영단어 카드학습 영단어 고르기 뜻고르기 예문 빈칸 고르기	예문 빈칸 쓰기 영단어 쓰기 단어 매칭 게임	영단어 카드학습 단어 매칭 게임

천일문 VOCA 온라인 유료 학습 50% 할인쿠폰 (모든 유형)

PC 쿠폰 사용 방법

1. 쎄듀런에 학생 아이디로 회원가입 후 로그인해 주세요.
2. [결제내역→쿠폰내역]에서 쿠폰 번호를 등록하여 주세요.
3. 쿠폰 등록 후 홈페이지 최상단의 [상품소개→(학생전용) 쎄듀캠퍼스]에서 할인쿠폰을 적용하여 상품을 결제해주세요.
4. [마이캠퍼스→쎄듀캠퍼스→천일문 VOCA 중등 마스터 클래스]에서 학습을 시작해주세요.

유의사항

- 학습 이용 기간은 결제 후 1년입니다.
- 본 할인쿠폰과 이용권은 학생 아이디로만 사용 가능합니다.
- 쎄듀캠퍼스 상품은 PC에서만 결제할 수 있습니다.
- 해당 서비스는 내부 사정으로 인해 조기 종료되거나 정가 등이 변경될 수 있습니다.

천일문 VOCA 온라인 무료 학습 이용권 (일부 유형)

Mobile 쿠폰 등록 방법

1. 쎄듀런 앱을 다운로드해 주세요.
2. 쎄듀런에 학생 아이디로 회원가입 후 로그인해 주세요.
3. 마이캠퍼스에서 [쿠폰등록]을 클릭하여 번호를 입력해주세요.
4. 쿠폰 등록 후 [마이캠퍼스→쎄듀캠퍼스→천일문 VOCA 중등 마스터 무료 클래스]에서 학습을 바로 시작해주세요.

PC 쿠폰 등록 방법

1. 쎄듀런에 학생 아이디로 회원가입 후 로그인해 주세요
2. [결제내역→쿠폰내역]에서 쿠폰 번호를 등록하여 주세요.
3. 쿠폰 등록 후 [마이캠퍼스→쎄듀캠퍼스→천일문 VOCA 중등 마스터 무료 클래스]에서 학습을 바로 시작해주세요.

쎄듀런 모바일앱 설치

쎄듀런 홈페이지
www.cedulearn.com

쎄듀런 카페
cafe.naver.com/cedulearnteacher

1001개 문장으로 완성하는 중등 필수 영단어

천일문
VOCA

중등 마스터

이 책을 만든 사람들

김기훈 　現 ㈜쎄듀 대표이사
　　　　現 메가스터디 영어영역 대표강사
　　　　前 서울특별시 교육청 외국어 교육정책자문위원회 위원
　　저서 　천일문 <Starter·입문편·기본편·핵심편·완성편> / 천일문 GRAMMAR
　　　　어법끝 / 쎄듀 본영어 / 어휘끝 / 빈칸백서 / 오답백서
　　　　첫단추 / 파워업 / ALL씀 서술형 / 수능실감
　　　　Grammar Q / Reading Q / Listening Q
　　　　잘 풀리는 영문법 / 거침없이 Writing / 쓰작 / 리딩 릴레이 등

쎄듀 영어교육연구센터
쎄듀 영어교육센터는 영어 콘텐츠에 대한 전문지식과 경험을 바탕으로
최고의 교육 콘텐츠를 만들고자 최선의 노력을 다하는 전문가 집단입니다.

장혜승 선임연구원 · 조연재 연구원 · 홍세라 연구원

마케팅	콘텐츠 마케팅 사업본부
영업	문병구
제작	정승호
인디자인 편집	올댓에디팅
표지 디자인	유은아
내지 디자인	윤혜영
영문교열	James Clayton Sharp

펴낸이	김기훈·김진희
펴낸곳	(주)쎄듀 / 서울시 강남구 논현로 305 (역삼동)
발행일	2024년 1월 2일 초판 1쇄
내용문의	www.cedubook.com
구입문의	콘텐츠 마케팅 사업본부
	Tel. 02-6241-2007
	Fax. 02-2058-0209
등록번호	제22-2472호
ISBN	978-89-6806-288-9
	978-89-6806-285-8(세트)

Foreword

<천일문 VOCA> 시리즈를 펴내며

처음 발간된 이래 지금까지 누적 판매 수가 500만 부를 훌쩍 넘어선 천일문 시리즈를 통해 "문장 중심의 영어 효과"는 이미 검증되었습니다. <천일문 VOCA>에서도 문장 중심의 체계적인 어휘 학습이 가능하며, 학습 효과를 극대화하기 위해 다음과 같이 크게 두 가지 도구를 마련하였습니다.

❶ 1,001개 예문을 통한 자동 복습 시스템

어휘 학습에서 가장 중요한 것은 단연코 '반복'입니다. 뇌 과학적으로 우리는 하루 이내에 모든 새로운 정보의 50%를 잊어버리고, 일주일 이내에 90%를 잊어버리기 때문입니다. 결국 반복을 여러 번 할수록 장기 기억의 가능성이 커지는데, '단어-뜻'만 기계적으로 반복하는 것은 시간 대비 효율이 낮고, 낯선 문맥에서 맞닥뜨렸을 때 저장된 기억에서 불러오는 것이 쉽지 않습니다. 반면, **배운 단어를 문장으로 반복**하면, 그 단어의 뜻과 사용법이 우리의 뇌에 자동으로 기억됩니다.

<천일문 VOCA>에서는 1,001개 예문을 다음과 같이 A, B, C 세 단계로 나누어 문장에 적용하는 훈련을 합니다. 2~3개 DAY 씩 묶어 누적 학습함으로써 자동 복습이 가능합니다. (40~60개 표제어)

각 단어에 제공된 예문 외에 새로운 문맥에서 적용하는 훈련을 반복해야 독해 지문에서 맞닥뜨렸을 때도 자연스럽게 뜻을 떠올릴 수 있습니다.

A 주어진 단어를 각각 빈칸에 채워 문장을 완성하세요. **315** She is in _____ now. (condition, serious)	단어의 각 품사와 의미를 파악해서 적용하기
B <보기>에서 알맞은 단어를 골라 문장을 완성하세요. <보기> terrible anxious cure touching fear disease screamed suffered breath tears **320** The scientist found a _____ for the _____.	<보기> 단어들의 의미를 모두 떠올려 보고 문맥에 조합해 보며 적용하기
C 주어진 우리말에 맞게 다음 빈칸에 알맞은 단어를 쓰세요. (필요시 형태 바꿀 것) **325** This _____ can help your _____ throat. 이 알약은 인후염에 도움이 될 수 있다.	우리말에 알맞은 단어 떠올리기 → 영어 어순에 맞게 알맞은 빈칸에 넣기 → 어법에 맞게 단어 변형하여 문장 완성하기

❷ 쉬운 우리말 뜻풀이

문해력(글을 읽고 이해하는 능력) 부족 문제는 국어뿐만 아니라 영어에서도 걸림돌이 됩니다. 영어단어의 우리말 뜻을 제대로 이해하지 못한 채 달달 외우기만 하면 결국 영어 지문을 독해할 때도 어떤 의미인지 완전하게 이해하기 어렵습니다. <천일문 VOCA>에는 어려운 우리말 뜻마다 쉬운 뜻풀이를 함께 제공하여, 이해 없는 기계적인 암기를 지양하도록 했습니다.

〔명〕 경이*, 놀라움	쉬운뜻 *놀랍고 신기한 일	〔전〕 1. 도처에* 2. ~동안, 내내	쉬운뜻 *여러 곳에

구성과 특징

※ Preview Check

DAY마다 공부할 단어를 미리 ☑ 체크해 보세요.
학습을 마친 후에는 복습용으로도 활용할 수
있어요.

※ 연상 학습 효과를 Up시키는 주제별 분류

각 주제는 최신 교육과정 및 중등 교과서 수록 단어와
표현들을 완벽 분석하여 엄선했어요.

※ Voca Exercise

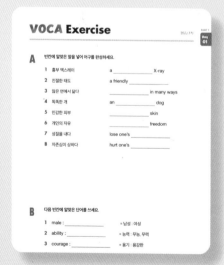

다양한 유형의 문제를 통해 학습한 단어를
점검해요.

※ 1001 Sentences Review

2~3개 DAY마다 배운 단어들을 다양한 문맥의 문장을
통해 복습해요. 여러 문제들을 풀다 보면 자연스럽게
반복 & 누적 학습이 가능해요.

온라인/오프라인 반복 학습 방법

1 휴대용 단어 암기장

휴대하고 다니면서 어디서나 간편하게
반복 학습이 가능한 단어장을 수록하였습니다.

2 총 세 가지 버전의 MP3파일 제공

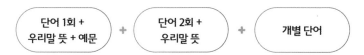

| 단어 1회 + 우리말 뜻 + 예문 | 단어 2회 + 우리말 뜻 | 개별 단어 |

QR코드 하나로 학습 목적에 따라 여러 버전의 음원을 선택 재생할 수 있습니다.
개별 단어 파일도 제공하여 보다 편리한 학습이 가능합니다.

3 무료 부가 서비스 자료 활용   www.cedubook.com

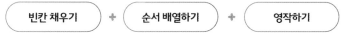

| 빈칸 채우기 | 순서 배열하기 | 영작하기 |

다양한 유형의 부가 서비스 자료를 활용하여 학습한 어휘를 완벽하게 복습할 수 있습니다.

4 쎄듀런 학습하기   www.cedulearn.com

암기한 어휘를 쎄듀런 웹사이트와 앱을 통해 학습할 수 있습니다.

학생

무료 온라인 학습
· 학습 TR(Training) 제공(일부 유형)

유료 온라인 학습
· 학습 TR(Training) 제공(모든 유형)
· 복습 TEST 제공
· 누적 TEST 제공

선생님

· 온라인 TR/TEST 및 학사관리 제공
· 학교 및 학원용 TEST 인쇄 서비스 제공

쎄듀런

자세히 보기

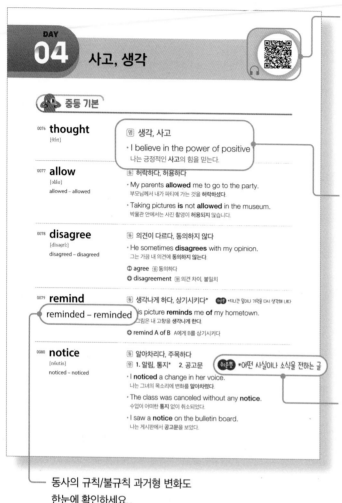

DAY 04 사고, 생각

QR코드
세 가지 버전의 음원을 선택 재생할 수 있어요.
· **전체**: 단어, 우리말, 예문 1회
· **셀프스터디**: 단어 2회, 우리말 1회
· **개별 단어**: 단어 1회

중등 기본

0076 **thought**
[θɔːt]
명 생각, 사고
· I believe in the power of positive
나는 긍정적인 **사고**의 힘을 믿는다.

0077 **allow**
[əláu]
allowed – allowed
통 허락하다, 허용하다
· My parents **allowed** me to go to the party.
부모님께서 내가 파티에 가는 것을 **허락하셨다**.
· Taking pictures **is** not **allowed** in the museum.
박물관 안에서는 사진 촬영이 허용되지 않습니다.

0078 **disagree**
[dìsəgríː]
disagreed – disagreed
통 의견이 다르다, 동의하지 않다
· He sometimes **disagrees** with my opinion.
그는 가끔 내 의견에 동의하지 않는다.
⊕ agree 통 동의하다
⊕ disagreement 명 의견 차이, 불일치

0079 **remind**
reminded – reminded
통 생각나게 하다, 상기시키다* 여휘뜻 *지나간 일이나 기억을 다시 생각해 내다
· is picture **reminds** me of my hometown.
그림은 내 고향을 **생각나게 한다**.
· remind A of B A에게 B를 상기시키다

0080 **notice**
[nóutis]
noticed – noticed
통 알아차리다, 주목하다
명 1. 알림, 통지* 2. 공고문 여휘뜻 *어떤 사실이나 소식을 전하는 글
· I **noticed** a change in her voice.
나는 그녀의 목소리에 변화를 **알아차렸다**.
· The class was canceled without any **notice**.
수업이 어떠한 통지 없이 취소되었다.
· I saw a **notice** on the bulletin board.
나는 게시판에서 공고문을 보았다.

우리말 뜻+실용적인 예문
· 원어민들이 실제로 자주 사용하는 예문과 어구를 수록했어요.
· 우리말 뜻, 품사마다 예문을 제시하여 문장에서의 다양한 쓰임을 확인할 수 있어요.
· 유의어/반의어/파생어는 물론, 해당 표제어를 포함한 자주 쓰이는 표현까지 함께 제시했어요.

쉽게 풀어쓴 우리말 뜻
· 한자어가 많은 우리말의 특성상 뜻을 이해하기 어려운 경우가 많아요. 기계적으로 우리말 뜻만 암기하지 않도록 쉬운 우리말 풀이를 수록했어요.

동사의 규칙/불규칙 과거형 변화도 한눈에 확인하세요.

본문에 등장하는 품사와 기호
명 명사 대 대명사 동 동사 형 형용사 부 부사 전 전치사 접 접속사 감 감탄사
⊕ 파생어, 추가 표현 | ⊝ 반의어

= 유의어(구) | (-s) 복수형의 의미 | [ ] 대신 쓸 수 있는 표현 | ( ) 의미 보충 설명 센터 (특정 활동을 위한 건물)
큰 ( ) 우리말 일부 머리(카락) | **작은 ( )** 의미의 보충 설명 (소리 내어) 웃다

단어 암기와 이해도를 넓힐 수 있는 다양한 코너 수록

- **Voca Plus**
  표제어와 관련하여 함께 알아두면 좋은 단어 또는 표현을 수록했어요.

- **More**
  자주 헷갈리거나 궁금해 하는 내용, 중요한 문법 규칙 등을 통해 단어를 더 깊이 있게 이해할 수 있어요.

- **비교 Point**
  비슷한 우리말 뜻을 가진 단어들의 쓰임이나 뉘앙스의 차이점들을 쉬운 설명과 예문을 통해 구분할 수 있어요.

엄선된 1,001개 문장으로 자연스러운 누적 학습

- 시리즈 내 1,001개 문장은 문장 길이와 난이도 순서대로 구성되었으며, 학습한 단어들을 새로운 문맥에서 확인할 수 있습니다.

- 각 예문에 단어를 채워 문장을 완성하세요. 문맥에 가장 자연스러운 문장을 만드는 것이 중요합니다.

- 필요시 단어의 형태를 바꾸면서 문법 응용력을 키울 수 있습니다.

- 복습과 반복 학습을 돕는 다양한 부가 서비스 자료를 활용해 보세요. (무료로 다운로드)

Contents

학습 계획표

천일문 VOCA로 단어 암기 효과 높이는 방법: 복습은 무조건 한다!

기본 학습: 본책에 등장하는 전 코너를 학습

반복 학습: 우리말 뜻을 외우지 못한 단어 위주, 미니 암기장, 천일문 문장 학습을 통한 반복 학습

*학습 계획표는 쎄듀북 홈페이지에서도 다운로드 가능합니다. 학습자의 계획에 따라 수정하여 사용할 수 있습니다.

1회 복습용

	1일차	2일차	3일차	4일차	5일차	6일차	7일차
기본 학습	DAY 01	DAY 02	DAY 03	DAY 04	DAY 05	DAY 06	DAY 07
반복 학습		DAY 01	DAY 02	DAY 03	DAY 04	DAY 05	DAY 06

	8일차	9일차	10일차	11일차	12일차	13일차	14일차
기본 학습	DAY 08	DAY 09	DAY 10	DAY 11	DAY 12	DAY 13	DAY 14
반복 학습	DAY 07	DAY 08	DAY 09	DAY 10	DAY 11	DAY 12	DAY 13

	15일차	16일차	17일차	18일차	19일차	20일차	21일차
기본 학습	DAY 15	DAY 16	DAY 17	DAY 18	DAY 19	DAY 20	DAY 21
반복 학습	DAY 14	DAY 15	DAY 16	DAY 17	DAY 18	DAY 19	DAY 20

	22일차	23일차	24일차	25일차	26일차	27일차	28일차
기본 학습	DAY 22	DAY 23	DAY 24	DAY 25	DAY 26	DAY 27	DAY 28
반복 학습	DAY 21	DAY 22	DAY 23	DAY 24	DAY 25	DAY 26	DAY 27

	29일차	30일차	31일차	32일차	33일차	34일차	35일차
기본 학습	DAY 29	DAY 30	DAY 31	DAY 32	DAY 33	DAY 34	DAY 35
반복 학습	DAY 28	DAY 29	DAY 30	DAY 31	DAY 32	DAY 33	DAY 34

	36일차	37일차	38일차	39일차	40일차	41일차	42일차
기본 학습	DAY 36	DAY 37	DAY 38	DAY 39	DAY 40		
반복 학습	DAY 35	DAY 36	DAY 37	DAY 38	DAY 39	DAY 40	

	1일차	2일차	3일차	4일차	5일차	6일차	7일차
기본 학습	DAY 01	DAY 02	DAY 03	DAY 04	DAY 05	DAY 06	DAY 07
1회 복습		DAY 01	DAY 02	DAY 03	DAY 04	DAY 05	DAY 06
2회 복습				DAY 01	DAY 02	DAY 03	DAY 04
	8일차	9일차	10일차	11일차	12일차	13일차	14일차
기본 학습	DAY 08	DAY 09	DAY 10	DAY 11	DAY 12	DAY 13	DAY 14
1회 복습	DAY 07	DAY 08	DAY 09	DAY 10	DAY 11	DAY 12	DAY 13
2회 복습	DAY 05	DAY 06	DAY 07	DAY 08	DAY 09	DAY 10	DAY 11
	15일차	16일차	17일차	18일차	19일차	20일차	21일차
기본 학습	DAY 15	DAY 16	DAY 17	DAY 18	DAY 19	DAY 20	DAY 21
1회 복습	DAY 14	DAY 15	DAY 16	DAY 17	DAY 18	DAY 19	DAY 20
2회 복습	DAY 12	DAY 13	DAY 14	DAY 15	DAY 16	DAY 17	DAY 18
	22일차	23일차	24일차	25일차	26일차	27일차	28일차
기본 학습	DAY 22	DAY 23	DAY 24	DAY 25	DAY 26	DAY 27	DAY 28
1회 복습	DAY 21	DAY 22	DAY 23	DAY 24	DAY 25	DAY 26	DAY 27
2회 복습	DAY 19	DAY 20	DAY 21	DAY 22	DAY 23	DAY 24	DAY 25
	29일차	30일차	31일차	32일차	33일차	34일차	35일차
기본 학습	DAY 29	DAY 30	DAY 31	DAY 32	DAY 33	DAY 34	DAY 35
1회 복습	DAY 28	DAY 29	DAY 30	DAY 31	DAY 32	DAY 33	DAY 34
2회 복습	DAY 26	DAY 27	DAY 28	DAY 29	DAY 30	DAY 31	DAY 32
	36일차	37일차	38일차	39일차	40일차	41일차	42일차
기본 학습	DAY 36	DAY 37	DAY 38	DAY 39	DAY 40		
1회 복습	DAY 35	DAY 36	DAY 37	DAY 38	DAY 39	DAY 40	
2회 복습	DAY 33	DAY 34	DAY 35	DAY 36	DAY 37	DAY 38	DAY 39
	43일차						
2회 복습	DAY 40						

THE CAPACITY TO LEARN IS A GIFT; THE ABILITY TO LEARN IS A SKILL;
THE WILLINGNESS TO LEARN IS A CHOICE.

학습 역량은 소질이고, 학습 능력은 기술이며, 배우고자 하는 의지는 선택이다.

✖

Brian Herbert 브라이언 허버트

DAY

01

사람 묘사

- [ ] male
- [ ] chest
- [ ] alike
- [ ] ability
- [ ] strict
- [ ] youth
- [ ] sensitive
- [ ] courage
- [ ] character
- [ ] personality
- [ ] attitude
- [ ] pride
- [ ] modest
- [ ] temper
- [ ] capable
- [ ] resemble
- [ ] physical
- [ ] intelligent
- [ ] individual
- [ ] brilliant
- [ ] relationship
- [ ] graceful
- [ ] elegant
- [ ] look after
- [ ] bring up

사람 묘사

 중등 기본

0001 male
[meil]

형 남성의, 수컷의   명 남성, 수컷

· **Male** penguins keep their eggs warm.
수컷 펭귄들은 알을 따뜻하게 유지한다.

· The police are looking for a white **male**.
경찰은 백인 **남성**을 찾고 있다.

↔ female 형 여성의, 암컷의 명 여성, 암컷

0002 chest
[tʃest]

명 1. 가슴, 흉부   2. 상자

· I have a pain in my **chest**.
저는 **가슴**에 통증이 있어요.

· a treasure **chest**
보물 **상자**

0003 alike
[əláik]

형 비슷한   부 비슷하게, 동등하게

· My brother and I look **alike**.
내 남동생과 나는 **비슷해** 보인다[닮았다].

· I don't like to dress **alike** with others.
나는 다른 사람들과 **비슷하게** 옷을 입는 것이 싫다.

0004 ability
[əbíləti]

명 능력

· She has amazing artistic **abilities**.
그녀는 놀라운 예술적 **능력**이 있다.

· He has the **ability** to make people laugh.
그는 사람들을 웃게 만드는 **능력**이 있다.

↔ disability 명 1. 장애 2. 무능, 무력

0005 strict
[strikt]

형 엄한, 엄격한*   취준뜻 *말, 태도, 규칙 등이 엄하고 철저한

· Some parents are very **strict** with their children.
어떤 부모들은 자식들에게 매우 **엄하다**.

· Our school has a **strict** dress code.
우리 학교는 **엄격한** 복장 규정이 있다.

➕ strictly 부 엄하게, 엄격히

0006 **youth**
[juːθ]

명 1. (성인이 되기 전의) 어린 시절　2. 청년, 젊은이

- He spent his **youth** abroad.
  그는 **어린 시절**을 해외에서 보냈다.

- the **youth** of today
  오늘날의 **청년층**

0007 **sensitive**
[sénsitiv]

형 예민한, 민감한

- She is very **sensitive** to sound and smell.
  그녀는 소리와 냄새에 매우 **예민하다**.

0008 **courage**
[kə́ːridʒ]

명 용기, 대담함

- I didn't have the **courage** to try again.
  나는 다시 시도할 **용기**가 없었다.

- It takes **courage** to speak your mind.
  솔직히 말하는 것은 **대담함**을 필요로 한다.

➕ courageous 형 용감한 (= brave)

0009 **character**
[kǽriktər]

명 1. 성격, 기질*　2. 특징
　　3. 등장인물, 배역　　쉬운뜻 *어떤 사람의 타고난 성질

- She doesn't show her true **character** often.
  그녀는 자신의 진짜 **성격**[본성]을 자주 보이지 않는다.

- The **character** of the old city is unique.
  그 오래된 도시의 **특징**은 독특하다.

- He played the main **character** in the movie.
  그는 그 영화에서 주요 **등장인물**[주인공]을 연기했다.

➕ characteristic 명 특성, 특징 형 특징적인

0010 **personality**
[pə̀rsənǽləti]

명 성격, 인격*　　쉬운뜻 *사람의 풍격, 됨됨이

- My sister has an outgoing **personality**.
  내 여동생은 외향적인 **성격**을 가졌다.

⚡ **비교 Point** character vs. personality

character는 사람이 지닌 마음의 본바탕인 성질, 성품, 인성 등을 말할 때 사용해요.
- a warm/strong **character** 따뜻한/강인한 **기질**[성격]

personality는 개인의 성격을 말할 때 사용해요.
- a cheerful **personality** 명랑한 **성격**
- We all have different **personalities**. 우리는 모두 다른 **성격**을 가지고 있다.

0011 attitude
[ǽtitjùːd]

명 태도, 자세

- a positive/negative **attitude**
  긍정적인/부정적인 **태도**

- He needs to change his bad **attitude**.
  그는 나쁜 **태도**를 고쳐야 한다.

0012 pride
[praid]

명 1. 자랑스러움, 자부심   2. 자존심

- The firefighter takes **pride** in his job.
  그 소방관은 자신의 직업에 **자부심**을 가지고 있다.

- His **pride** didn't allow him to ask for help.
  그의 **자존심**이 그가 도움을 요청하는 것을 허락하지 않았다.

0013 modest
[mádist]

형 1. 겸손한*   2. 적당한, 보통의   쉬운뜻 *남을 존중하고 자기를 내세우지 않는

- She was very **modest** about her success.
  그녀는 자신의 성공에 대해 매우 **겸손했다**.

- The hotel charges a **modest** fee for laundry.
  그 호텔은 **적당한** 세탁 비용을 청구한다.

0014 temper
[témpər]

명 성질*, 성미**   쉬운뜻 *분노를 참지 못하고 내는 화
**성질, 버릇 따위를 통틀어 이르는 말

- You must learn to control your **temper**.
  당신은 **성질**을 참는 법을 배워야 한다.

- He **lost his temper** and yelled at her.
  그는 **성질을 내며** 그녀에게 소리를 질렀다.

➕ **lose one's temper** 화를 내다, 성질을 내다

0015 capable
[kéipəbl]

형 1. 유능한, 능력 있는   2. (능력·특성상) ~할 수 있는 (of)

- She is a **capable** writer.
  그녀는 유능한 작가이다.

- He is **capable of** doing the job well.
  그는 그 일을 잘할 수 있다.

0016 resemble
[rizémbl]
resembled – resembled

동 닮다, 비슷하다

- He **resembles** his father in many ways.
  그는 많은 부분에서 자신의 아버지를 **닮았다**.

0017 physical
[fízikəl]

형 1. 육체의, 신체의   2. 물질의, 물리적인

- She loves to do **physical** activities like running.
  그녀는 달리기와 같은 **신체** 활동을 하는 것을 아주 좋아한다.

- the **physical** environment
  물리적 환경

➕ physically 부 1. 신체적으로 2. 물리적으로

0018 intelligent
[intélidʒənt]

형 똑똑한, 총명한

- She is the most **intelligent** student in her class.
  그녀는 반에서 가장 **똑똑한** 학생이다.

➕ intelligence 명 지능

0019 individual
[ìndəvídʒuəl]

명 개인   형 1. 각각의, 개별의   2. 개인의

- Each **individual** has the right to vote.
  각 **개인**은 투표할 권리를 가지고 있다.

- The coach talked to each **individual** member of the team.   코치는 팀의 **각** 멤버들과 이야기를 나누었다.

- We should respect **individual** opinions.
  우리는 **개인의** 의견을 존중해야 한다.

0020 brilliant
[bríljənt]

형 1. 훌륭한, 멋진, 뛰어난   2. 아주 밝은, 눈부신

- He had a **brilliant** idea to save energy.
  그는 에너지를 절약할 **훌륭한** 아이디어가 있었다.

- It was clear with **brilliant** blue skies.
  눈부신 파란 하늘로 날씨가 맑았다.

0021 relationship

[riléiʃənʃip]

몡 관계

· She has a good **relationship** with her family.
그녀는 가족과 좋은 **관계**를 맺고 있다.

➕ relative 몡 친척

0022 graceful

[gréisfəl]

형 우아한, 품위 있는

· The ballerina's performance was **graceful**.
그 발레리나의 공연은 **우아했다**.

➕ gracefully 뭐 우아하게

➕ grace 몡 우아함, 품위

0023 elegant

[éligənt]

형 우아한, 품격 있는

· She looked **elegant** with the long dress.
그녀는 긴 드레스를 입어 **우아해** 보였다.

· Most of her clothes are simple but **elegant**.
그녀의 옷은 대부분 단순하지만 **우아하다**.

🔧 비교 Point graceful vs. elegant

graceful은 부드럽고 아름답게 움직이는 동작을 묘사할 때 종종 쓰여요.
· a **graceful** dancer 우아한 무용수 · Her movements were **graceful**. 그녀의 움직임은 우아했다.
elegant는 사람의 외모나 매너뿐만 아니라 옷, 장소 등의 사물을 묘사할 때도 쓰여요.
· an **elegant** dress/hotel 우아한 드레스/호텔

교과서 빈출 표현

0024 look after

looked – looked

~을 돌보다 (= care for)

· My aunt **looked after** us when my parents worked.
부모님께서 일하실 때 이모가 우리를 **돌봐주셨다**.

0025 bring up

brought – brought

1. (화제를) 꺼내다   2. 기르다, 양육하다

· **bring up** a subject
화제를 **꺼내다**

· I **was brought up** in a small village.
나는 작은 마을에서 **길러졌다[자랐다]**.

VOCA Exercise

A 빈칸에 알맞은 말을 넣어 어구를 완성하세요.

1 흉부 엑스레이   a _____ X-ray

2 친절한 태도   a friendly _____

3 많은 면에서 닮다   _____ in many ways

4 똑똑한 개   an _____ dog

5 민감한 피부   _____ skin

6 개인의 자유   _____ freedom

7 성질을 내다   lose one's _____

8 자존심이 상하다   hurt one's _____

B 다음 빈칸에 알맞은 단어를 쓰세요.

1 male : _____   = 남성 : 여성

2 ability : _____   = 능력 : 무능, 무력

3 courage : _____   = 용기 : 용감한

4 strict : _____   = 엄한 : 엄하게

5 physical : _____   = 신체의 : 신체적으로

6 character : _____   = 특징 : 특징적인

VOCA Exercise

C 다음 영영풀이에 해당하는 단어를 <보기>에서 골라 쓰세요.

<보기>	graceful	youth	alike	modest

1. very similar; almost in the same way _____

2. moving in a smooth and beautiful way _____

3. the time of life when a person is young _____

4. not very big, great, or expensive _____

D 주어진 우리말에 맞게 빈칸에 알맞은 단어를 채워 문장을 완성하세요.

1. 윌리엄 씨는 매우 유능한 교사이다.

   → Mr. William is a very _____ teacher.

2. 그녀는 냉정을 잃지 않는 능력이 있다.

   → She has the _____ to keep calm.

3. 우리는 품격 있는 식당에서 근사한 저녁 식사를 했다.

   → We had a nice dinner at an _____ restaurant.

4. 정지 신호는 사람들에게 경고하기 위해 아주 밝은 붉은색을 띤다.

   → The stop signs are in _____ red to warn people.

5. 나는 내일 내 개를 돌봐줄 사람이 필요하다.

   → I need someone to _____ _____ my dog

   tomorrow.

DAY

02

기분, 감정

- ☐ mood
- ☐ moved
- ☐ horrible
- ☐ shocked
- ☐ depressed
- ☐ confident
- ☐ disappoint
- ☐ concern
- ☐ regret
- ☐ envy
- ☐ embarrass
- ☐ amuse
- ☐ annoy
- ☐ thrill
- ☐ frustrate
- ☐ eager
- ☐ anxiety
- ☐ fascinating
- ☐ frightened
- ☐ ashamed
- ☐ puzzled
- ☐ grateful
- ☐ delight
- ☐ feel like (v-ing)
- ☐ can't help v-ing

 중등 기본

0026 mood
[mu:d]

몡 1. 기분 2. 분위기

• He seems to be in a good **mood**.
그는 **기분**이 좋아 보인다.

• set the **mood**
분위기를 조성하다

0027 moved
[mu:vd]

혱 감동한, 감동 받은

• I was **moved** to tears by the story.
나는 그 이야기에 **감동 받아** 눈물을 흘렸다.

➕ move 통 1. 옮기다, 움직이다 2. 이사하다 3. 감동시키다

0028 horrible
[hɔ́:rəbəl]

혱 1. 무서운, 소름 끼치는 2. 끔찍한

• I had a **horrible** dream last night.
나는 어젯밤에 **무서운** 꿈을 꿨어.

• The coffee tasted **horrible**.
그 커피는 맛이 **끔찍했다**.

0029 shocked
[ʃɑːkt]

혱 충격 받은

• Everyone was **shocked** by the news of her death.
모두가 그녀의 사망 소식에 **충격을 받았다**.

➕ shock 몡 충격

0030 depressed
[diprésd]

혱 우울한, 낙담한*   쉬운뜻 *바라던 일이 뜻대로 되지 않아 실망한

• I feel a little **depressed** on rainy days.
나는 비 오는 날에는 조금 **우울하다**.

• His bad grades made him **depressed**.
나쁜 성적은 그를 **낙담하게** 했다.

➕ depressing 혱 우울하게 만드는, 우울한

0031 confident

[kάnfidənt]

형 1. 자신 있는   2. 확신하는

· The speech class made me more **confident**.
웅변 수업은 나를 더 **자신 있게** 만들어 주었다.

· The boss was **confident** that he could succeed.
그 사장은 자신이 성공할 수 있으리라고 **확신했다**.

➕ confidence 명 자신감

0032 disappoint

[dìsəpɔ́int]

disappointed – disappointed

동 실망시키다

· The team lost the game and **disappointed** many fans.   그 팀은 경기에 져서 많은 팬들을 **실망시켰다**.

➕ disappointing 형 실망스러운
➕ disappointed 형 실망한

 중등 필수

0033 concern

[kənsə́ːrn]

concerned – concerned

명 1. 걱정   2. 관심   동 걱정스럽게 하다

· She expressed her **concern** about his health.
그녀는 그의 건강에 대해 **걱정**을 표했다.

· Diet is one of my main **concerns**.
다이어트는 내 주된 **관심사** 중 하나이다.

· His parents **are concerned** about his future.
그의 부모님은 그의 장래를 **걱정한다**.

0034 regret

[rigrét]

regretted – regretted

동 후회하다   명 후회, 유감

· I **regret** using bad words to my friend.
나는 친구에게 나쁜 말을 한 것을 **후회한다**.

· He has no **regrets** about choosing his job.
그는 자신의 직업을 선택한 것에 **후회**가 없다.

More regret v-ing vs. regret to-v

동사 regret은 목적어로 동명사나 to부정사 중 어떤 형태가 오는지에 따라 의미가 달라져요.

regret v-ing ~했던 것을 후회하다 (과거/현재의 행동)

· I **regret** leaving him. 나는 그를 떠난 것을 후회한다.

regret to-v ~하게 되어 유감이다 (미래에 할 행동)

· I **regret to** tell you that he is leaving. 그가 떠난다는 것을 네게 알려주게 되어 유감이다.

0035 envy
[énvi]
envied – envied

명 부러움, 질투 동 부러워하다, 질투하다

- He looked at my new smart watch with **envy**.
  그는 나의 새 스마트 시계를 **부러움**으로 바라보았다.

- I **envied** her great success.
  나는 그녀의 큰 성공을 **부러워했다**.

0036 embarrass
[imbǽrəs]
embarrassed – embarrassed

동 당황스럽게 만들다

- I didn't mean to **embarrass** you.
  저는 당신을 **당황스럽게 만들** 의도는 없었어요.

➕ **embarrassing** 형 당황하게 하는, 창피하게 하는
➕ **embarrassed** 형 당황스러운, 창피한

0037 amuse
[əmjúːz]
amused – amused

동 즐겁게 하다, 재미있게 하다

- His magic trick **amused** everyone in the street.
  그의 마술 묘기는 거리에 있는 모두를 **즐겁게 했다**.

➕ **amusing** 형 재미있는, 즐거운
➕ **amused** 형 즐거워하는, 재미있어 하는

0038 annoy
[ənɔ́i]
annoyed – annoyed

동 짜증나게 하다, 화나게 하다

- It really **annoys** me when people chew loudly.
  사람들이 씹는 소리를 크게 내는 것은 나를 아주 **짜증나게 한다**.

➕ **annoying** 형 성가신, 짜증나는
➕ **annoyed** 형 짜증이 난

0039 thrill
[θril]
thrilled – thrilled

명 황홀감* 동 황홀하게 하다 쉬운뜻 *갑작스럽게 놀라움이나 감격을 느껴 들뜸

- Riding a roller coaster gave me a big **thrill**.
  롤러코스터를 탄 것은 내게 큰 **황홀감**을 주었다.

- He **thrilled** the audiences with his guitar performance.
  그는 기타 연주로 관객들을 **황홀하게 했다**.

➕ **thrilling** 형 아주 신나는
➕ **thrilled** 형 황홀해하는, 아주 신이 난

0040 frustrate
[frʌ́streit]
frustrated – frustrated

동 좌절시키다
- He **was frustrated** by the unexpected result.
  그는 예상치 못한 결과에 **좌절했다**.
➕ frustrating 형 불만스러운, 좌절감을 주는

0041 eager
[íːgər]

형 1. 간절히 바라는 2. 열성적인
- We are **eager** to win the game.
  우리는 경기에서 이기길 **간절히 바란다**.
- A crowd of **eager** fans waited to see the singer.
  한 무리의 **열성** 팬이 그 가수를 보려고 기다렸다.

0042 anxiety
[æŋzáiəti]

명 불안, 염려
- My heart beat faster when I felt **anxiety**.
  내가 **불안**을 느꼈을 때 심장이 더 빨리 뛰었다.

0043 fascinating
[fǽsənèitiŋ]

형 대단히 흥미로운, 매력적인
- He chose a **fascinating** topic for his essay.
  그는 과제로 **대단히 흥미로운** 주제를 골랐다.
➕ fascinated 형 마음을 빼앗긴, 매료된
➕ fascinate 동 매료시키다

0044 frightened
[fráitənd]

형 겁먹은, 무서워하는
- The child was **frightened** by the sudden thunder.
  그 아이는 갑작스런 천둥에 **겁을 먹었다**.
➕ frightening 형 무서운
➕ frighten 동 겁먹게 만들다

0045 ashamed
[əʃéimd]

형 부끄러워하는, 수치스러운
- I'm **ashamed** of myself for giving up too easily.
  나는 너무 쉽게 포기했다는 것에 내 자신이 **부끄럽다**.

0046 puzzled
[pʌzld]

형 어리둥절한, 당황한

- He looked **puzzled** about the question.
  그는 그 문제에 **당황한** 것 같았다.

0047 grateful
[gréitfəl]

형 고마워하는, 감사하는

- I'm so **grateful** for all your help.
  여러분의 도움에 정말 **감사합니다**.

0048 delight
[diláit]
delighted – delighted

명 큰 기쁨   동 아주 즐겁게 하다

- She opened the gift box with **delight**.
  그녀는 **기뻐**하며 선물 상자를 열었다.

- He **delighted** us with his interesting stories.
  그는 흥미로운 이야기들로 우리를 **아주 즐겁게 했다**.

교과서 빈출 표현

0049 feel like (v-ing)

felt – felt

~을 가지고 싶다, ~하고 싶다

- I **feel like** pizza for today's lunch.
  나는 오늘 점심으로 피자를 먹고 싶다.

- I **feel like** going out for a walk.
  나는 산책하러 나가고 싶다.

0050 can't help v-ing

couldn't help
helped – helped

~하지 않을 수 없다

- I **can't help** laughing at his jokes.
  나는 그의 농담에 웃지 않을 수 없다.

VOCA Exercise

A 빈칸에 알맞은 말을 넣어 어구를 완성하세요.

1 매력적인 역사   a _____ history

2 열렬한 관중들   _____ crowds

3 친구를 부러워하다   _____ a friend

4 부모님을 실망시키다   _____ parents

5 불안을 줄이다   reduce _____

6 우울해지다   become _____

7 결정을 후회하다   _____ a decision

8 연설에 감동 받은   _____ by the speech

B 빈칸 (a)와 (b)에 공통으로 들어갈 단어를 쓰세요.

1 (a) I woke up early because of a _____ nightmare.

   나는 무서운 악몽을 꿔서 일찍 깼다.

   (b) Many people were injured by the _____ accident.

   그 끔찍한 사고로 많은 사람들이 다쳤다.

2 (a) Why are you in a bad _____?

   너는 왜 기분이 좋지 않니?

   (b) The hotel room has a relaxing _____.

   그 호텔방은 편안한 분위기가 있다.

VOCA Exercise

C 다음 영영풀이에 해당하는 단어를 <보기>에서 골라 쓰세요.

> <보기>   grateful   shocked   frightened   delight

1 very surprised   _____

2 scared or afraid   _____

3 thankful of others' kindness   _____

4 a feeling of great pleasure   _____

D 주어진 우리말에 맞게 빈칸에 알맞은 단어를 채워 문장을 완성하세요. (필요시 형태 바꿀 것)

1 그는 어리둥절한 표정을 지었다.

→ He had a _____ look on his face.

2 내 친구들 앞에서 나를 당황스럽게 만들지 마.

→ Don't _____ me in front of my friends.

3 우리는 학교생활에 대한 같은 걱정거리를 나눴다.

→ We shared the same _____ about school life.

4 영화 상영 중에 전화 통화는 나를 화나게 했다.

→ The phone call during the movie _____ me.

5 나는 그 노래를 따라 부르지 않을 수 없었다.

→ I _____ _____ _____ along

to the song.

A 주어진 단어를 각각 빈칸에 채워 문장을 완성하세요.

649 His rude _____ _____ me. (embarrassed, attitude)

650 She _____ her mother in _____. (resembles, character)

651 The athletes have excellent _____ _____.
(abilities, physical)

652 Everyone was _____ by the _____ disaster.
(shocked, horrible)

653 We are very _____ about his short _____.
(temper, concerned)

B <보기>에서 알맞은 단어를 골라 문장을 완성하세요.

<보기>	personalities	pride	frustrated	regret
	strict	male	modest	individual
	alike	ashamed		

654 The failure _____ her and hurt her _____.

655 His parents' _____ teachings made him _____.

656 I'm _____ of what I said. I deeply _____ it.

657 _____ and female fish may look _____, but
they're different in size.

658 People often express their _____ _____
through fashion.

주어진 우리말에 맞게 다음 빈칸에 알맞은 단어를 쓰세요. (필요시 형태 바꿀 것)

659 I was _____ to get older in my _____.

나는 어린 시절에 나이를 먹길 간절히 바랐다.

660 An unhealthy _____ may make you _____.

건강하지 않은 관계는 너를 우울하게 만들 수도 있다.

661 I hate to _____ you, but the joke didn't _____ me.

너를 실망시키기 정말 싫지만, 그 농담은 나를 재미있게 하지 않았어[농담은 재미없었어].

662 Her cheerful _____ lightened up the _____ in the room.

그녀의 명랑한 성격이 그 방의 분위기를 밝게 만들었다.

663 Our nation is _____ for your _____ to serve.

우리나라는 군에 복무하고자 하는 당신의 용기에 감사합니다.

664 Some animals are _____ of feeling pain, fear, and _____.

어떤 동물들은 고통, 두려움, 그리고 불안을 느낄 수 있다.

665 Pigs are not only _____ but also _____.

돼지들은 똑똑할 뿐만 아니라 또한 예민하다.

666 I was _____ up to be _____ and speak my mind.

나는 자신감 있고 내 생각을 말할 수 있도록 자랐다.

667 She was so _____ that she _____ running away.

그녀는 너무 당황해서 도망가고 싶었다.

668 The surprise party filled her with _____, and she was _____ to tears.

그 깜짝 파티는 그녀를 기쁨으로 가득 채웠고, 그녀는 감동하여 눈물을 흘렸다.

DAY

03

행동, 동작

- [ ] gain
- [ ] lead
- [ ] grab
- [ ] knock
- [ ] breathe
- [ ] tear
- [ ] gently
- [ ] appear
- [ ] shut
- [ ] sigh
- [ ] hardly
- [ ] motion
- [ ] behave
- [ ] crawl
- [ ] stare
- [ ] swallow
- [ ] ease
- [ ] react
- [ ] interact
- [ ] approach
- [ ] arise
- [ ] drag
- [ ] hesitate
- [ ] bend down
- [ ] put up with

0051 gain
[gein]
gained – gained

동 1. 얻다 2. 늘리다
- He worked hard and **gained** her trust.
  그는 열심히 일해서 그녀의 신뢰를 **얻었다**.
- Traveling is a great way to **gain** experience.
  여행은 경험을 **늘리는**[쌓는] 훌륭한 방법이다.

0052 lead
[liːd]
led – led

동 1. 인도하다, 이끌다 (= guide) 2. 앞서다 명 선두, 우세
- The coach **led** the team to victory in the final.
  그 감독은 팀을 결승전에서 승리로 **이끌었다**.
- Korea **leads** the world in internet speed.
  한국은 인터넷 속도 면에서 세계를 **앞선다**[세계 제일이다].
- The red sports car is in the **lead** in the race.
  그 빨간 스포츠카는 경주에서 **선두**를 달리고 있다.

0053 grab
[græb]
grabbed – grabbed

동 붙잡다, 잡다
- She **grabbed** my hand and started to run.
  그녀는 내 손을 **잡고** 달리기 시작했다.
- He **grabbed** second place at the contest.
  그는 경연에서 2등을 **차지했다**.

More grab은 구어체로 '급히 ~하다'라는 의미를 나타내기도 해요.
- **grab** a bite (to eat) 간단히 먹다 • **grab** a taxi 택시를 서둘러 잡다

0054 knock
[nɑk]
knocked – knocked

동 1. 두드리다, 노크하다 2. 치다, 부딪치다 명 노크 소리
- Someone **is knocking** on the door.
  누군가가 문을 **두드리고** 있다.
- The ball **knocked** him on his chin.
  공은 그의 턱을 **쳤다**.
- I didn't hear the **knocks** because I was sleeping.
  나는 자고 있어서 **노크 소리**를 듣지 못했다.

0055 breathe

[briːð]

breathed – breathed

동 숨 쉬다, 호흡하다

- She **breathed** deeply to calm down.
  그녀는 진정하기 위해 **숨을** 깊게 **쉬었다.**

➕ breath 명 숨, 호흡

0056 tear

명사 [tiər]

동사 [tɛər]

tore – torn

명 눈물 동 찢다, 찢어지다

- The sad movie brought **tears** to my eyes.
  그 슬픈 영화는 나를 **눈물**짓게 했다.
- My dog **tore** the book to pieces.
  내 개가 그 책을 갈기갈기 **찢었다.**
- Some of my clothes are old and **torn**.
  내 옷 일부는 오래되었고 **찢어졌다.**

➕ bring tears to one's eyes ~을 눈물짓게 하다
➕ tear down (건물 등을) 허물다, 헐다

0057 gently

[dʒéntli]

부 1. 상냥하게, 친절하게 2. 부드럽게, 천천히

- She speaks to her son **gently**.
  그녀는 아들에게 **상냥하게** 말한다.
- The vase is very fragile, so handle it **gently**.
  그 꽃병은 매우 깨지기 쉬우니 **부드럽게** 다뤄줘.

➕ gentle 형 상냥한, 부드러운

0058 appear

[əpíər]

appeared – appeared

동 1. 나타나다, 출현하다 2. ~인 것 같다 (= seem)

- The car suddenly **appeared** around the corner.
  그 차는 갑자기 모퉁이에서 **나타났다.**
- He **appears** to be nervous on the stage.
  그는 무대 위에서 긴장한 **것처럼 보인다.**

➕ appearance 명 1. 외모, 겉모습 2. 출현

0059 shut

[ʃʌt]

shut – shut

동 1. (창문·문 등을) 닫다 2. (눈·코·입 등을) 감다, 닫다

- He asked me to **shut** the window.
  그는 내게 창문을 **닫아**달라고 부탁했다.
- **shut** one's eyes
  눈을 **감다**

0060 sigh
[sai]
sighed – sighed

동 한숨 쉬다 명 한숨

- She looked out the window and **sighed** deeply.
  그녀는 창밖을 내다보고 깊게 **한숨 쉬었다**.

- He said with a **sigh**, "I failed the exam."
  그는 **한숨**을 쉬며 말했다, "나 시험에 떨어졌어."

0061 hardly
[háːrdli]

부 거의 ~않다

- I can **hardly** believe the story.
  나는 그 이야기가 **거의** 믿어지지 **않는다**.

- She **hardly** goes out on weekends.
  그녀는 주말에 **거의** 외출하지 **않는다**.

More 일반적으로 형용사에 -ly를 붙여서 부사를 만들지만, hardly는 hard와 뜻이 완전히 다르므로 주의해야 해요. hard는 형용사와 부사형의 형태가 같아요.

- He **hardly** slept and studied **hard**. 그는 거의 자지 않고 열심히 공부했다.

0062 motion
[móuʃən]

명 1. 운동, 움직임 2. 동작

- a **motion** picture
  움직이는 사진[영화]

- Some scenes of the movie were filmed in slow **motion**.
  그 영화의 일부 장면들은 느린 **움직임**[슬로 모션]으로 촬영되었다.

- All the dancer's **motions** were beautiful.
  그 무용수의 모든 **동작들**은 아름다웠다.

➕ in motion 움직이고 있는

0063 behave
[bihéiv]
behaved – behaved

동 1. 행동하다 2. (예의 바르게) 행동하다

- You should stop **behaving** badly to your parents.
  너는 부모님께 버릇없이 **행동하는** 것을 그만둬야 한다.

- We should teach children to **behave** properly.
  우리는 아이들을 바르게 **행동하도록** 가르쳐야 한다.

➕ behavior 명 행동

0064 crawl
[krɔːl]
crawled – crawled

동 (엎드려) 기다, 기어가다

- The baby **crawled** on the floor.
  그 아기는 바닥을 **기어갔다**.

0065 stare

[stɛər]

stared – stared

동 응시하다*, 빤히 보다

쉬운뜻 *한 곳을 똑바로 바라보다

· It's not polite to **stare** at someone.

상대방을 **빤히** 보는 것은 예의에 어긋난다.

0066 swallow

[swɑ́lou]

swallowed – swallowed

동 삼키다

· Chew your food well before you **swallow**.

음식을 **삼키기** 전에 잘 씹으세요.

0067 ease

[iːz]

eased – eased

명 1. 쉬움   2. 편안함, 안정

동 1. 편하게 하다   2. (고통 등을) 덜다

· She passed the exam **with ease**.

그녀는 시험에 **쉽게** 합격했다.

· The kind nurse made him feel **at ease**.

상냥한 간호사는 그의 마음을 **편안하게** 해주었다.

· The calming music **eased** my mind.

차분한 음악이 내 마음을 **편하게 해주었다**.

· He massaged his leg to **ease** the pain.

그는 통증을 **덜기** 위해 다리를 마사지했다.

➕ **with ease** 쉽게

➕ **at ease** 걱정 없이, 편안한

0068 react

[riːǽkt]

reacted – reacted

동 반응하다

· She didn't know how to **react** to his joke.

그녀는 그의 농담에 어떻게 **반응해야** 할지 몰랐다.

➕ **reaction** 명 반응

0069 interact

[intərǽkt]

interacted – interacted

동 상호작용하다

· Children **interact** with many people in school.

아이들은 학교에서 많은 사람들과 **상호작용한다**.

➕ **interaction** 명 상호작용

More react와 interact는 동사 act 앞에 각각 접두사 're-' 와 'inter-'가 붙어 만들어진 단어예요.

· re-(다시) + act(작용하다) = **react** 반응하다

· inter-(사이에) + act(작용하다) = **interact** 상호작용하다

0070 **approach**

[əpróutʃ]

approached – approached

동 가까이 가다, 접근하다   명 접근(법)

- A tourist **approached** me to ask for directions.
  한 관광객이 내게 길을 물어보려고 **접근했다.**

- We need a different **approach** to the problem.
  우리는 그 문제에 대한 다른 **접근**이 필요하다.

0071 **arise**

[əráiz]

arose – arisen

동 1. 일어나다, 생기다, 발생하다   2. 일어서다

- A new problem **arose** during the project.
  프로젝트 중에 새로운 문제가 **발생했다.**

- He **arose** from his chair to greet the guests.
  그는 손님들을 맞이하려 의자에서 **일어섰다.**

0072 **drag**

[dræg]

dragged – dragged

동 끌다, 끌고 가다

- We **dragged** the heavy table into the kitchen.
  우리는 그 무거운 테이블을 부엌으로 **끌고 갔다.**

0073 **hesitate**

[hézətèit]

hesitated – hesitated

동 망설이다, 주저하다

- Don't **hesitate** to try new things.
  새로운 것을 시도하는 것에 **망설이지** 마라.

- He didn't **hesitate** to help others.
  그는 남을 돕는 일에 **주저하지** 않았다.

교과서 빈출 표현

0074 **bend down**

bent – bent

(몸·머리를) 굽히다, 숙이다

- She **bent down** to pick up the toy.
  그녀는 장난감을 줍기 위해 **몸을 숙였다.**

0075 **put up with**

put – put

견디다, 참아내다

- I can't **put up with** the noise any longer.
  나는 더 이상 저 소음을 **견딜** 수 없다.

VOCA Exercise

A 빈칸에 알맞은 말을 넣어 어구를 완성하세요.

1 불안을 덜다 _____ one's anxiety

2 길을 인도하다 _____ the way

3 움직이는 기차 the train in _____

4 힘을 얻다 _____ strength

5 문을 닫다 _____ the door

6 편지를 찢다 _____ the letter

7 껌을 삼키다 _____ the gum

8 팔을 잡다 _____ one's arm

B 다음 빈칸에 알맞은 단어를 쓰세요.

1 gentle : _____ = 상냥한 : 상냥하게

2 breathe : _____ = 숨 쉬다 : 숨, 호흡

3 behave : _____ = 행동하다 : 행동

4 react : _____ = 반응하다 : 반응

5 interact : _____ = 상호작용하다 : 상호작용

6 appear : _____ = 출현하다 : 출현

VOCA Exercise

C   <보기>에서 알맞은 단어를 골라 문장을 완성하세요. (필요시 형태 바꿀 것)

> <보기>   hesitate   sigh   knock   hardly

1   He was worried and _____ deeply.

2   There was a sudden _____ on the door.

3   She didn't _____ to ask for help.

4   I _____ eat fast food for my health.

D   주어진 우리말에 맞게 빈칸에 알맞은 단어를 채워 문장을 완성하세요. (필요시 형태 바꿀 것)

1   그 아이는 개에게 조심스럽게 접근했다.

    → The child _____ the dog carefully.

2   그녀는 의자를 우리 테이블로 끌고 왔다.

    → She _____ a chair over to our table.

3   그는 말없이 그녀의 얼굴을 응시했다.

    → He _____ at her face without speaking.

4   나는 신발 끈을 묶으려고 몸을 숙였다.

    → I _____ _____ to tie my shoelaces.

5   나는 그녀의 무례한 행동을 참을 수 없다.

    → I can't _____ _____ _____ her

      rude behavior.

DAY

04

사고, 생각

- ☐ thought
- ☐ allow
- ☐ disagree
- ☐ remind
- ☐ notice
- ☐ bet
- ☐ doubt
- ☐ forgive
- ☐ suppose
- ☐ determine
- ☐ recognize
- ☐ desire
- ☐ ignore
- ☐ identify
- ☐ intend
- ☐ neutral
- ☐ aware
- ☐ rely
- ☐ bond
- ☐ assume
- ☐ conscious
- ☐ appreciate
- ☐ be willing to-v
- ☐ come to mind
- ☐ come up with

사고, 생각

0076 **thought**
[θɔ́ːt]

명 생각, 사고

- I believe in the power of positive **thought**.
  나는 긍정적인 **사고**의 힘을 믿는다.

0077 **allow**
[əláu]
allowed – allowed

동 허락하다, 허용하다

- My parents **allowed** me to go to the party.
  부모님께서 내가 파티에 가는 것을 **허락하셨다**.

- Taking pictures **is** not **allowed** in the museum.
  박물관 안에서는 사진 촬영이 **허용되지** 않습니다.

0078 **disagree**
[dìsəgríː]
disagreed – disagreed

동 의견이 다르다, 동의하지 않다

- He sometimes **disagrees** with my opinion.
  그는 가끔 내 의견에 **동의하지 않는다**.

- ⊖ agree 동 동의하다
- ⊕ disagreement 명 의견 차이, 불일치

0079 **remind**
[rimáind]
reminded – reminded

동 생각나게 하다, 상기시키다* 쉬운뜻 *지나간 일이나 기억을 다시 생각해 내다

- This picture **reminds** me **of** my hometown.
  이 그림은 내 고향을 **생각나게 한다**.

- ⊕ remind A of B A에게 B를 상기시키다

0080 **notice**
[nóutis]
noticed – noticed

동 알아차리다, 주목하다
명 1. 알림, 통지* 2. 공고문 쉬운뜻 *어떤 사실이나 소식을 전하는 글

- I **noticed** a change in her voice.
  나는 그녀의 목소리에 변화를 **알아차렸다**.

- The class was canceled without any **notice**.
  수업이 어떠한 **통지** 없이 취소되었다.

- I saw a **notice** on the bulletin board.
  나는 게시판에서 **공고문**을 보았다.

0081 **bet**

[bet]

bet – bet

[동] 1. 확신하다   2. 돈을 걸다   [명] 내기

• I **bet** that he will be late again.
나는 그가 또 늦을 것이라고 **확신했다.**

• He **bet** $1,000 on the horse race.
그는 경마에 천 달러를 **걸었다.**

• I had a **bet** on the game with my friend.
나는 친구와 그 경기에 **내기**를 했다.

0082 **doubt**

[daut]

doubted – doubted

[명] 의심   [동] 의심하다

• I have no **doubt** about our friendship.
나는 우리의 우정에 대해 **의심**의 여지가 없다.

• She **doubts** that he lied to her.
그녀는 그가 자신에게 거짓말했으리라 **의심한다.**

0083 **forgive**

[fərgív]

forgave – forgiven

[동] 용서하다

• She **forgave** me for breaking her camera.
그녀는 내가 그녀의 카메라를 고장 낸 것을 **용서해 주었다.**

 중등 필수

0084 **suppose**

[səpóuz]

supposed – supposed

[동] 1. 생각하다, 추측하다   2. 가정하다*   (쉬운뜻) *임시로 사실인 것처럼 정하다

• I **suppose** you have a point.
나는 네 말이 일리가 있다고 **생각해.**

• **Suppose** you have a time machine.
What would you do?
당신에게 타임머신이 있다고 **가정해 보세요.** 무엇을 하시겠습니까?

0085 **determine**

[ditə́ːrmin]

determined – determined

[동] 1. 결정하다, 결심하다   2. 알아내다, 밝히다

• Family background can **determine** a person's character.   가정환경은 사람의 성격을 **결정할** 수 있다.

• The test will **determine** the cause of the accident.
그 검사는 사고의 원인을 **밝힐** 것이다.

0086 recognize

[rékəgnàiz]

recognized – recognized

동 1. 알아보다
　2. 인정하다, 인식하다*

쉬운뜻 *무언가를 구별하고 판단하여 알다

- I almost didn't **recognize** him with a beard.
  나는 그가 수염이 있어서 거의 못 **알아볼** 뻔했다.

- I **recognize** that there has been a mistake.
  실수가 있었던 걸 **인정합니다**.

0087 desire

[dizáiər]

desired – desired

명 욕구, 갈망*　동 몹시 바라다

쉬운뜻 *간절히 바람

- He has a strong **desire** to win the match.
  그는 경기를 이기고자 하는 **갈망**이 크다.

- We all **desire** happiness and health.
  우리는 모두 행복과 건강을 **몹시 바란다**.

0088 ignore

[ignɔ́:r]

ignored – ignored

동 무시하다, 모르는 체하다

- They **ignored** each other after a fight.
  그들은 싸운 뒤에 서로를 **무시했다**.

- Do not **ignore** the warning signs.
  경고 신호를 **무시하지** 마세요.

0089 identify

[aidéntəfài]

identified – identified

동 1. (신원 등을) 확인하다, 알아보다　2. 찾다, 발견하다

- Can you **identify** the person in this photo?
  이 사진 속의 사람을 **알아볼** 수 있나요?

- They couldn't **identify** what went wrong.
  그들은 무엇이 잘못됐는지 **찾을** 수 없었다.

0090 intend

[inténd]

intended – intended

동 의도하다, 작정이다

- We didn't **intend** to hurt your feelings.
  우리는 당신의 감정을 다치게 할 **의도가** 아니었어요.

- I **intend** to learn a new language this year.
  나는 올해 새로운 언어를 배울 **작정이다**.

⊕ intention 명 의도, 의사, 계획

0091 neutral
[njúːtrəl]

형 중립적인

· I usually stay **neutral** and don't take any sides.
나는 주로 **중립**을 지키며 어떤 편도 들지 않는다.

0092 aware
[əwέər]

형 알고 있는, 알아차린

· You should be **aware** of the dangers of sugar.
당신은 설탕의 위험성에 대해 **알아야** 한다.

· I became **aware** that something was wrong.
나는 무언가가 잘못되었다는 것을 **알아차렸다**.

➕ **awareness** 명 의식, 인식

0093 rely
[rilái]
relied – relied

동 의지하다, 신뢰하다 (on)

· It is lucky to have friends to **rely on**.
의지할 친구가 있다는 것은 행운이다.

· She **relied on** her memory and solved the quiz.
그녀는 자신의 기억에 **의존해서** 퀴즈를 풀었다.

➕ **reliable** 형 믿을 수 있는, 의지가 되는

0094 bond
[bɑnd]
bonded – bonded

명 유대*, 인연   쉬운뜻 *둘 이상의 사람을 서로 연결하여 하나가 되게 하는 관계

동 1. 접착시키다   2. 유대감을 형성하다

· There is a strong **bond** between me and Julie.
나와 줄리 사이에는 강한 **유대**가 있다.

· I used glue to **bond** the wood pieces together.
나는 나뭇조각들을 **접착시키기** 위해 풀을 사용했다.

· Playing sports is a great way to **bond** with others.
스포츠를 하는 것은 다른 사람들과 **유대감을 형성하는** 훌륭한 방법이다.

0095 assume
[əsjúːm]
assumed – assumed

동 가정하다, 추정하다*   쉬운뜻 *어떤 상황을 짐작하여 판단하다

· Let's **assume** that he doesn't show up.
그가 나타나지 않는다고 **가정해 보자**.

· I **assumed** he got stuck in traffic.
나는 그가 교통 체증에 갇혀있다고 **추정했다**.

➕ **assumption** 명 추정

0096 conscious

[kάnʃəs]

형 1. 의식하는*, 자각하는** (= aware)
2. 의식이 있는

 *알거나 깨달은
**스스로 깨달은

• I'm **conscious** of the importance of the job.
나는 그 일의 중요성을 **의식하고** 있다.

• The patient is not **conscious**. Call the doctor!
환자가 **의식이 없어요**. 의사를 불러주세요!

0097 appreciate

[əprí:ʃièit]

appreciated – appreciated

동 1. 진가를 알아보다, 인정하다   2. 감사하다

• She can **appreciate** valuable art.
그녀는 가치가 큰 미술품의 **진가를 알아볼** 수 있다.

• I really **appreciate** your help.
저를 도와주셔서 정말 **감사드립니다**.

➕ appreciation 명 1. 감상 2. 감사

교과서 빈출 표현

0098 be willing to-v

was[were] – been

기꺼이 ~하다, ~하기를 꺼리지 않는다

• She **is willing to** help those in need.
그녀는 어려움에 처한 사람들을 **기꺼이** 도우려고 **한다**.

• Some people **are willing to** work at night.
어떤 사람들은 밤에 일하는 **것을 꺼리지 않는다**.

0099 come to mind

came – come

생각이 떠오르다

• When you think of Christmas, what **comes to mind**?
너는 크리스마스를 생각하면, 어떤 **생각이 떠오르니**?

0100 come up with

came – come

~을 생각해 내다

• Finally, he **came up with** a brilliant idea.
마침내 그는 훌륭한 아이디어를 **생각해 냈다**.

VOCA Exercise

A 빈칸에 알맞은 말을 넣어 어구를 완성하세요.

1 중립적인 입장   a _____ position

2 성공에 대한 갈망   a _____ for success

3 진실성을 의심하다   _____ the truth

4 접근을 허락하다   _____ access

5 모든 것에 동의하지 않다   _____ on everything

6 최악을 추정[가정]하다   _____ the worst

7 생각에 깊이 잠긴   deep in _____

8 한 달 전에 통지를 주다   give a month's _____

B 다음 괄호 안에서 문맥상 알맞은 말을 고르세요.

1 Friends have a [bond / bet] through shared experiences.

2 Please [determine / forgive] me for breaking our promise.

3 I can easily [rely / recognize] someone's voice on the phone.

4 I [suppose / ignore] that he will accept the job offer.

5 The police used fingerprints to [identify / intend] the attacker.

VOCA Exercise

C

다음 영영풀이에 해당하는 단어를 <보기>에서 골라 쓰세요.

> <보기>   conscious   intend   appreciate   remind

1 to help someone remember something   _____

2 to have a plan or purpose in your mind   _____

3 knowing something; being awake   _____

4 to understand the importance of something   _____

D

밑줄 친 부분을 유의하여 우리말 해석을 완성하세요.

1 It would be a mistake to ignore her opinion.

→ 그녀의 의견을 _____ 것은 실수가 될 것이다.

2 He is well aware of the problem.

→ 그는 그 문제를 잘 _____.

3 Are you willing to pay $50 for the concert ticket?

→ 너는 그 콘서트 티켓을 위해 50달러를 _____?

4 When I saw the photo, the old memories came to mind.

→ 나는 그 사진을 보자 오래된 추억들이 _____.

5 She came up with a solution to the problem.

→ 그녀는 그 문제에 대한 해결책을 _____.

1001 Sentences

Review

정답 p.371 🎧

A 주어진 단어를 각각 빈칸에 채워 문장을 완성하세요.

669 I _____ he won't _____ to the news. (bet, react)

670 I didn't _____ to _____ your feelings. (ignore, intend)

671 You changed a lot. I _____ _____ you.
(recognized, hardly)

672 I _____ you'll _____ any change here.
(notice, doubt)

673 I _____ he's not _____ of the situation.
(suppose, aware)

B <보기>에서 알맞은 단어를 골라 문장을 완성하세요.

<보기>	disagree	breathe	ease	gain
	gently	allows	rely	approach
	knock	lead		

674 Please _____ _____ on the door.

675 Don't _____ on medicine to _____ the pain.

676 I _____ with your _____ to the problem.

677 He had to _____ trust to _____ the team project.

678 This special gear _____ you to _____ in water.

C 주어진 우리말에 맞게 다음 빈칸에 알맞은 단어를 쓰세요. (필요시 형태 바꿀 것)

679 He didn't _____ to _____ her advice.

그는 그녀의 조언에 감사하지 않는 것 같았다.

680 We were wrong to a_____ she'd _____ him.

그녀가 그를 용서할 것이라고 추측했던 우리가 틀렸었다.

681 The kids _____ the sled and _____ it up the hill.

아이들은 썰매를 붙잡고 언덕 위로 끌고 갔다.

682 The snake _____ at its prey and _____ it whole.

뱀은 먹이를 응시하고 나서 그것을 통째로 삼켰다.

683 He _____ and _____ to talk about the problem.

그는 한숨을 쉬었고 그 문제에 대해 말하는 것을 주저했다.

684 Children learn to _____ with friends and _____ in school.

아이들은 학교에서 친구들과 상호작용하고 (예의 바르게) 행동하는 것을 배운다.

685 Being c_____ of your health _____ to better lifestyle choices.

건강에 대해 의식하는 것은 더 나은 생활로 이끈다.

686 _____ _____ and _____ under the table during an earthquake.

지진이 일어나면 몸을 굽히고 테이블 아래로 기어가라.

687 He _____ his eyes to _____ _____ _____ a better solution.

그는 더 나은 해결책을 생각해 내기 위해 눈을 감았다.

688 The goal is to _____ the cause of the accident and _____ the driver.

그 목표는 사고의 원인을 밝히고 운전자의 신원을 확인하는 것이다.

DAY

05

의사소통

- [ ] explain
- [ ] tone
- [ ] warn
- [ ] humor
- [ ] describe
- [ ] suggest
- [ ] mention
- [ ] argue
- [ ] beg
- [ ] apologize
- [ ] deny
- [ ] whisper
- [ ] refuse
- [ ] request
- [ ] response
- [ ] conversation
- [ ] private
- [ ] object
- [ ] interrupt
- [ ] insist
- [ ] emphasize
- [ ] convince
- [ ] persuade
- [ ] call out
- [ ] make sense

의사소통

 중등 기본

0101 explain
[ikspléin]
explained – explained

동 설명하다

· I tried to **explain**, but she wouldn't listen.
내가 **설명하려고** 했지만, 그녀는 들으려 하지 않았다.

· Let me **explain** what happened between them.
그들 사이에서 무슨 일이 있었는지 **설명해** 줄게.

➕ explanation 명 설명

0102 tone
[toun]

명 어조*, 말투　　쉬운뜻 *높낮이나 길이로 특정한 감정을 표현하는 말의 기운

· She couldn't hide the sad **tone** in her voice.
그녀는 목소리에 든 슬픈 **어조**를 감출 수 없었다.

· He always speaks in a friendly **tone**.
그는 늘 친절한 **말투**로 말한다.

0103 warn
[wɔːrn]
warned – warned

동 경고하다

· He **warned** us that the floor was slippery.
그는 바닥이 미끄럽다고 우리에게 **경고했다**.

0104 humor
[hjúːmər]

명 유머, 재치 있는 농담

· He has a great sense of **humor**.
그는 훌륭한 **유머** 감각이 있다.

➕ humorous 형 재미있는, 유머러스한

0105 describe
[diskráib]
described – described

동 묘사하다, 서술하다

· The boy **described** the man to the police.
남자아이는 그 남자를 경찰에 **묘사했다**[남자의 인상착의를 설명했다].

· Could you **describe** the situation in more detail?
그 상황을 더 자세히 **서술해** 주시겠습니까?

➕ description 명 묘사

0106 **suggest**
[sədʒést]
suggested – suggested

동 제안하다

· She **suggested** a new idea for our group project.
그녀는 우리의 그룹 프로젝트에 새 아이디어를 **제안했다**.

· My brother **suggested** having pizza for dinner.
형은 저녁으로 피자를 먹는 것을 **제안했다**.

➕ suggestion 명 제안, 제의

0107 **mention**
[ménʃən]
mentioned – mentioned

동 언급하다, 말하다

· She didn't **mention** anything about the issue.
그녀는 그 문제에 대해 아무것도 **언급하지** 않았다.

· As I **mentioned** earlier, we need more time.
내가 전에 **말했듯이**, 우리는 시간이 더 필요하다.

0108 **argue**
[áːrgjuː]
argued – argued

동 1. 말싸움하다, 다투다*   2. 주장하다   쉬운뜻 *간절히 부탁하다

· People may **argue** when they have different opinions.
사람들은 다른 의견을 가지고 있을 때 **말싸움할** 수도 있다.

· She **argued** that the rule is unfair.
그녀는 그 규칙이 불공평하다고 **부탁했다**.

➕ argument 명 1. 말다툼 2. 논쟁

0109 **beg**
[beg]
begged – begged

동 1. 부탁하다, 간청하다*   2. 구걸하다   쉬운뜻 *간절히 부탁하다

· The kid **begged** his father for a new bike.
그 아이는 새 자전거를 사달라고 아빠에게 **부탁했다**.

· He **begged** for food and water from the villagers.
그는 마을 사람들에게 음식과 물을 **구걸했다**.

 중등 필수

0110 **apologize**
[əpálədʒàiz]
apologized – apologized

동 사과하다

· We **apologize** for the late arrival of the train.
열차가 늦게 도착한 것에 대해 **사과드립니다**.

· You should **apologize** to her for your mistake.
너는 네 실수에 대해 그녀에게 **사과해야** 한다.

➕ apology 명 사과, 사죄

0111 deny
[dinái]
denied – denied

동 부인하다*, 부정하다 **쉬운뜻** *어떤 사실을 인정하지 않다

- He **denied** stealing the money.
  그는 돈을 훔친 것을 **부인했다**.
- The actor **denied** the rumor officially.
  그 배우는 소문을 공식적으로 **부정했다**.

0112 whisper
[wíspər]
whispered – whispered

동 속삭이다, 소곤거리다

- She **whispered** something in my ear.
  그녀는 내 귀에 무언가를 **속삭였다**.

0113 refuse
[rifjú:z]
refused – refused

동 거절하다, 거부하다

- Why did you **refuse** the job offer?
  너는 왜 그 일자리 제의를 **거절했니**?
- He **refused** to discuss the matter with me.
  그는 나와 그 문제에 대해 의논하기를 **거부했다**.

0114 request
[rikwést]
requested – requested

동 요청하다   명 부탁, 요청

- She **requested** more information about the event.
  그녀는 그 행사에 대해 더 많은 정보를 **요청했다**.
- I'd like to make a **request**.
  부탁 하나 하고 싶어요.

0115 response
[rispáns]

명 대답, 반응

- She made no **response** to the question.
  그녀는 그 질문에 아무 **대답**도 하지 않았다.
- I knocked on the door, but there was no **response**.
  나는 문을 두드렸지만, 아무런 **반응**이 없었다.

➕ respond 동 대답하다

0116 conversation
[kànvərséiʃən]

명 대화

- We had a short **conversation** about the plan.
  우리는 그 계획에 관해 짧은 **대화**를 나눴다.

0117 **private**
[práivət]

형 1. 개인 소유의   2. 개인의, 사적인

- She owns a **private** jet.
  그녀는 **개인용** 제트기[전용기]를 소유하고 있다.
- I write my **private** thoughts in my diary.
  나는 일기에 나의 **개인적인** 생각들을 적는다.
- Can I talk to you **in private**?
  개인적으로 이야기할 수 있을까요?

➕ in private 개인적으로 (다른 사람이 없는 데서)
➕ public 형 공공의, 공중의

0118 **object**
명사 [ɑ́bdʒikt]
동사 [əbdʒékt]
objected – objected

명 1. 물건, 물체   2. 목적, 목표   동 반대하다

- This device reacts to any metal **objects**.
  이 기기는 어떠한 금속 **물체**에도 반응한다.
- His **object** in life is to become a famous singer.
  그의 인생 **목표**는 유명한 가수가 되는 것이다.
- Some people **objected** to building a new road.
  몇몇 사람들은 새 도로를 건설하는 것을 **반대했다**.

➕ objection 명 반대, 이의

0119 **interrupt**
[ìntərʌ́pt]
interrupted – interrupted

동 1. 방해하다   2. 중단하다

- Sorry to **interrupt**, but can I ask you something?
  방해해서 죄송하지만, 뭐 좀 물어봐도 될까요?
- The class **was interrupted** by a loud alarm.
  수업은 큰 알람 소리에 **중단되었다**.

0120 **insist**
[insíst]
insisted – insisted

동 ~을 강력히 주장하다, 고집하다

- The doctor **insisted** that I exercise every day.
  의사는 내가 매일 운동을 해야 한다고 **강력히 주장했다**.
- My grandfather **insists** on living alone.
  내 할아버지는 혼자 사는 걸 **고집하신다**.

More insist와 같이 주장, 요구, 명령, 제안 등을 의미하는 동사가 that절을 목적어로 취할 때 that절에는 동사원형 또는 <should+동사원형>을 사용해요.

- I **insisted** that he (should) be invited to the party. 나는 그가 파티에 초대되어야 한다고 **강력히 주장했다**.
- She **suggested** that I (should) see a doctor. 그녀는 내가 병원에 가야 한다고 **제안했다**.

0121 emphasize

[émfəsàiz]

emphasized – emphasized

동 강조하다

- The teacher **emphasized** the teamwork.
  선생님은 협동심을 **강조하셨다**.
- The news **emphasized** the importance of wearing masks. 뉴스는 마스크 착용의 중요성을 **강조했다**.

➕ emphasis 명 강조

0122 convince

[kənvíns]

convinced – convinced

동 1. 납득시키다, 확신시키다   2. 설득하다

- He **convinced** me that he was innocent.
  그는 내게 자신은 결백하다고 **납득시켰다**.
- I **convinced** her to see a doctor.
  나는 그녀가 병원에 가도록 **설득했다**.

0123 persuade

[pərswéid]

persuaded – persuaded

동 설득하다 (= convince)

- I tried to **persuade** her to change her mind.
  나는 그녀가 마음을 바꾸도록 **설득하려고** 했다.
- She **persuaded** her coworkers to support her idea.
  그녀는 직장동료들이 그녀의 생각을 지지하도록 **설득했다**.

교과서 빈출 표현

0124 call out

called – called

소리치다, 외쳐 부르다

- **call out** for help
  소리쳐 도움을 구하다
- The nurse **called out** my name.
  간호사가 내 이름을 **외쳐 불렀다**.

0125 make sense

made – made

말이 되다, 이해가 되다

- His story doesn't **make sense**, so I can't trust him.
  그의 이야기는 **말이 되지** 않아서, 나는 그를 믿을 수 없다.
- It doesn't **make sense** to spend all your money on games.
  게임에 네 모든 돈을 쓰는 것은 **이해가 되지** 않는다.

VOCA Exercise

A 빈칸에 알맞은 말을 넣어 어구를 완성하세요.

1 급한 요청   an urgent _____

2 대화를 시작하다   get into _____

3 놀란 어조   a _____ of surprise

4 사생활   one's _____ life

5 자비를 구하다   _____ for mercy

6 보도 내용을 부인하다   _____ the reports

7 초대를 거절하다   _____ the invitation

8 주제를 언급하다   _____ the subject

B 다음 빈칸에 알맞은 단어를 쓰세요.

1 explain : _____   = 설명하다 : 설명

2 describe : _____   = 묘사하다 : 묘사

3 suggest : _____   = 제안하다 : 제안

4 argue : _____   = 주장하다 : 논쟁

5 apologize : _____   = 사과하다 : 사과, 사죄

6 respond : _____   = 대답하다 : 대답, 반응

7 object : _____   = 반대하다 : 반대, 이의

VOCA Exercise

C 다음 영영풀이에 해당하는 단어를 <보기>에서 골라 쓰세요.

> <보기>   insist   whisper   persuade   interrupt

1 to speak very quietly _____

2 to make someone stop _____

3 say firmly; refuse to give up _____

4 to make someone do something by talking _____

D 주어진 우리말에 맞게 빈칸에 알맞은 단어를 채워 문장을 완성하세요. (필요시 형태 바꿀 것)

1 그녀는 아이에게 뜨거운 냄비를 만지지 않도록 경고했다.

→ She _____ her child not to touch the hot pot.

2 우리는 박스와 병 같은 플라스틱 물건들을 재활용해야 한다.

→ We should recycle plastic _____ like boxes and bottles.

3 발표자는 자신의 주장을 강조하기 위해서 언성을 높였다.

→ The speaker raised her voice to _____ her points.

4 소리쳐 도움을 구하는 것을 주저하지 마라.

→ Don't hesitate to _____ _____ for help.

5 여름에 코트를 입는 것은 말이 되지 않는다.

→ It doesn't _____ _____ to wear a coat in summer.

DAY 06

건강, 질병, 상태

- [ ] ill
- [ ] ache
- [ ] sneeze
- [ ] pale
- [ ] rub
- [ ] scale
- [ ] muscle
- [ ] lung
- [ ] cancer
- [ ] surgery
- [ ] medical
- [ ] stable
- [ ] severe
- [ ] mental
- [ ] relieve
- [ ] symptom
- [ ] recover
- [ ] therapy
- [ ] heal
- [ ] vitamin
- [ ] bandage
- [ ] faint
- [ ] wheelchair
- [ ] pass away
- [ ] throw up

 중등 기본

0126 **ill**
[il]

형 아픈, 병든
- She became **ill** with a high fever.
  그녀는 고열로 **아프다**.
- He fell **ill** and moved to the countryside last year.
  그는 **병에 걸려** 작년에 시골로 이사를 갔다.

➕ **illness** 명 병, 아픔

0127 **ache**
[eik]
ached – ached

명 아픔, 통증   동 아프다
- I have an **ache** in my back.
  나는 허리에 **통증**이 있다.
- My feet **ache** from tight shoes.
  나는 꽉 끼는 구두 때문에 발이 **아프다**.

0128 **sneeze**
[sniːz]
sneezed – sneezed

동 재채기하다   명 재채기
- Cover your mouth when you **sneeze**.
  재채기할 때 입을 가리세요.
- We were surprised by his loud **sneeze**.
  우리는 그의 큰 **재채기** 소리에 깜짝 놀랐다.

0129 **pale**
[peil]

형 창백한
- You look **pale**. Are you okay?
  너 (안색이) **창백해** 보여. 괜찮니?

0130 **rub**
[rʌb]
rubbed – rubbed

동 문지르다, 비비다
- She asked me to **rub** her sore shoulders.
  그녀는 내게 아픈 어깨를 **문질러달라고** 요구했다.
- I **rubbed** my eyes to wake up in the morning.
  나는 아침에 일어나려고 눈을 **비볐다**.

➕ **scratch** 동 긁다

0131 **scale**
[skeil]

명 체중계

· I weigh myself on the **scale** every morning.
나는 매일 아침 **체중계**에서 몸무게를 잰다.

 중등 필수

0132 **muscle**
[mʌ́səl]

명 근육

· Lifting weights can help you build **muscles**.
역기를 드는 것은 **근육**을 키우는 데 도움이 된다.

0133 **lung**
[lʌŋ]

명 폐

· Smoking is harmful to your **lungs**.
흡연은 당신의 **폐**에 해롭다.

· **Lungs** fill with air when we breathe.
우리가 숨을 쉴 때 **폐**는 공기로 채워진다.

0134 **cancer**
[kǽnsər]

명 암

· A healthy diet may decrease the risk of **cancer**.
건강한 식단은 **암**의 위험을 줄일 수 있다.

· **Cancer** is a leading cause of death worldwide.
암은 전 세계적으로 주요 사망 원인이다.

0135 **surgery**
[sə́:rdʒəri]

명 수술

· a plastic **surgery**
성형 **수술**

· After the accident, he needed emergency **surgery**.
사고가 난 뒤, 그는 긴급 **수술**이 필요했다.

0136 medical
[médikəl]

[형] 의료의, 의학의
- The doctor checks the patient's **medical** record.
  의사는 환자의 **의료** 기록을 확인한다.

0137 stable
[stéibl]

[형] 안정적인
- The patient is in a **stable** condition.
  그 환자는 **안정적인** 상태이다.

⊕ unstable [형] 불안정한

0138 severe
[sivíər]

[형] 1. 극심한, 심각한 2. 가혹한
- She had a **severe** head injury.
  그녀는 **심각한** 머리 부상을 입었다.
- **severe** cold weather
  가혹한 추운 날씨[한파]

0139 mental
[méntl]

[형] 정신의, 마음의
- This book will help improve your **mental** health.
  이 책은 당신의 **정신** 건강을 개선하는 데 도움을 줄 것이다.

⊕ physical [형] 육체의, 신체의

0140 relieve
[rilíːv]
relieved – relieved

[동] 덜다, 완화하다*　　　쉬운뜻 *증상이 줄어들거나 누그러지다
- This medicine will **relieve** your pain.
  이 약이 당신의 고통을 **완화해** 줄 것입니다.

⊕ relieved [형] 안심하는, 안도하는
⊕ relief [명] 1. 안심, 안도 2. 완화

0141 symptom
[símptəm]

[명] 증상, 징후
- A sore throat is one of the cold **symptoms**.
  인후염은 감기 **증상** 중 하나이다.

0142 recover

[riːkʌ́vər]

recovered – recovered

동 회복하다, 낫다

· It took her two weeks to **recover** from the flu.
그녀는 독감이 **낫기**까지 2주가 걸렸다.

➕ recovery 명 회복

0143 therapy

[θérəpi]

명 치료(법), 요법

· Music **therapy** is helpful for reducing stress.
음악 **치료**는 스트레스를 줄이는 데 도움을 준다.

· drug **therapy**
약물 **치료**

0144 heal

[hiːl]

healed – healed

동 낫게 하다, 치유하다 (= cure)

· This herb is useful for **healing** wounds.
이 약초는 상처를 **치유하는** 데 유용하다.

· Your body needs time to **heal** from the injury.
네 몸은 부상으로부터 **치유되는** 데 시간이 필요하다.

0145 vitamin

[váitəmin]

명 비타민

· Strawberries are rich in **vitamin** C.
딸기는 **비타민** C가 풍부하다.

➕ protein 명 단백질

0146 bandage

[bǽndidʒ]

bandaged – bandaged

명 붕대   동 붕대를 감다

· My leg is wrapped in a **bandage**.
내 다리는 **붕대**로 감아져 있다.

· The nurse **bandaged** my broken arm carefully.
간호사는 내 부러진 팔에 조심스럽게 **붕대를 감았다**.

More 다친 부위를 감싸서 보존하거나 지탱하는 길고 가느다란 천을 의미해요.

0147 faint

[feint]

fainted – fainted

형 1. 희미한, 어렴풋한　2. 현기증이 나는

동 기절하다

- A **faint** light came from the room.
  희미한 빛이 방에서 새어 나왔다.

- She suddenly felt **faint** and lay on the sofa.
  그녀는 갑자기 **현기증**을 느끼고 소파에 누웠다.

- He almost **fainted** in the heat.
  그는 더위 속에서 거의 **기절할** 뻔했다.

0148 wheelchair

[wiːltʃər]

명 휠체어

- He has to spend the rest of his life in a **wheelchair**.
  그는 앞으로 남은 인생을 **휠체어**에서 보내야 한다.

교과서 빈출 표현

0149 pass away

passed – passed

사망하다

- My grandfather **passed away** last year.
  내 할아버지는 작년에 **돌아가셨다**.

0150 throw up

threw – thrown

토하다

- If you have a stomach flu, you may **throw up**.
  당신이 장염에 걸렸다면, **토할** 수도 있어요.

VOCA Exercise

A 빈칸에 알맞은 말을 넣어 어구를 완성하세요.

1 오른쪽 폐   the right _____

2 미술 치료   art _____

3 비타민 알약[비타민제]   _____ pills

4 튼튼한 근육   a strong _____

5 의과 대학   _____ school

6 손을 비비다   _____ one's hands

7 암 투병   a battle against _____

8 무릎 수술   a _____ on one's knee

B 다음 빈칸에 알맞은 단어를 쓰세요.

1 recover : _____ = 회복하다 : 회복

2 ill : _____ = 아픈 : 아픔

3 relieve : _____ = 덜다, 완화하다 : 완화

4 stable : _____ = 안정적인 : 불안정한

5 physical : _____ = 신체의 : 정신의

VOCA Exercise

C   다음 영영풀이에 해당하는 단어를 <보기>에서 골라 쓰세요.

> <보기>   heal   pale   ache   symptom

1   to feel a continuous pain   _____

2   a sign that there is a disease   _____

3   to make someone healthy again   _____

4   of a lighter color than usual because of sickness   _____

D   주어진 우리말에 맞게 빈칸에 알맞은 단어를 채워 문장을 완성하세요. (필요시 형태 바꿀 것)

1   그녀는 내 발목을 붕대로 감았다.

→ She wrapped my ankle in a _____.

2   나는 고양이들이 내 주위에 있을 때 종종 재채기한다.

→ I often _____ when cats are around me.

3   겨울의 가혹한 날씨는 내 고통을 더 악화시켰다.

→ The _____ weather of winter made my pain worse.

4   그의 어머니는 지난달에 돌아가셨다.

→ His mother _____ _____ last month.

5   누군가 온 바닥에 토했다.

→ Someone _____ _____ all over the floor.

A 주어진 단어를 각각 빈칸에 채워 문장을 완성하세요.

689 She looked _____ and felt _____ . (ill, pale)

690 Can you _____ the _____ ? (object, describe)

691 I have a _____ _____ pain. (muscle, severe)

692 He _____ to _____ for what he said.
(apologize, refused)

693 She _____ the situation in a clear _____ .
(tone, explained)

B <보기>에서 알맞은 단어를 골라 문장을 완성하세요.

<보기>	called	mental	cancer	therapy
	symptoms	fainted	private	lung
	requested	aches		

694 Smoking is the major cause of _____ _____ .

695 Drug _____ is often used to treat _____ problems.

696 He _____ out for help when she suddenly _____ .

697 The flu _____ include fever and body _____ .

698 He _____ a _____ meeting to discuss the plan.

주어진 우리말에 맞게 다음 빈칸에 알맞은 단어를 쓰세요. (필요시 형태 바꿀 것)

699 It's not polite to _____ a _____.

대화를 방해하는 것은 예의 없는 행동이다.

700 She _____ putting a _____ over the cut.

그녀는 상처 위로 붕대를 감는 걸 제안했다.

701 To _____ the pain, _____ this cream on your leg.

고통을 완화하기 위해, 이 크림을 다리에 문질러라.

702 The doctor _____ that I have _____.

의사는 내가 수술을 받아야 한다고 강력히 주장했다.

703 Sleep is important for you to _____ and _____.

수면은 네가 치유하고 회복하는 데 중요하다.

704 Kindly _____ the purpose of your _____.

네 요청의 목적을 정중하게 말해라.

705 The nurse _____ no visitors until the patient is

_____.

그 간호사는 환자가 안정될 때까지 방문객은 안된다고 강조했다.

706 People _____ less when they focus on finding a common

_____.

사람들은 공통된 목표를 찾는 것에 초점을 맞추면 덜 다툰다.

707 I'm _____ that getting a regular _____ check is

the best medicine.

나는 정기 의료 검사[건강 검진]를 받는 것이 최고의 약이라고 확신한다.

708 He tried to p_____ people to vote for him, but his

speech didn't _____ _____.

그는 사람들에게 자신을 뽑아 달라고 설득했지만, 그의 연설은 말이 되지 않았다.

DAY

07

일상생활

- [ ] shower
- [ ] relax
- [ ] habit
- [ ] lock
- [ ] skip
- [ ] belong
- [ ] store
- [ ] matter
- [ ] deliver
- [ ] stressful
- [ ] comfort
- [ ] repair
- [ ] replace
- [ ] tend
- [ ] shave
- [ ] iron
- [ ] sweep
- [ ] regular
- [ ] routine
- [ ] general
- [ ] situation
- [ ] maintain
- [ ] take out
- [ ] run into
- [ ] end up v-ing

일상생활

 중등 기본

0151 shower
[ʃáuər]
showered – showered

몡 1. 샤워, 샤워기   2. 소나기   동 샤워를 하다

- I take a **shower** every evening.
  나는 매일 저녁에 **샤워**한다.

- **Showers** are expected later tonight.
  오늘 밤늦게 **소나기**가 내릴 것으로 예상됩니다.

- I usually **shower** right after exercise.
  나는 보통 운동 후에 곧바로 **샤워를 한다**.

0152 relax
[rilǽks]
relaxed – relaxed

동 1. 휴식을 취하다   2. 긴장을 풀다

- He tried to **relax** on the sofa.
  그는 소파에서 **휴식을 취하려고** 했다.

- A hot bath can help you **relax**.
  뜨거운 목욕은 네가 **긴장을 풀도록** 도와줄 수 있다.

➕ relaxed 혱 편안한

0153 habit
[hǽbit]

몡 버릇, 습관

- I'm getting into the **habit** of eating healthy.
  나는 건강하게 먹는 **습관**을 들이고 있다.

0154 lock
[lɑk]
locked – locked

동 잠그다   몡 자물쇠

- **Lock** the door before you leave.
  나가기 전에 문을 **잠가라**.

- I had to break the **lock** to open the box.
  나는 상자를 열기 위해 **자물쇠**를 부숴야 했다.

0155 skip
[skip]
skipped – skipped

동 빼먹다, 거르다

- Breakfast is important. Don't **skip** it.
  아침 식사는 중요해. **거르지** 마.

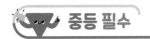

0156 belong
[bilɔ́ːŋ]
belonged – belonged

동 1. 알맞은 위치[제자리]에 있다   2. 소속감을 느끼다

· The cups **belong** on the top shelf.
그 컵들은 맨 위 선반이 **제자리**이다.

· I never felt like I **belonged** here.
나는 이곳에서 한 번도 **소속감을 느끼지** 않았다.

➕ belongings 명 소지품, 소유물

0157 store
[stɔːr]
stored – stored

명 상점, 가게   동 보관하다, 저장하다

· We bought snacks at the **store**.
우리는 **가게**에서 간식을 샀다.

· I **store** my winter clothes in boxes.
나는 겨울옷들을 상자에 **보관한다**.

➕ storage 명 보관, 저장

0158 matter
[mǽtər]
mattered – mattered

명 일, 문제   동 중요하다

· Let's discuss this **matter** in the next meeting.
다음 회의 때 이 **문제**에 대해 논의합시다.

· Family is what **matters** most to me.
가족은 나에게 가장 **중요한** 것이다.

0159 deliver
[dilívər]
delivered – delivered

동 1. 배달하다, 전달하다   2. (연설을) 하다

· The package will **be delivered** in a week.
소포는 일주일 내로 **배달될** 것입니다.

· The principal **delivered** a long speech.
교장 선생님은 긴 연설을 **하셨다**.

➕ delivery 명 배달, 전달

0160 stressful
[strésfəl]

형 스트레스가 많은

· He quit a **stressful** job.
그는 **스트레스가 많은** 일을 그만뒀다.

➕ stress 명 스트레스
➕ stressed 형 스트레스를 받는

0161 **comfort**

[kʌ́mfərt]

comforted – comforted

명 1. 편안, 안락 2. 위로, 위안 동 위로하다

- The guests relaxed **in comfort**.
  손님들은 **편안하게** 쉬었다.
- She offered me words of **comfort**.
  그녀는 나에게 **위로**의 말을 건네주었다.
- I hugged my friend to **comfort** her.
  나는 내 친구를 **위로하기** 위해 안아주었다.

➕ in comfort 편안하게
➕ comfortable 형 편안한, 편한

0162 **repair**

[ripέər]

repaired – repaired

동 수리하다

- The man came to **repair** the fridge.
  그 남자는 냉장고를 **수리하러** 왔다.
- It took three days to get my bike **repaired**.
  내 자전거는 **수리하는** 데 3일이 걸렸다.

➕ get[have] ~ repaired (맡겨서) ~을 수리하다

0163 **replace**

[ripléis]

replaced – replaced

동 1. 대신하다 2. 교체하다

- Paper straws will **replace** plastic ones.
  종이 빨대가 플라스틱 빨대를 **대체할** 것이다.
- We will **replace** the old desk with a new one.
  우리는 저 낡은 책상을 새로운 것으로 **교체할** 것이다.

0164 **tend**

[tend]

tended – tended

동 (~하는) 경향이 있다

- I **tend** to talk fast when I'm excited.
  나는 흥분하면 말이 빨라지는 **경향이 있다**.

0165 **shave**

[ʃeiv]

shaved – shaved[shaven]

동 면도하다, (수염을) 깎다

- He was busy, so he forgot to **shave** his beard.
  그는 바빠서 수염 **깎는** 것을 잊어버렸다.

➕ shaven 형 (수염·머리 등을) 깎은, 면도한

0166 iron
[áiərn]
ironed – ironed

동 다림질하다   명 철, 쇠

- My mother **irons** my shirt every day.
  나의 엄마는 매일 내 셔츠를 **다림질해** 주신다.
- **Iron** is used to build bridges.
  철은 다리를 지을 때 사용된다.

0167 sweep
[swi:p]
swept – swept

동 쓸다, 청소하다

- He **swept** the leaves off the yard.
  그는 마당의 나뭇잎들을 **쓸었다**.

0168 regular
[régjələr]

형 1. 규칙적인, 정기적인   2. 평상시의   3. 표준의, 보통의

- We have a **regular** meeting every Monday.
  우리는 매주 월요일 **정기** 회의를 한다.
- He doesn't put things in their **regular** places.
  그는 물건들을 **평상시** 자리[제자리]에 두질 않는다.
- Would you like **regular** or large fries with the burger?
  햄버거에 감자튀김을 **보통**으로 드릴까요, 라지로 드릴까요?

➕ regularly   부 규칙적으로, 정기적으로

0169 routine
[ru:tí:n]

명 일과   형 일과의, 일상적인

- Exercise is part of my daily **routine**.
  운동은 내 **일과** 중 한 부분이다.
- The school does a **routine** check on the building.
  학교는 **일상적인** 건물 점검을 한다.

0170 general
[dʒénərəl]

형 일반적인   명 (군대의) 대장, 장군

- The show is not open to the **general** public.
  그 공연은 **일반** 대중에게 공개되지 않는다.
- **In general**, the mall closes at 9 p.m.
  보통 그 쇼핑몰은 오후 9시에 닫는다.
- The **general** led them to victory in the war.
  장군은 전쟁에서 그들을 승리로 이끌었다.

➕ in general   1. 보통 2. 일반적으로
➕ general hospital   종합 병원

0171 situation
[sìtʃuéiʃən]

명 상황, 상태

· He explained the **situation** and asked for help.
그는 **상황**을 설명하고 도움을 요청했다.

0172 maintain
[meintéin]
maintained – maintained

동 유지하다, 지속하다

· It costs a lot to **maintain** an old car.
오래된 차를 **유지하는** 데에는 많은 비용이 든다.

교과서 빈출 표현

0173 take out
took – taken

1. 꺼내다   2. 데리고[가지고] 나가다

· She opened her bag and **took out** her wallet.
그녀는 가방을 열어 지갑을 **꺼냈다**.

· Don't forget to **take out** the garbage.
쓰레기 **가지고 나가는** 것 잊지 마.

0174 run into
ran – run

1. 우연히 만나다   2. (불편하거나 어려운 일을) 마주치다

· I **ran into** an old friend of mine.
나는 오랜 친구를 **우연히 만났다**.

· We **ran into** a rainstorm on the way home.
우리는 집에 가는 길에 폭풍우를 **마주쳤다**.

0175 end up v-ing
ended – ended

결국 ~하게 되다

· We **ended up** watching the movie instead of going out. 우리는 외출하는 대신에 **결국** 영화를 보게 **되었다**.

VOCA Exercise

정답 p.373

A 빈칸에 알맞은 말을 넣어 어구를 완성하세요.

1   자동차를 수리하다   _____ a car

2   버릇을 고치다   break a _____

3   아침 일과   a morning _____

4   양복을 다림질하다   _____ a suit

5   규칙적인 심장박동   a _____ heartbeat

6   일반적인 관심사   _____ interest

7   중요한 일   an important _____

8   방을 쓸다   _____ a room

B 다음 빈칸에 알맞은 단어를 쓰세요.

1   relax : _____   = 긴장을 풀다 : 편안한

2   store : _____   = 보관하다 : 보관

3   deliver : _____   = 배달하다 : 배달

4   comfort : _____   = 편안, 안락 : 편안한

5   stress : _____   = 스트레스 : 스트레스가 많은

6   shave : _____   = 면도하다 : 면도한

VOCA Exercise

C   <보기>에서 알맞은 단어를 골라 문장을 완성하세요.

> <보기>   replace   situation   belong   shower

1   I like to sing in the _____ .

2   I can handle this _____ by myself.

3   I need to _____ my old computer with a new one.

4   Can you put the groceries away where they _____ ?

D   주어진 우리말에 맞게 빈칸에 알맞은 단어를 채워 문장을 완성하세요. (필요시 형태 바꿀 것)

1   나는 늦잠을 자서 아침을 걸렀다.

     → I slept in, so I _____ breakfast.

2   그는 너무 많이 걱정하는 경향이 있다.

     → He _____ to worry too much.

3   우리는 시작부터 몇 가지 문제를 마주치게 되었다.

     → We _____ _____ a few problems from the start.

4   아이들을 놀이터로 데리고 나가줄래?

     → Can you _____ the kids _____ to the playground?

5   나는 가벼운 식사를 할 예정이었지만, 결국 피자를 먹게 되었다.

     → I planned to have a light meal, but I _____

     _____ _____ a pizza.

DAY

08

가정생활

- ☐ soap
- ☐ toilet
- ☐ fence
- ☐ pipe
- ☐ bin
- ☐ spray
- ☐ tank
- ☐ tray
- ☐ leak
- ☐ needle
- ☐ drawer
- ☐ couch
- ☐ cupboard
- ☐ garage
- ☐ furniture
- ☐ hammer
- ☐ ladder
- ☐ drill
- ☐ mop
- ☐ bucket
- ☐ convenient
- ☐ electronic
- ☐ microwave
- ☐ household
- ☐ get rid of

 중등 기본

0176 soap
[soup]

명 비누

- a bar of **soap**
  비누 한 개
- Wash your hands with **soap** and water.
  비누와 물로 손을 씻어라.

0177 toilet
[tɔ́ilit]

명 1. 변기   2. 화장실

- Flush the **toilet** before you leave.
  나가기 전에 **변기** 물을 내리세요.
- I got up and went to the **toilet** at midnight.
  나는 한밤중에 깨서 **화장실**을 갔다.

➕ use the toilet = go to the bathroom

More 화장실을 말할 때 영국에서는 주로 toilet이라 하고, 미국에서는 restroom이나 bathroom으로 써요.

0178 fence
[fens]

명 울타리

- They built a **fence** around the yard.
  그들은 마당 주위에 **울타리**를 설치했다.

0179 pipe
[paip]

명 (액체·기체가 흐르는) 관, 배관, 파이프

- The **pipe** under the sink is broken.
  싱크대 밑의 **배수관**이 고장 났다.

0180 bin
[bin]

명 (쓰레기)통

- I put the bottle in the recycling **bin**.
  나는 그 병을 재활용 **쓰레기통**에 넣었다.

More 영국에서 bin은 쓰레기통을 의미하지만, 미국에서는 빵이나 곡물 등 다양한 것을 보관하기 위한 저장용 통을 의미해요.

0181 **spray**

[sprei]

sprayed – sprayed

명 스프레이, 분무　동 뿌리다, 살포하다

• a hair **spray**
헤어스프레이

• The gardener **is spraying** water on flowers and trees.
정원사는 꽃과 나무에 물을 **뿌리고** 있다.

0182 **tank**

[tæŋk]

명 1. (액체·가스를 담는) 저장 통, 탱크

　2. 전차*, 탱크　[쉬운뜻] *화력 무기를 갖춘 전투 차량

• There is a water **tank** in the basement.
지하실에는 물**탱크**가 있다.

• We saw many **tanks** at the army base.
우리는 그 군부대에서 많은 **탱크들**을 봤다.

0183 **tray**

[trei]

명 쟁반

• I brought drinks on a **tray** for the guests.
나는 손님들을 위해 마실 것을 **쟁반**에 가져갔다.

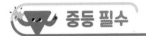 중등 필수

0184 **leak**

[liːk]

leaked – leaked

동 새다*, 새어 나오다　[쉬운뜻] *액체나 기체가 틈으로 조금씩 빠져 나가다

명 새는 곳[구멍]

• The roof **leaks** during heavy rain.
폭우가 오는 동안 지붕이 **샌다**.

• Can you fix the **leak** in the sink?
싱크대의 물이 **새는 곳**을 고쳐줄래요?

0185 **needle**

[níːdl]

명 1. 바늘　2. (주사) 바늘

　3. 《식물》 바늘잎, 침엽*　[쉬운뜻] *바늘처럼 길고 가늘며 끝이 뾰족한 나뭇잎

• It's like looking for a **needle** in a haystack.
그것은 건초더미에서 **바늘**을 찾는 것과 같다(모래밭에서 바늘 찾기이다).

• The child cried as the nurse stuck a **needle** in his arm.
그 아이는 간호사가 팔에 **주삿바늘**을 놓자 울었다.

• pine **needle**
솔잎

0186 drawer
[drɔːr]

명 서랍

· I keep the scissors in the top **drawer**.
나는 맨 위 **서랍**에 가위를 보관한다.

0187 couch
[kautʃ]

명 긴 의자, 소파 (= sofa)

· We sat on the **couch** and watched TV together.
우리는 **소파**에 앉아서 함께 TV를 봤다.

0188 cupboard
[kʌ́bərd]

명 찬장*

쉬운뜻 *음식이나 그릇을 넣어 두는 장

· She put the cups and plates in the **cupboard**.
그녀는 컵과 접시를 **찬장**에 넣었다.

0189 garage
[gərɑ́ːdʒ]

명 1. (자동차) 차고   2. (자동차) 정비소

· The **garage** is big enough for two cars.
그 **차고**는 차 두 대가 들어갈 만큼 충분히 크다.

· My car is at the **garage** for repair.
내 차는 수리를 위해 **정비소**에 있다.

➕ **garage sale** (자신의 차고에서 하는) 중고 물품 판매[세일]

0190 furniture
[fə́ːrnitʃər]

명 가구

· a piece of **furniture**
가구 한 점

· He likes to collect antique **furniture**.
그는 골동품 **가구**를 모으는 것을 좋아한다.

Voca Plus   여러 가지 가구

· **rug** 깔개, 양탄자   · **crib** 유아용 침대   · **cabinet** 캐비닛, 보관장   · **bookcase** 책장

· **armchair** 안락의자   · **TV stand** TV 거치대   · **coffee table** 커피 테이블

0191 **hammer**
[hǽmər]

명 망치

• I need a **hammer** to fix the picture to the wall.
나는 그 사진을 벽에 고정하기 위해 **망치**가 필요하다.

0192 **ladder**
[lǽdər]

명 사다리

• She used a **ladder** to reach the roof.
그녀는 지붕에 올라가기 위해 **사다리**를 사용했다.

0193 **drill**
[dril]

명 1. 드릴, 송곳   2. (비상시를 대비한) 훈련

• He made the hole in the wall with a **drill**.
그는 **드릴**로 벽에 구멍을 내었다.

• There was a fire **drill** this morning.
오늘 아침에 소방 **훈련**이 있었다.

0194 **mop**
[mɑp]
mopped – mopped

명 대걸레   동 대걸레로 닦다

• The floor is wet. Can you bring me a **mop**?
바닥이 젖었네. **대걸레** 좀 가져다줄래?

• I **mop** the kitchen floor every day.
나는 매일 주방 바닥을 **대걸레로 닦는다**.

0195 **bucket**
[bʌ́kit]

명 양동이

• The **bucket** is filled with water.
그 **양동이**는 물로 채워져 있다.

• Skydiving has always been on my **bucket list**.
스카이다이빙은 늘 내 **버킷 리스트**에 올라 있다.

➕ bucket list 버킷 리스트

More 버킷 리스트(bucket list)란 죽기 전에 꼭 해보고 싶은 일의 목록을 의미해요. 이는 '죽다'라는 의미를 가진 표현 'kick the bucket'에서 유래했는데, 옛날에 교수형을 집행할 때 양동이 위에 올라 목을 매고 양동이를 걷어찬 것에서 시작된 표현이에요.

0196 convenient
[kənvíːnjənt]

형 편리한, 간편한
· Online shopping is cheap and **convenient**.
온라인 쇼핑은 저렴하고 **편리하다**.

➕ convenience 명 편의, 편리

0197 electronic
[ilektránik]

형 전자의
· I like to read **electronic** books on my phone.
나는 핸드폰으로 **전자책**을 읽는 것을 좋아한다.

➕ electronically 부 전자적으로

0198 microwave
[máikrəwèiv]
microwaved – microwaved

명 전자레인지   동 전자레인지에 요리하다
· He heated the frozen food in the **microwave**.
그는 냉동식품을 **전자레인지**에 데웠다.

0199 household
[háushòuld]

명 가정, 집안 식구
· The cost of living is different for each **household**.
생활비는 **가정**마다 다르다.

· We try to reduce our **household** waste.
우리는 **가정**(에서 배출되는) 쓰레기를 줄이려고 노력한다.

교과서 빈출 표현

0200 get rid of

got – gotten/got

~을 없애다
· I'll **get rid of** my old clothes and buy new ones.
나는 오래된 옷들**을 버리고** 새 옷을 살 것이다.

VOCA Exercise

정답 p.373

A 빈칸에 알맞은 말을 넣어 어구를 완성하세요.

1 차고가 있는 주택   a house with a _____

2 사다리를 올라가다   climb the _____

3 변기를 고치다   fix the _____

4 물 한 양동이   a _____ of water

5 바닥을 대걸레로 닦다   _____ the floor

6 부엌 찬장   a kitchen _____

7 서랍을 열다   open the _____

8 찻쟁반   a tea _____

B 빈칸 (a)와 (b)에 공통으로 들어갈 단어를 쓰세요.

1 (a) I put together a model _____.

     나는 모형 전차를 조립했다.

  (b) This water _____ can hold 50 liters.

     이 물 저장 통은 50리터를 담을 수 있다.

2 (a) The sound of the _____ made me uncomfortable.

     드릴 소리는 나를 불편하게 했다.

  (b) We are going to have an emergency _____ at 2 p.m.

     우리는 오후 2시에 비상 훈련을 할 예정입니다.

VOCA Exercise

C 다음 영영풀이에 해당하는 단어를 <보기>에서 골라 쓰세요.

> <보기>   microwave   convenient   couch   bin

1 a can for trash or garbage   _____

2 allowing you to do something easily   _____

3 a long comfortable seat for several people   _____

4 a type of oven that cooks food fast   _____

D 주어진 우리말에 맞게 빈칸에 알맞은 단어를 채워 문장을 완성하세요. (필요시 형태 바꿀 것)

1 갈라진 틈에서 물이 새고 있다.

→ Water is _____ through a crack.

2 내가 네 집의 가구를 고르는 것을 도와줄게.

→ I'll help you choose the _____ for your house.

3 그 상점에서는 가정용품이 할인 중이다.

→ The _____ products are on sale at the store.

4 나는 모기를 쫓기 위해 살충제 스프레이를 사용했다.

→ I used an insect _____ to keep mosquitoes away.

5 새집으로 이사 가기 전에 오래된 것들을 없애야 한다.

→ You should _____ _____ _____ old

things before moving to the new house.

1001 Sentences

A 주어진 단어를 각각 빈칸에 채워 문장을 완성하세요.

709 We need to _____ the old _____. (fence, replace)

710 These tools _____ in the _____. (garage, belong)

711 _____ the _____ in a dry, cool place. (store, bin)

712 We _____ _____ goods for free. (deliver, electronic)

713 I _____ to _____ a meal when I'm tired. (skip, tend)

B <보기>에서 알맞은 단어를 골라 문장을 완성하세요.

<보기>	cupboard	situation	shaves	maintain
	shower	tray	convenient	toilet
	microwave	stressful		

714 A _____ is _____ for quick meals.

715 She stayed calm during the _____ _____.

716 He _____ his beard before he takes a _____.

717 Use a _____ and put those bowls in the _____.

718 It's important to _____ the _____ clean.

주어진 우리말에 맞게 다음 빈칸에 알맞은 단어를 쓰세요. (필요시 형태 바꿀 것)

719 The top _____ is _____.

맨 위 서랍은 잠겨 있다.

720 My morning _____ starts with a _____.

아침 일과는 샤워로 시작된다.

721 I like to _____ on the _____ reading a book.

나는 책을 읽으면서 소파에서 휴식을 취하는 것을 좋아한다.

722 He climbed up the _____ to _____ the roof.

그는 지붕을 수리하기 위해 사다리를 올라갔다.

723 This shop sells _____ and many _____ items.

이 상점은 가구와 많은 가정용품을 판다.

724 _____ and _____ up the floors before guests arrive.

손님들이 도착하기 전에 바닥을 쓸고 닦아라.

725 Dad keeps the _____ and _____ in the toolbox.

아빠는 도구 상자에 망치와 드릴들을 보관하신다.

726 Fill the _____ with water and _____ it _____ to the garden.

양동이를 물로 채워서 정원으로 가지고 나가렴.

727 The broken pipe caused a _____. We need to _____ it.

그 고장 난 파이프가 새고 있다. 그것을 교체해야 한다.

728 I _____ _____ a friend and we _____ _____ chatting for an hour.

나는 친구를 우연히 만나 결국 한 시간 동안 대화하게 되었다.

DAY 09

음식, 맛, 조리법

- [ ] boil
- [ ] chop
- [ ] recipe
- [ ] contain
- [ ] bitter
- [ ] spice
- [ ] raw
- [ ] mix
- [ ] stir
- [ ] blend
- [ ] powder
- [ ] measure
- [ ] crush
- [ ] dairy
- [ ] supper
- [ ] dip
- [ ] stove
- [ ] ingredient
- [ ] peel
- [ ] crisp
- [ ] roast
- [ ] squeeze
- [ ] grain
- [ ] wheat
- [ ] heat up

 중등 기본

0201 boil
[bɔil]
boiled – boiled

⑧ 1. 끓다, 끓이다   2. 삶다   ⑲ 끓임

- Be careful with the **boiling** water.
  끓는 물을 조심하세요.
- She **boiled** some eggs for breakfast.
  그녀는 아침 식사로 계란을 조금 **삶았다**.
- When the soup comes to a **boil**, add the noodles.
  그 수프가 **끓으면** 면을 넣어라.

0202 chop
[tʃɑp]
chopped – chopped

⑧ 잘게 썰다, 다지다

- First, **chop** the onion and garlic.
  먼저 양파와 마늘을 **잘게 썰어주세요**.
- ➕ chop off ~을 잘라내다

0203 recipe
[résəpì:]

⑲ 조리법

- This pasta **recipe** is easy to follow.
  이 파스타 **조리법**은 따라 하기 쉽다.

0204 contain
[kəntéin]
contained – contained

⑧ 들어 있다, 포함하다

- Soft drinks usually **contain** a lot of sugar.
  탄산음료에는 보통 많은 양의 설탕이 **들어 있다**.
- ➕ container ⑲ 그릇, 용기

0205 bitter
[bítər]

⑱ 맛이 쓴

- The coffee was too **bitter** for her to drink.
  그 커피는 그녀가 마시기에 너무 **썼다**.

0206 **spice**
[spais]

명 양념, 향신료
- You can use **spices** like cinnamon.
  당신은 계피와 같은 **향신료**를 사용할 수 있습니다.

➕ seasoning 명 양념(특히 소금과 후추)

0207 **raw**
[rɔː]

형 날것의
- Use a separate cutting board for **raw** meat.
  날고기[생고기]를 썰 때는 별개의 도마를 사용하세요.

0208 **mix**
[miks]
mixed – mixed

동 섞다, 혼합하다*   쉬운뜻 *뒤섞어서 한곳에 합하다
명 섞인 것, 혼합 가루
- First **mix** the butter and sugar together, then add the milk. 먼저 버터와 설탕을 함께 **섞고**, 그다음 우유를 넣어라.
- I just had a snack **mix** of nuts and dried fruit.
  나는 방금 견과류와 말린 과일이 **섞인** 간식[견과류 믹스]을 먹었다.

➕ mixed 형 혼합된, 여러 종류를 섞은
➕ mixture 명 혼합물, 혼합체

0209 **stir**
[stəːr]
stirred – stirred

동 젓다, 섞다
- She **is stirring** her drink with a straw.
  그녀는 빨대로 음료를 **젓고** 있다.

0210 **blend**
[blend]
blended – blended

동 섞다, 혼합하다
- I **blended** fruits and yogurt to make a smoothie.
  나는 스무디를 만들기 위해 과일과 요거트를 **섞었다**.

➕ blender 명 믹서기, 분쇄기

🔩 **비교 Point** mix vs. stir vs. blend

mix는 음식이나 재료, 색깔, 감정 등에 대해 종종 사용하며, 여러 성분을 섞어 하나로 만드는 것을 의미해요.
- I **mixed** red and blue to make purple. 나는 보라색을 만들기 위해 빨간색과 파란색을 **섞었다**.

stir는 완전히 섞이도록 수저나 막대기로 액체를 젓는 동작을 의미해요.
- She **stirred** the coffee with a spoon. 그녀는 숟가락으로 커피를 **저었다**.

blend는 주로 요리와 관련해서 쓰이고, 다른 분야에서는 '멋지게 어우러지다'라는 의미로 쓰여요.
- **Blend** the flour with the milk. 밀가루를 우유와 같이 **섞어라**.

0211 powder
[páudər]

명 가루, 분말
- She uses cocoa **powder** to make hot chocolate.
  그녀는 핫초콜릿을 만들기 위해 코코아 **가루**를 사용한다.

0212 measure
[méʒər]
measured – measured

동 재다, 측정하다   명 단위
- I used a kitchen scale to **measure** the flour.
  나는 밀가루의 양을 **재기** 위해 조리용 저울을 사용했다.
- A meter is a **measure** of length.
  미터는 길이를 재는 한 **단위**이다.
➕ measurement 명 1. 측량, 측정 2. 양, 치수, 크기

0213 crush
[krʌʃ]
crushed – crushed

동 1. 찌그러뜨리다, 눌러 부수다   2. 으깨다, 찧다
- The machine **crushes** the cans so that they can be recycled. 그 기계는 재활용될 수 있도록 캔을 **찌그러뜨린다**.
- The grapes **are crushed** to make wine.
  포도는 와인을 만들기 위해 **으깨어진다**.

0214 dairy
[dέ(:)əri]

형 우유의, 유제품의
- I enjoy eating **dairy** products such as yogurt.
  나는 요거트와 같은 **유제품**을 먹는 것을 즐긴다.

0215 supper
[sʌ́pər]

명 저녁 식사
- She'll come home before **supper**.
  그녀는 **저녁 식사** 전에 집에 올 거야.

More dinner vs. supper

dinner는 저녁 식사뿐만 아니라 하루 중 잘 차려서 먹는 주된 식사라는 의미도 있어요. 과거에는 이런 식사를 주로 점심때 먹었지만, 생활방식의 변화로 저녁에 느긋하게 정식을 먹게 되면서 오늘날에는 저녁 식사를 dinner 라고 부르게 되었어요.
supper는 하루 중 마지막에 먹는 식사로 저녁 식사나 잠자리에 들기 전 가볍게 먹는 것을 의미해요.

0216 **dip**

[dip]

dipped – dipped

동 살짝 담그다, 적시다

· I like to **dip** my fries in ketchup.
나는 감자튀김을 케첩에 **살짝 찍어** 먹는 것을 좋아한다.

➕ dipping sauce 디핑 소스

0217 **stove**

[stouv]

명 버너, 가스레인지

· I cooked the vegetable soup on the **stove**.
나는 **가스레인지**에서 야채수프를 요리했다.

0218 **ingredient**

[ingrí:diənt]

명 재료, 성분

· Shrimp is the main **ingredient** of the dish.
새우는 그 요리의 주된 **재료**이다.

0219 **peel**

[pi:l]

peeled – peeled

동 껍질을 벗기다   명 (과일) 껍질

· **Peel** the tomato and cut it in half.
토마토 **껍질을 벗겨서** 반으로 자르세요.

· The lemon **peel** is useful for cleaning.
레몬 **껍질**은 세척에 유용하다.

0220 **crisp**

[krisp]

형 1. (음식이) 바삭바삭한, (채소·과일 등이) 아삭아삭한, 신선한
2. (공기·날씨 등이) 상쾌한, 서늘한   3. (종이 등이) 빳빳한

· The toast was **crisp** on the outside.
그 토스트는 바깥 부분이 **바삭바삭했다**.

· a **crisp** winter morning
상쾌한 겨울 아침

· She gave me a **crisp**, new $20 bill.
그녀는 나에게 **빳빳한** 20달러짜리 새 지폐를 주었다.

➕ crispy 형 (음식이) 바삭바삭한

More crisp vs. crispy

crisp는 주로 음식이 기분 좋게 바삭바삭하다고 표현거나 채소의 아삭하거나 신선한 상태를 의미해요.
또한 다양한 의미가 있어서 음식 외 다른 여러 문맥에서 쓰여요.

· a **crisp** apple 아삭한 사과   · a **crisp** white shirt 빳빳한 흰 셔츠

crispy는 주로 음식의 질감을 의미하는 단어로 사용되고 쉽게 부서질 수 있는 것을 나타내요.

· **crispy** fried chicken 바삭한 프라이드치킨   · **crispy** cookies/bacon 바삭한 쿠키/베이컨

0221 roast

[roust]

roasted – roasted

동 (고기 등을) 굽다　형 구운, 볶은

• They will **roast** duck in the oven.
그들은 오븐에 오리를 **구울** 것이다.

• **roast** chicken
구운 닭고기

0222 squeeze

[skwiːz]

squeezed – squeezed

동 1. (손가락으로 꼭) 짜다, 쥐다
　　2. (무엇에서 액체를) 짜내다, 짜다

• Stop **squeezing** my hand. It hurts.
내 손을 그만 **꼭 잡아**. 아파.

• I **squeezed** a piece of lemon on the fish.
나는 생선 위에 레몬 조각의 즙을 **짜냈다**.

0223 grain

[grein]

명 1. 곡물, 곡식　2. 낟알, 알갱이

• I prefer whole-**grain** bread.
나는 통**곡물**빵을 선호한다.

• a **grain** of rice
쌀 한 **낟알**[톨]

0224 wheat

[hwiːt]

명 밀

• **Wheat** is used to make flour.
밀은 밀가루를 만드는 데 사용된다.

교과서 빈출 표현

0225 heat up

heated – heated

뜨겁게 만들다, 데우다 (= warm up)

• I **heated up** my soup in the microwave.
나는 전자레인지에 수프를 **데웠다**.

VOCA Exercise

정답 p.373

A 빈칸에 알맞은 말을 넣어 어구를 완성하세요.

1 날계란   _____ eggs

2 저녁 식사를 하다   have _____

3 오렌지 껍질을 벗기다   _____ an orange

4 아삭한 샐러드   a _____ salad

5 소스에 살짝 담그다   _____ in the sauce

6 양배추를 잘게 썰다   _____ up cabbage

7 마늘을 찧다   _____ the garlic

8 고춧가루   red pepper _____

B <보기>에서 알맞은 단어를 골라 문장을 완성하세요.

<보기> mix	boil	bitter	spice

1 First, _____ some potatoes for 10 minutes.

2 A _____ can make food more tasty.

3 This medicine leaves a _____ taste in the mouth.

4 The cake is a _____ of flour, eggs, and butter.

VOCA Exercise

C 다음 영영풀이에 해당하는 단어를 <보기>에서 골라 쓰세요.

> <보기>   contain   stir   recipe   squeeze

1   to have or include something   _____

2   a list of instructions to make a dish   _____

3   to mix something with a spoon or a stick   _____

4   to press something hard with your hands   _____

D 주어진 우리말에 맞게 빈칸에 알맞은 단어를 채워 문장을 완성하세요.

1   참치는 그 찌개를 만드는 데 필요한 주된 재료이다.

→ Tuna is the main _____ for making the stew.

2   많은 사람들은 아이스크림과 같은 유제품 디저트를 좋아한다.

→ Many people like _____ desserts such as ice cream.

3   나는 빵을 구울 때 항상 설탕의 양을 잰다.

→ I always _____ the sugar when baking bread.

4   쌀은 많은 아시아 국가의 주요 곡물이다.

→ Rice is the main _____ in many Asian countries.

5   오븐을 데우는 데 시간이 좀 걸린다.

→ The oven takes some time to _____ _____.

DAY

10

의류, 패션

- [ ] pin
- [ ] jewel
- [ ] hang
- [ ] sneaker
- [ ] tight
- [ ] leather
- [ ] cloth
- [ ] fabric
- [ ] material
- [ ] stripe
- [ ] label
- [ ] thread
- [ ] knit
- [ ] sleeve
- [ ] stain
- [ ] polish
- [ ] perfectly
- [ ] casual
- [ ] formal
- [ ] cape
- [ ] alter
- [ ] complement
- [ ] dress up
- [ ] belong to
- [ ] catch one's eye

 중등 기본

0226 **pin**
[pin]
pinned – pinned

명 핀, 장식핀 동 핀으로 꽂다, 고정시키다

· The **pins** can help the dress fit you better.
핀은 드레스가 네게 더 잘 맞도록 해준다.

· I **pinned** my name tag on my shirt.
나는 셔츠 위에 이름표를 **핀으로 꽂았다.**

0227 **jewel**
[dʒúːəl]

명 보석

· The ring had a big **jewel** in the center.
반지 중앙에는 큰 **보석**이 있다.

➕ jewelry 명 보석류

0228 **hang**
[hæŋ]
hung – hung

동 걸다, 매달다, 걸리다

· He **hung** the towel on a hook behind the door.
그는 문 뒤에 있는 고리에 수건을 **걸었다.**

· Your coat **is hanging** in the closet.
네 코트는 옷장에 **걸려 있다.**

➕ hanger 명 옷걸이

0229 **sneaker**
[sníːkər]

명 (-s) 운동화

· I put on comfortable **sneakers** for long walks.
나는 오래 걸을 때 편안한 **운동화**를 신는다.

0230 **tight**
[tait]

형 꽉 조이는, 딱 붙는

· The jacket is so **tight** that I can't move my arms.
그 재킷은 너무 **꽉 조여서** 내 팔을 움직일 수가 없다.

➕ loose 형 느슨한, 헐거운

0231 **leather**
[léðər]

[명] 가죽

• I bought a pair of **leather** gloves for my father.
나는 아버지께 **가죽** 장갑 한 켤레를 사드렸다.

0232 **cloth**
[klɔːθ]

[명] 1. 옷감 2. 천, 헝겊

• The dress is made out of a beautiful silk **cloth**.
그 드레스는 아름다운 실크 **옷감**으로 만들어졌다.

• Use a soft **cloth** to polish the silverware.
은제품을 닦을 때는 부드러운 **천**을 사용해라.

0233 **fabric**
[fǽbrik]

[명] 직물, 천

• The **fabric** of this jacket is waterproof.
이 재킷의 **천**은 방수가 된다.

0234 **material**
[mətíəriəl]

[명] 1. (물건 등의) 재료, 소재 2. 직물, 천

• The truck is loaded with building **materials**.
그 트럭은 건축 **재료들**로 짐이 채워졌다.

• Babies wear clothes made only of cotton **material**.
아기들은 면**직물**로만 만들어진 옷들을 입는다.

🔔 **비교 Point** cloth vs. fabric vs. material

세 단어 모두 '옷감, 천'을 의미하지만 쓰임이 조금씩 달라요.

cloth는 주로 '직물'을 의미하므로 실로 짜인 모직물, 면직물 등을 말할 때 쓰여요. 또한 천의 일부, 조각을 나타내기도 해요.
• cotton/woolen **cloth** 면/모직물   • table**cloth** 식탁보

fabric은 주로 의류를 제작하기 위해 원료가 되는 천인 '원단'을 의미해요. 나일론, 펠트 등과 같은 합성 소재를 포함한 모든 종류의 천을 나타내요.

material은 '직물, 천'이라는 의미뿐만 아니라 다양한 물건을 만드는 재료나 소재를 나타내요.
• leather **material** 가죽 소재

0235 stripe

[straip]

몡 줄무늬

- I like the T-shirt with **stripes**.
  나는 **줄무늬**가 있는 티셔츠가 좋다.

➕ striped 혱 줄무늬가 있는

0236 label

[léibl]

labeled – labeled

몡 라벨, 상표　동 라벨을 붙이다, 라벨로 나타내다

- It says "hand-washing only" on the **label**.
  상표에는 '손세탁 전용'이라고 쓰여 있다.

- The company logo **was labeled** on each item.
  회사 로고는 각 품목에 **라벨로 나왔다**.

0237 thread

[θred]

몡 실

- I need a needle and **thread** to sew a button.
  나는 단추를 달기 위해 바늘과 **실**이 필요하다.

0238 knit

[nit]

knitted – knitted

동 (옷 등을) 뜨다, 뜨개질하다

- My grandmother **knitted** a sweater for me.
  할머니는 나에게 스웨터를 **떠 주셨다**.

➕ knitted 혱 뜨개질한, 떠서 만든
➕ knitting 몡 뜨개질

0239 sleeve

[sliːv]

몡 소매, 소맷자락

- It's too hot to wear a shirt with long **sleeves**.
  너무 더워서 긴 **소매**가 있는 셔츠를 입을 수 없다.

0240 stain

[stein]

몡 얼룩

- The ink left a **stain** on my white blouse.
  잉크는 내 흰 블라우스에 **얼룩**을 남겼다.

0241 **polish**
[páliʃ]
polished – polished

동 (윤이 나도록) 닦다, 광을 내다
- **Polishing** shoes can protect the leather.
구두를 닦는 것은 가죽을 보호할 수 있다.

0242 **perfectly**
[pɔ́:rfiktli]

부 완전하게, 완벽하게
- His shoes match his jacket **perfectly**.
그의 신발은 재킷에 **완벽하게** 어울린다.

⊕ perfect 형 완벽한, 꼭 맞는

0243 **casual**
[kǽʒuəl]

형 평상시의, 격식을 차리지 않는
- She wears **casual** clothes like jeans to work.
그녀는 출근할 때 청바지와 같은 **평상복**을 입는다.

0244 **formal**
[fɔ́:rməl]

형 격식을 차린, 정중한
- You have to wear **formal** clothes at job interviews.
면접에서는 **격식을 차린** 옷을 입어야 한다.

⊖ informal 형 격식을 따지지 않는, 평상복의

0245 **cape**
[keip]

명 망토
- a superhero's mask and **cape**
슈퍼히어로의 가면과 **망토**
- The bullfighter uses his red **cape** to lead the bull.
투우사는 황소를 이끌기 위해 빨간 **망토**를 사용한다.

0246 **alter**
[ɔ́:ltər]
altered – altered

동 1. 변하다, 바꾸다   2. (옷을) 고치다
- She wanted to **alter** her hairstyle for a fresh look.
그녀는 새로운 모습을 위해 헤어스타일을 **바꾸기**를 원했다.
- He got the pants **altered** to fit him.
그는 바지를 자신에게 맞게 **고쳤다**[수선했다].

0247 complement

[kámpləmènt]

complemented
– complemented

<명> 보완하는 것, 보충하는 것 <동> 보완하다

- The handbag is the perfect **complement** to her dress.
  그 핸드백은 그녀의 옷을 완벽하게 해주는 **보완물**이다.

- These lights **complement** your artwork.
  이 불빛들은 네 미술 작품을 **보완해** 준다.

교과서 빈출 표현

0248 dress up

dressed – dressed

1. 옷을 갖춰 입다   2. 변장하다

- The actors **dressed up** for the film festival.
  배우들은 영화제를 위해 **옷을 갖춰 입었다.**

- People like to **dress up** for the Halloween party.
  사람들은 핼러윈 파티를 위해 **변장하는** 것을 좋아한다.

0249 belong to

belonged – belonged

1. ~ 소유[것]이다   2. ~에 속하다

- Who does this jacket **belong to**?
  이 재킷은 누구 **것인가요?**

- Lions **belong to** the cat family.
  사자는 고양잇과에 **속한다.**

0250 catch one's eye

caught – caught

눈길을 끌다

- Her stunning dress **caught** everyone's **eye**.
  그녀의 굉장히 멋진 드레스는 모두의 **눈길을 끌었다.**

More <catch + 명사>

동사 catch는 '잡다'라는 의미이지만, 뒤에 오는 명사에 따라서 다양하게 해석돼요.

- catch one's interest ~의 관심을 사로잡다
- The book cover **caught** my **interest**. 그 책 표지가 나의 관심을 사로잡았다.

- catch one's attention ~의 주의를 끌다
- He tapped the table to **catch** everyone's **attention**.
  그는 모두의 **주의를 끌기** 위해 탁자를 두드렸다.

- catch one's breath 숨을 돌리다
- After the game, the player **caught** his **breath**. 경기 후에, 그 선수는 **숨을 돌렸다.**

VOCA Exercise

정답 p.374

A 빈칸에 알맞은 말을 넣어 어구를 완성하세요.

1 안전핀   a safety _____

2 가죽 재킷   a _____ jacket

3 차를 닦다   _____ one's car

4 평상시의 모습   a _____ look

5 ~에 라벨을 붙이다   put a _____ on

6 실로 꿰매다   sew with a _____

7 털실로 장갑을 뜨다   _____ wool into gloves

8 얼룩을 지우다   remove a _____

B <보기>에서 알맞은 단어를 골라 문장을 완성하세요.

<보기>	hang	perfectly	stripes	formal

1 Don't worry. You look _____ fine.

2 The event has a _____ dress code.

3 I need more space to _____ my clothes.

4 She was wearing shirts with colorful _____.

VOCA Exercise

C 다음 영영풀이에 해당하는 단어를 <보기>에서 골라 쓰세요.

> <보기>　　sleeve　　　material　　　tight　　　complement

1 fitting very close to your body _____

2 the part of clothing that covers your arm _____

3 something that makes something else better _____

4 anything used for building or making something _____

D 주어진 우리말에 맞게 빈칸에 알맞은 단어를 채워 문장을 완성하세요. (필요시 형태 바꿀 것)

1 나는 운동회를 위해 운동화를 신었다.

→ I put on _____ for the sports day.

2 그 동물의 털 색깔은 계절에 따라 변한다.

→ The animal's fur color _____ with the seasons.

3 아름다운 일몰은 모든 사람의 눈길을 끌었다.

→ The beautiful sunset _____ everyone's _____.

4 저 빨간 드레스는 내 언니 소유이다.

→ That red dress _____ _____ my sister.

5 그들은 사진을 찍기 위해 자신이 가장 좋아하는 캐릭터로 변장했다.

→ They _____ _____ as their favorite characters for a picture.

A 주어진 단어를 각각 빈칸에 채워 문장을 완성하세요.

729 The _____ is 100% _____. (leather, material)

730 She _____ her dress to _____ it. (alter, pinned)

731 Add baking _____ and _____ well. (powder, stir)

732 _____ is a popular _____ in America. (grain, wheat)

733 She _____ beef and potatoes for _____.
(supper, roasted)

B <보기>에서 알맞은 단어를 골라 문장을 완성하세요.

<보기>	dairy	measuring	thread	cape
	fabric	squeeze	dress	contains
	cloth	ingredients		

734 Use the _____ to _____ oranges.

735 This dish _____ nuts and _____ products.

736 _____ _____ is very important in baking.

737 Use a _____ that matches the _____ color.

738 Kids like to _____ up as superheroes with a
_____.

주어진 우리말에 맞게 다음 빈칸에 알맞은 단어를 쓰세요. (필요시 형태 바꿀 것)

739 The new _____ _____ _____ my sister.

그 새 운동화는 내 동생 것이다.

740 Mom is _____ water on the _____ for coffee.

엄마는 커피를 마시기 위해 가스레인지에 물을 끓이고 계신다.

741 The red shoes _____ her dress _____.

그 빨간 신발은 그녀의 드레스를 완벽하게 보완해 주었다.

742 People _____ _____ for _____ events.

사람들은 격식을 차린 행사를 위해 옷을 갖춰 입는다.

743 If the dish tastes _____, add more sugar and

m_____ it well.

만일 요리가 쓴맛이 난다면, 설탕을 추가하고 잘 섞어라.

744 A _____ usually gives information about what the object

_____.

상표는 주로 물건이 무엇을 포함하는지에 대한 정보를 제공한다.

745 Orange _____ can be used to remove a _____

in your kitchen.

오렌지 껍질은 부엌에 있는 얼룩을 없애는 데 사용된다.

746 He _____ the silverware with a soft _____.

그는 부드러운 천으로 은 식기류를 (윤이 나도록) 닦았다.

747 I prefer the shirt with long _____ and a pattern of

_____.

나는 줄무늬 패턴이 있는 소매가 긴 셔츠를 선호한다.

748 The chef carefully _____ each _____ to find

the perfect balance.

셰프는 완벽한 조화를 찾기 위해 각 향신료를 조심스럽게 측정했다.

DAY

11

학교, 교육 I

- ☐ spell
- ☐ weakness
- ☐ task
- ☐ due
- ☐ memorize
- ☐ debate
- ☐ multiple
- ☐ grammar
- ☐ figure
- ☐ responsibility
- ☐ absent
- ☐ struggle
- ☐ bully
- ☐ cheat
- ☐ concentrate
- ☐ motivate
- ☐ involve
- ☐ accomplish
- ☐ encourage
- ☐ discourage
- ☐ paragraph
- ☐ vocabulary
- ☐ get along (with)
- ☐ hang out (with)
- ☐ show off

학교, 교육 I

 중등 기본

0251 **spell**

[spel]

spelled – spelled

spelt – spelt

[동] 철자를 말하다[쓰다]   [명] 주문, 마법

· How do you **spell** your name?

당신은 이름의 **철자를** 어떻게 **쓰나요?**

· put a **spell** on

~에게 **마법을 걸다**

0252 **weakness**

[wíːknis]

[명] 1. 약함, 힘이 없음   2. 약점, 결점

· Giving up easily can be a sign of **weakness**.

쉽게 포기하는 것은 **나약함의** 징조일 수 있다.

· I'm trying to overcome my **weakness**.

나는 내 **약점을** 극복하려고 노력하고 있다.

0253 **task**

[tæsk]

[명] 일, 과업, 과제

· I have a long list of many **tasks**.

나는 많은 **일들이** 적힌 긴 목록을 가지고 있다.

· He completed the **task** on time.

그는 **과제를** 제시간에 마쳤다.

0254 **due**

[djuː]

[형] 1. ~로 인한, ~ 때문에 (to)   2. ~하기로 되어 있는, 예정된

· He missed school **due to** illness.

그는 질병 **때문에** 결석했다.

· My essay is **due** next Monday.

내 에세이는 다음 주 월요일까지 제출**하기로 되어있다**[제출해야 해].

0255 **memorize**

[méməràiz]

memorized – memorized

[동] 암기하다

· I need to **memorize** the notes before the test.

나는 시험 전에 필기한 내용을 **암기해야** 한다.

➕ memory [명] 1. 기억, 추억 2. 기억력

0256 **debate**
[dibéit]
debated – debated

명 토론, 논의 　동 토론하다, 논의하다

- We had a **debate** on the new rule.
  우리는 새로운 규칙에 관해 **토론**을 벌였다.

- The students **debated** the issue during class.
  학생들은 수업 시간 동안 그 문제를 **논의했다**.

0257 **multiple**
[mʌ́ltəpəl]

형 많은, 다수의

- Choose the correct answer in the following
  multiple - choice question.
  다음 **다수의** 선택지가 있는[선다형] 문제에서 정답을 고르시오.

➕ multiply 동 증식하다, 곱하다

 중등 필수

0258 **grammar**
[grǽmər]

명 문법

- The book explains English **grammar** easily.
  그 책은 영**문법**을 쉽게 설명한다.

0259 **figure**
[fígjər]

명 1. 수치, 숫자　2. 인물　3. 형태

- The teacher asked us to add up the **figures**.
  선생님은 우리에게 **숫자**를 합산하라고 하셨다.

- He is a leading **figure** in the music business.
  그는 음악 산업에서 주도적인 **인물**이다.

- The house is square in **figure**.
  그 집은 정사각형의 **형태**이다.

0260 **responsibility**
[rispànsəbíləti]

명 1. 책임, 의무　2. (잘못한 일에 대한) 책임

- Students have a **responsibility** to follow school rules.
  학생들은 교칙을 따를 **책임**이 있다.

- accept **responsibility**
  책임을 받아들이다

➕ responsible 형 1. 책임이 있는　2. 책임지고 있는

0261 absent
[ǽbsənt]

형 결석한, 부재한*

(쉬운뜻) *어떤 장소에 있지 않은

- She was **absent** from school yesterday.
  그녀는 어제 학교에 **결석했다**.

➕ absence 명 결석, 결근

0262 struggle
[strʌ́gl]
struggled – struggled

동 애쓰다, 분투하다* 　명 분투, 투쟁

(쉬운뜻) *있는 힘을 다해 싸우거나 노력하다

- Many students **struggle** with math in school.
  많은 학생들은 학교에서 수학으로 **분투한다**.

- a **struggle** for survival
  생존을 위한 **투쟁**

0263 bully
[búli]
bullied – bullied

동 (약자를) 괴롭히다 　명 괴롭히는 사람

- **Bullying** in school has become a serious problem.
  학교 내 **괴롭힘**은 심각한 문제가 되었다.

- He was afraid of the **bully** and talked to the teacher.
  그는 **괴롭히는 친구**가 무서워 선생님께 말씀드렸다.

0264 cheat
[tʃiːt]
cheated – cheated

동 1. (시험 등에서) 부정행위를 하다 　2. 속이다

- You should never **cheat** on the test.
  시험에서 절대 **부정행위를 해선** 안 된다.

- He tried to **cheat** others during a card game.
  그는 카드 게임을 하는 동안 다른 사람들을 **속이려고** 했다.

0265 concentrate
[kɑ́nsəntrèit]
concentrated – concentrated

동 집중하다

- I can **concentrate** better in the library.
  나는 도서관에서 더 잘 **집중할** 수 있다.

- You need to **concentrate** on the upcoming exam.
  너는 다가오는 시험에 **집중해야** 해.

➕ concentration 명 집중, 전념

0266 motivate
[móutəvèit]
motivated – motivated

동 ~에게 동기를 주다

- She **motivates** her students by giving rewards.
  그녀는 보상을 제공함으로써 학생들에게 **동기를 준다**.

0267 involve
[inválv]
involved – involved

동 1. 포함하다, 수반하다*
2. 관련시키다, 연루시키다** (in)
3. 참여시키다 (in)

힌트뜻 *어떤 일에 따라서 더불어 생기게 하다
**남이 일으킨 어떤 일에 관련이 되도록 하다

· The test **involves** answering questions about a graph.
그 시험은 그래프에 관한 질문에 답하는 것을 **포함한다**.

· I don't want to get **involved in** the fight.
나는 그 싸움에 **연루되고** 싶지 않다.

· We try to **involve** many people **in** the activity.
우리는 그 활동에 많은 사람들을 **참여시키려고** 했다.

➕ be[get/become] involved in   1. ~에 관련되다, 연루되다
2. ~에 참여하다

0268 accomplish
[əkámpliʃ]
accomplished – accomplished

동 이루다, 성취하다

· He worked hard to **accomplish** his goals.
그는 자신의 목표를 **이루기** 위해 열심히 일했다.

➕ accomplishment 명 성취, 완성

0269 encourage
[inkə́:ridʒ]
encouraged – encouraged

동 1. 격려하다, 장려하다*
2. 부추기다, 조장하다**

힌트뜻 *좋은 일에 힘쓰도록 격려하다
**무언가가 더 심해지도록 부추기다

· The teacher always **encourages** me to read many books.
그 선생님은 항상 나에게 책을 많이 읽으라고 **격려하신다**.

· The strong beat may **encourage** people to eat quickly.
강한 비트는 사람들이 빨리 먹도록 **부추길** 수도 있다.

➕ encouragement 명 격려, 장려

0270 discourage
[diskə́:ridʒ]
discouraged – discouraged

동 1. 의욕을 꺾다, 좌절시키다   2. 막다, 말리다

· Don't let one failure **discourage** you.
한 번의 실패가 너를 **좌절시키게** 하지 마라.

· My parents never **discourage** me from trying new things.
부모님은 내가 새로운 것을 시도하는 것을 절대로 **막지** 않으신다.

More encourage와 discourage는 '용기'를 의미하는 courage 앞에 접두사가 붙어 만들어진 단어들이에요.
· en-(만들다) + courage(용기) = **encourage** 격려하다, 장려하다
· dis-(반대) + courage(용기) = **discourage** 의욕을 꺾다, 좌절시키다

0271 paragraph

[pǽrəgræf]

몡 단락, 절

· The report should have at least three **paragraphs**.
그 보고서는 적어도 세 **단락**이 있어야 한다.

0272 vocabulary

[voʊkǽbjəlèri]

몡 어휘

· Reading books helps you increase your **vocabulary**.
독서는 **어휘**를 늘리는 데 도움을 준다.

More word vs. vocabulary

word는 특정한 의미를 지니는 가장 작은 말의 단위이며 vocabulary는 개인이 알고 있거나 사용하는 모든
단어를 통틀어 말할 때 사용해요.

교과서 빈출 표현

0273 get along (with)

got – gotten/got

(~와) 잘 지내다, 어울려 지내다

· He **gets along with** everyone in our class.
그는 우리 반의 모든 친구들과 **잘 지낸다**.

0274 hang out (with)

hung – hung

(~와) 시간을 보내다, 잘 지내다

· I **hang out with** my friends after school.
나는 방과 후에 친구들과 **시간을 보낸다**.

0275 show off

showed – shown

자랑하다, 과시하다

· She wanted to **show off** her new bag.
그녀는 자신의 새 가방을 **자랑하고** 싶어 했다.

VOCA Exercise

정답 p.374

A 빈칸에 알맞은 말을 넣어 어구를 완성하세요.

1 예정일   the _____ date

2 주요 인물   a key _____

3 사고에 연루시키다   _____ in an accident

4 서로를 격려하다   _____ each other

5 과업을 수행하다   perform a _____

6 공개 토론회   a public _____

7 문법 시험   a _____ test

8 나약해진 순간   a moment of _____

B 다음 빈칸에 알맞은 단어를 쓰세요.

1 _____ : memory   = 암기하다 : 기억, 추억

2 multiply : _____   = 증식하다, 곱하다 : 많은, 다수의

3 responsible : _____   = 책임이 있는 : 책임

4 _____ : absence   = 결석한, 부재한 : 결석, 결근

5 _____ : concentration   = 집중하다 : 집중

6 accomplish : _____   = 이루다, 성취하다 : 성취, 완성

VOCA Exercise

C 다음 영영풀이에 해당하는 단어를 <보기>에서 골라 쓰세요.

> <보기>   spell   struggle   bully   discourage

1   to try very hard to do something   _____

2   to make someone feel less confident   _____

3   someone who hurts or frightens the weak   _____

4   to say or write the letters of something _____

D 주어진 우리말에 맞게 빈칸에 알맞은 단어를 채워 문장을 완성하세요. (필요시 형태 바꿀 것)

1   독서는 어휘력을 기를 수 있는 최선의 방법이다.

  → Reading is the best way to build your _____.

2   더 열심히 하도록 가장 많이 너에게 동기를 주는 것은 무엇이니?

  → What _____ you the most to work harder?

3   각 문단에는 적어도 세 문장이 있어야 한다.

  → Each _____ should include at least three sentences.

4   나는 공휴일에는 사촌들과 함께 시간을 보낸다.

  → I _____ _____ with my cousins on holidays.

5   남자 모델들은 자신의 근육을 과시했다.

  → The male models _____ _____ their muscles.

DAY

12

학교, 교육 II

Preview Check

- [ ] basic
- [ ] elementary
- [ ] principal
- [ ] apply
- [ ] introduction
- [ ] graduate
- [ ] consider
- [ ] professor
- [ ] guideline
- [ ] deadline
- [ ] academic
- [ ] specific
- [ ] lecture
- [ ] educate
- [ ] instruct
- [ ] refer
- [ ] counsel
- [ ] register
- [ ] enroll
- [ ] assess
- [ ] institute
- [ ] institution
- [ ] hand in
- [ ] look up
- [ ] drop out (of)

학교, 교육 Ⅱ

 중등 기본

0276 **basic**
[béisik]

형 기본적인

· Vocabulary is a **basic** part in language learning.
어휘는 언어학습에 있어 **기본적인** 부분이다.

0277 **elementary**
[èləméntəri]

형 초급의, 초보의

· an **elementary** school
초등학교

· His English is at an **elementary** level.
그의 영어 실력은 **초급** 수준이다.

0278 **principal**
[prínsəpəl]

명 교장

· The **principal** gives a speech every Monday morning.
교장선생님은 매주 월요일 아침에 연설을 하신다.

0279 **apply**
[əplái]
applied – applied

동 1. 지원하다, 신청하다 (for)   2. 바르다   3. 적용하다

· He will **apply for** a scholarship.
그는 장학금을 **신청할** 것이다.

· You need to **apply** the paint with a brush.
너는 붓으로 페인트를 **발라야** 한다.

· It's important to **apply** the rules fairly.
규칙을 공정하게 **적용하는** 것은 중요하다.

➕ **applicant** 명 지원자
➕ **application** 명 1. 애플리케이션, 응용 프로그램 2. 지원서

0280 **introduction**
[intrədʌkʃən]

명 1. (사람) 소개   2. 도입*   쉬운듯 *기술, 방법 등을 끌어들임

· After a short **introduction**, the speaker took the stage.
간단한 **소개** 후, 그 연사[연설하는 사람]는 무대에 올랐다.

· The **introduction** of online learning has changed
many things. 온라인 학습 **도입**은 많은 것들을 변화시켰다.

➕ **introduce** 동 1. 소개하다 2. 들여오다

0281 **graduate**

동사 [grǽdʒueit]
명사 [grǽdʒuət]
graduated – graduated

동 졸업하다   명 졸업생

• My brother **graduated** from middle school last year.
내 형은 작년에 중학교를 **졸업했다**.

• She is a **graduate** of Yale University.
그녀는 예일 대학교 **졸업생**이다.

➕ graduation 명 졸업

0282 **consider**

[kənsídər]
considered – considered

동 1. 고려하다, 숙고하다*   2. ~로 여기다   쉬운뜻 *공공이 잘 생각하다

• He **considered** options before making up his mind.
그는 결정을 내리기 전 선택지들을 **고려했다**.

• Shakespeare **is considered** as one of the greatest writers.
셰익스피어는 가장 위대한 작가들 중 한 사람**으로 여겨진다**.

➕ consideration 명 고려, 숙고

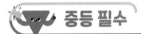 중등 필수

0283 **professor**

[prəfésər]

명 교수

• Mr. Han is a **professor** of chemistry.
한 씨는 화학과 **교수**다.

0284 **guideline**

[gáidlàin]

명 지침

• My teacher gives clear **guidelines** for projects.
내 선생님은 프로젝트에 대한 분명한 **지침**을 주신다.

0285 **deadline**

[dedlɑin]

명 기한, 마감 시간

• I almost missed the **deadline** for my applications.
나는 지원서 **기한**을 거의 놓칠 뻔했다.

• make/meet a **deadline**
마감 시간을 맞추다

More line은 '선'이라는 의미가 있으며 이를 포함한 다양한 합성어가 있어요.

• guide(안내) + line(선) = **guideline** 지침
• dead(끝난, 죽은) + line(선) = **deadline** 기한, 마감 시간
• out(바깥) + line(선) = **outline** 윤곽, 외형
• head(머리; 주요한) + line(선) = **headline** 표제, 주요 뉴스

0286 **academic**
[æ̀kədémik]

형 1. 학교의, 학업의   2. 학구적인*   *학문 연구에 몰두하는

- He received awards for his **academic** achievements.
  그는 **학업** 성과에 대한 상을 받았다.

- an **academic** subject
  학구적인 과목

➕ academy 명 1. 전문학교 2. 학회

0287 **specific**
[spisífik]

형 특정한, 구체적인, 명확한

- Can you give me a **specific** example?
  구체적인 예시 좀 들어줄래요?

0288 **lecture**
[léktʃər]

명 강의, 강연

- He gives **lectures** on English literature.
  그는 영문학을 **강의**한다.

0289 **educate**
[édʒukèit]
educated – educated

동 가르치다, 교육하다

- We **were educated** in public schools.
  우리는 공립학교에서 **교육받았다.**

➕ education 명 교육
➕ educational 형 교육적인
➕ educator 명 교육가

0290 **instruct**
[instrʌ́kt]
instructed – instructed

동 1. 가르치다   2. 지시하다, 명령하다

- She **instructed** her students on writing techniques.
  그녀는 학생들에게 글쓰기 기술을 **가르쳐주었다.**

- The police **instructed** the drivers to turn back.
  경찰관은 운전자들에게 차를 돌릴 것을 **지시했다.**

➕ instruction 명 1. 설명 2. 지시 3. 가르침

⚡ 비교 Point teach vs. educate vs. instruct

teach는 지식, 방법, 기술 등을 가르치는 일을 의미하며 가장 일반적이고 포괄적인 동사예요.
educate는 학교나 대학에서 학생들을 가르치는 정규적인 교육활동을 의미하거나 전문가로 양성하거나 훈련하는 일도 나타내요.
instruct는 주로 실용적인 기술을 가르치는 것을 의미하며 누군가에게 지시할 때도 쓰여요.

0291 refer

[rifə́ːr]

referred – referred

동 1. 참고하다, 참조하다 (to) 2. 나타내다, 가리키다 (to)
3. 언급하다 (to)

- **Refer to** the dictionary to find the meaning of a word.
  단어의 의미를 찾으려면 사전을 **참고하세요**.
- The term "global warming" **refers to** the increase in Earth's temperature.
  '지구 온난화'라는 용어는 지구의 기온 상승을 **나타낸다**.
- I know who you **are referring to**.
  나는 네가 누구를 **언급하는지** 알아.

0292 counsel

[káunsəl]

counseled – counseled

명 조언, 충고 동 상담하다, 조언하다

- The student asked for **counsel** on his grades.
  그 학생은 자신의 성적에 대해 **조언**을 구했다.
- She **counseled** students on dealing with stress.
  그녀는 학생들에게 스트레스를 다루는 것에 관해 **상담해** 주었다.

➕ counselor 명 상담사, 상담 교사

0293 register

[rédʒistər]

registered – registered

동 등록하다, 신고하다 명 등록부

- You can **register** on site or online.
  현장이나 온라인에서 **등록하실** 수 있습니다.
- He **registered** the birth of his child.
  그는 자기 아이의 출생을 **신고했다**.
- The hotel kept a **register** of its guests.
  그 호텔은 방문객들을 **등록부**에 기록했다.

0294 enroll

[inróul]

enrolled – enrolled

동 등록하다, 입학시키다

- Mom **enrolled** me in the after school program.
  엄마는 나를 방과 후 프로그램에 **등록하셨다**.

🔔 비교 Point register vs. enroll

register는 학교뿐만 아니라, 공식 명부에 '등록하다, 신고하다'라는 의미로도 자주 쓰여요.
- **register** a birth/marriage/death 출생/혼인/사망 신고를 하다

enroll은 주로 강좌나 학교에 등록하는 것을 의미할 때 쓰여요.
- **enroll** in the course 강좌에 등록하다 • **enroll** in school 학교에 등록하다

0295 assess
[əsés]
assessed – assessed

圄 (가치·특성 등을) 재다, 평가하다
- Teachers use different tools to **assess** students' abilities.
교사는 학생의 능력을 **평가하기** 위해 다양한 도구를 사용한다.

0296 institute
[ínstitjùːt]

圀 기관, 협회
- She does experiments at a research **institute**.
그녀는 연구 **기관**에서 실험을 한다.

0297 institution
[ìnstitjúːʃən]

圀 기관, 단체, 협회
- a financial **institution**
금융기관

🔁 **비교 Point** institute vs. institution

institute는 주로 특정한 목적을 가진 연구 또는 교육과 같은 학문적인 활동에 중점을 둔 조직이에요.
- language **institute** 어학 기관

institution은 대학, 은행 등과 같이 특정한 목적을 지닌 대규모의 기관을 의미해요.
- a medical/educational/financial **institution** 의학/교육/금융 기관

교과서 빈출 표현

0298 hand in
handed – handed

제출하다
- We should **hand in** our homework by tomorrow.
우리는 내일까지 숙제를 **제출해야** 한다.

0299 look up
looked – looked

(사전·참고 자료 등에서) 찾아보다
- She **looked up** some words in the dictionary.
그녀는 사전에서 몇몇 단어들을 **찾아봤다**.

0300 drop out (of)
dropped – dropped

1. 중퇴하다   2. (하던 일에서) 빠지다, 손을 떼다
- He decided to **drop out** after a year in college.
그는 대학교에서 1년을 보낸 후 **중퇴하기로** 결심했다.
- I **dropped out of** the race because of the injury.
나는 부상 때문에 경주**에서 빠졌다**.

VOCA Exercise

A 빈칸에 알맞은 말을 넣어 어구를 완성하세요.

1 기본적인 생각   the _____ idea

2 구체적인 용어   a _____ term

3 립스틱을 바르다   _____ lipstick

4 강의를 하다   deliver a _____

5 지침을 만들다   draw up a _____

6 교장실   the _____'s office

7 출생 신고하다   _____ a birth

8 초등학생   an _____ student

B 다음 빈칸에 알맞은 단어를 쓰세요.

1 educate : _____   = 교육하다 : 교육

2 instruct : _____   = 가르치다 : 가르침

3 introduce : _____   = 소개하다 : 소개

4 counsel : _____   = 상담하다 : 상담사

5 graduate : _____   = 졸업하다 : 졸업

6 apply : _____   = 지원하다 : 지원자

7 academy : _____   = 전문학교 : 학교의, 학업의

VOCA Exercise

C <보기>에서 알맞은 단어를 골라 문장을 완성하세요.

> <보기>　　institution　　consider　　assess　　deadline

1 He works for a public _____.

2 It is sometimes hard to meet the _____.

3 We _____ him an expert in Korean history.

4 How do you _____ your students regularly?

D 주어진 우리말에 맞게 빈칸에 알맞은 단어를 채워 문장을 완성하세요. (필요시 형태 바꿀 것)

1 위치를 보려면 그 지도를 참고해라.

→ _____ to the map for directions.

2 교수님은 프로젝트에 대해서 우리에게 피드백을 주셨다.

→ The _____ gave us feedback on the project.

3 다음 주 수요일까지 과제를 제출하는 것을 잊지 마.

→ Don't forget to _____ _____ your essay by
next Wednesday.

4 나는 온라인에서 레스토랑 이용 후기를 찾아봤다.

→ I _____ _____ the restaurant reviews online.

5 그녀는 연기에 대한 열정을 따르기 위해서 학교를 중퇴했다.

→ She _____ _____ _____ school
to follow her passion for acting.

DAY

13

회사, 직장

Preview Check

- [ ] hire
- [ ] manager
- [ ] employee
- [ ] found
- [ ] salary
- [ ] retire
- [ ] appoint
- [ ] vision
- [ ] fellow
- [ ] colleague
- [ ] attach
- [ ] operate
- [ ] assign
- [ ] inform
- [ ] propose
- [ ] associate
- [ ] secretary
- [ ] department
- [ ] firm
- [ ] corporation
- [ ] insight
- [ ] occupation
- [ ] be in charge (of)
- [ ] carry out
- [ ] turn down

 중등 기본

0301 **hire**
[haiər]
hired – hired

동 **고용하다*** (= employ) 쉬운뜻 *대가를 주고 일을 시키다

- The company is looking for people to **hire**.
  그 회사는 **고용할** 사람들을 찾고 있다.

0302 **manager**
[mǽnidʒər]

명 운영자, 관리자

- The project **manager** trained new workers.
  그 프로젝트 **매니저**는 새로운 근로자들을 교육시켰다.

➕ **manage** 동 관리하다

0303 **employee**
[implɔiíː]

명 **고용인***, 종업원, 직원 쉬운뜻 *대가를 받고 일을 하는 사람

- The new **employees** will be trained for a month.
  새 **직원들**은 한 달 동안 교육을 받을 것이다.

🔄 **employer** 명 고용주, 주인

0304 **found**
[faund]
founded – founded

동 설립하다

- The company **was founded** in 2005.
  그 회사는 2005년에 **설립되었다**.

- The charity **was founded** to help those in need.
  그 자선단체는 도움이 필요한 사람들을 돕기 위해 **설립되었다**.

➕ **foundation** 명 1. 토대, 기반 2. 재단

0305 **salary**
[sǽləri]

명 급여, 월급, 봉급

- a monthly **salary**
  월급

- His **salary** increased to $40,000 a year.
  그의 **급여**는 연 40,000달러로 올랐다.

0306 retire
[ritáiər]
retired – retired

[동] 퇴직하다, 은퇴하다

· Most people **retire** at 60.
대부분의 사람들은 60세에 **퇴직한다**.

· He had to **retire** early due to his poor health.
그는 건강이 좋지 않아 일찍 **은퇴해야** 했다.

0307 appoint
[əpɔ́int]
appointed – appointed

[동] 1. 임명하다, 지명하다   2. (시간·장소를) 정하다

· He **was appointed** as a police chief.
그는 경찰서장으로 **임명되었다**.

· the **appointed** time/day
정해진[약속된] 시간/날

➕ appointment [명] 약속, 예약

0308 vision
[víʒən]

[명] 1. 시력   2. 전망, 비전*

쉬운뜻 *내다보이는 장래의 상황

· I have poor **vision**.
나는 **시력**이 나쁘다.

· A company's clear **vision** can motivate its workers.
회사의 명확한 **비전**은 근로자들에게 동기부여가 될 수 있다.

0309 fellow
[félou]

[명] 동료   [형] 동료의, 동배의

· I had lunch with a **fellow** at work.
나는 직장에서 **동료**와 점심을 먹었다.

· **fellow** workers/students
직장/학교 **동료**[학우]

0310 colleague
[káliːg]

[명] (같이 일을 하는) 동료

· My **colleague** and I share an office space.
내 **동료**와 나는 사무실 공간을 함께 쓴다.

⚡비교 Point fellow vs. colleague vs. peer
fellow는 함께 일하는 동료뿐 아니라, 학교에서 함께 지내는 학생 또는 학우를 의미하기도 해요.
colleague는 직장 내에서 함께 일하는 사람을 의미하는데, 주로 서로 다른 상사 밑에서 일하는 다른 부서나 팀 소속의 동료를 나타내요. peer는 colleague보다 더 업무적으로 가깝게 일하거나 같은 상사 밑에서 일하는 동료를 의미해요.

0311 attach
[ətǽtʃ]
attached – attached

동 붙이다, 첨부하다

· I **attached** all the necessary files to the email.
나는 필요한 모든 파일을 이메일에 **첨부했다**.

➕ **attached** 형 부착된, 첨부된

0312 operate
[ápərèit]
operated – operated

동 1. (기계 등이) 작동하다   2. 운영하다   3. 수술하다

· The machine **operates** night and day at the factory.
그 기계는 공장에서 밤낮으로 **작동한다**.

· The company **operates** branches in Asia.
그 회사는 아시아에 여러 지점을 **운영한다**.

· The doctor **operated** on his eyes.
그 의사는 그의 눈을 **수술했다**.

➕ **operation** 명 1. 운전, 작동 2. 운영 3. 수술

0313 assign
[əsáin]
assigned – assigned

동 맡기다, 배정하다

· The leader **assigned** tasks to members of the team.
리더는 그 팀의 구성원들에게 업무를 **배정해 주었다**.

➕ **assignment** 명 1. 배정, 배치 2. 과제, 임무

0314 inform
[infɔ́ːrm]
informed – informed

동 알리다, 통지하다

· Please **inform** me of any changes to the schedule.
일정에 변경 사항이 있으면 제게 **알려주시기를** 바랍니다.

· I **was informed** that the deadline was delayed.
나는 마감 기한이 미뤄졌다고 **통지받았다**.

➕ **information** 명 정보

0315 propose
[prəpóuz]
proposed – proposed

동 1. 제안하다   2. 청혼하다, 프러포즈하다

· She **proposed** an idea for a new campaign.
그녀는 새로운 캠페인을 위한 아이디어를 **제안했다**.

· He went down on one knee, and **proposed** to me.
그는 무릎을 꿇고 나에게 **프러포즈했다**.

0316 **associate**

동사 [əsóuʃièit]
명사 [əsóuʃiət]
associated – associated

동 연상하다, 연관 짓다   명 (사업, 직장) 동료

- The company wants to **associate** its name with good service. 그 회사는 회사의 이름을 좋은 서비스와 **연관 짓기** 원한다.

- a business **associate**
  사업 **동료**

➕ associated 형 관련된
➕ association 명 1. 협회 2. 연상, 연관

0317 **secretary**

[sékrətèri]

명 비서

- The **secretary** manages schedules for the boss.
  그 **비서**는 상사의 일정을 관리해 준다.

0318 **department**

[dipá:rtmənt]

명 부문, 부서, (대학의) 과

- the marketing **department**
  마케팅 **부서**

- She became the head of the **department**.
  그녀는 **부서**장이 되었다.

0319 **firm**

[fəːrm]

명 회사   형 1. 단단한, 딱딱한   2. 확고한

- She works for an engineering **firm**.
  그녀는 엔지니어링 **회사**에서 일한다.

- The **firm** mattress is good for your back.
  단단한 매트리스가 허리에 좋다.

- He gave a **firm** answer to my question.
  그는 나의 제안에 **확고한** 대답을 줬다.

0320 **corporation**

[kɔ̀ːrpəréiʃən]

명 (큰 규모의) 기업, 회사

- He works for a global **corporation**.
  그는 다국적 **기업**에서 일한다.

🔄 비교 Point company vs. firm vs. corporation

company는 일반적인 모든 종류의 사업 또는 회사를 나타내요.

firm은 일반적으로 작은 규모의 회사를 의미하며 주로 법률 사무소나 회계 사무소와 같이 전문가들이 모여 일하는 그룹을 나타내기도 해요.

corporation은 일반적으로 많은 직원과 주주를 가진 대규모 조직을 의미해요.

0321 insight

[ínsàit]

명 통찰력, 식견*   쉬운뜻 *보고 듣거나 배워서 얻은 지식으로 사물을 분별할 수 있는 능력

· Feedback is helpful for gaining **insights** into your work.
피드백은 업무에 대한 **통찰력**을 얻는 데 도움이 된다.

0322 occupation

[àkjəpéiʃən]

명 직업

· Please enter your name and **occupation** in the boxes.
빈칸에 성명과 **직업**을 기재하세요.

More job vs. occupation vs. career

job은 일반적으로 돈을 벌기 위해서 하는 일, 직업을 의미해요.
occupation은 좀 더 넓은 개념으로, 꼭 어딘가에 고용된 근로자가 아니더라도 자영업을 하거나 예술가로
일하는 등 모든 종류의 일을 포함해요.
career는 장기간에 걸쳐서 해온 직업이나 경력을 나타내요.

교과서 빈출 표현

0323 be in charge (of)

was[were] – been

(~을) 담당하다, 책임지다

· The chef **is in charge of** the restaurant's kitchen.
그 셰프는 레스토랑의 주방을 **책임진다**.

0324 carry out

carried – carried

~을 수행하다, 실시하다

· **carry out** a promise/plan/study
약속/계획/연구를 **수행하다**

· We don't normally **carry out** this type of work.
우리는 보통 이런 종류의 일을 **하지** 않습니다.

0325 turn down

turned – turned

~을 거절하다, 거부하다

· She **turned down** the job offer.
그녀는 그 일자리 제안을 **거절했다**.

VOCA Exercise

A 빈칸에 알맞은 말을 넣어 어구를 완성하세요.

1 시력이 나쁘다   have poor _____

2 봉급을 삭감하다   cut the _____

3 동료 자원봉사자   a _____ volunteer

4 법률 회사[로펌]   a law _____

5 정직원   a full-time _____

6 판매 부서   a sales _____

7 영업 관리자   the marketing _____

8 일찍 은퇴하다   _____ early

B 주어진 단어를 알맞은 형태로 바꿔 문장을 완성하세요.

1 The success of any project depends on a strong
(found) _____.

2 The details are in the (attach) _____ document.

3 The manual gives employees the (inform) _____ they need.

4 Pay is (associate) _____ with job performance.

5 He had an (operate) _____ on his ankle.

6 Every member has a specific (assign) _____ to complete
the project.

VOCA Exercise

C

다음 영영풀이에 해당하는 단어를 <보기>에서 골라 쓰세요.

> <보기>　colleague　　occupation　　hire　　corporation

1 a job or work _____

2 a large business or company _____

3 a person who works with you _____

4 to give work in exchange for a salary _____

D

주어진 우리말에 맞게 빈칸에 알맞은 단어를 채워 문장을 완성하세요. (필요시 형태 바꿀 것)

1 그 관리자는 회의 중에 한 계획을 제안했다.

→ The manager _____ a plan during the meeting.

2 그의 통찰력은 회사를 성공으로 이끌었다.

→ His _____ led the company to success.

3 그들은 CEO 선거 날짜를 정했다.

→ They _____ the date for the CEO election.

4 나는 그녀가 왜 그렇게 좋은 제안을 거절했는지 궁금하다.

→ I wonder why she _____ _____ such a good offer.

5 누가 직원 관리를 담당하나요?

→ Who is _____ _____ _____ managing the staff?

A 주어진 단어를 각각 빈칸에 채워 문장을 완성하세요.

749 I _____ in a _____ writing course. (basic, enrolled)

750 She _____ during the _____.
(concentrated, lecture)

751 She _____ for a job at the law _____. (firm, applied)

752 They _____ a _____ for a new project.
(manager, hired)

753 Positive feedback can _____ _____.
(motivate, employees)

B <보기>에서 알맞은 단어를 골라 문장을 완성하세요.

<보기>	colleagues	corporation	assess	get
	encouraged	grammar	involved	elementary
	graduated	founded		

754 She _____ me to get _____ in various activities.

755 The _____ was _____ in the 1980s.

756 I _____ from an _____ school abroad.

757 I _____ along well with my _____.

758 The goal of the test is to _____ your _____ level.

주어진 우리말에 맞게 다음 빈칸에 알맞은 단어를 쓰세요. (필요시 형태 바꿀 것)

759 He is _____ _____ next year.

그는 내년에 은퇴하는 것을 고려하고 있다.

760 They will _____ a new CEO with a fresh _____.

그들은 새로운 비전을 가진 새 CEO를 임명할 것이다.

761 I was _____ that she would be _____ today.

나는 그녀가 오늘 부재일[자리를 비울] 것이라 통지받았다.

762 Please _____ in your application before the _____.

신청서를 마감 시간 전에 제출해 주세요.

763 _____ up the word if you don't know how to _____ it.

철자를 쓰는 법을 모른다면 그 단어를 찾아봐라.

764 Building a strong _____ is a tough _____.

강한 어휘력을 기르는 것은 힘든 과제이다.

765 The _____ gave us the _____ for the research paper.

그 교수님은 우리에게 연구 논문을 위한 지침(들)을 주셨다.

766 The first _____ in an essay is usually known as an _____.

글의 첫 번째 단락은 주로 도입부로 알려져 있다.

767 Choosing the right _____ _____ is important for your future.

알맞은 학교[교육] 기관을 고르는 것은 네 미래에 중요하다.

768 The _____ is _____ _____ of managing and _____ a school.

교장은 학교의 관리와 운영을 책임진다.

DAY

14

여행, 취미 생활

- [ ] pack
- [ ] offer
- [ ] charm
- [ ] attract
- [ ] passion
- [ ] journey
- [ ] grand
- [ ] opportunity
- [ ] agency
- [ ] amaze
- [ ] leisure
- [ ] facility
- [ ] baggage
- [ ] confirm
- [ ] depart
- [ ] destination
- [ ] antique
- [ ] membership
- [ ] pleasant
- [ ] spare
- [ ] soak
- [ ] wander
- [ ] work out
- [ ] be supposed to-v
- [ ] look forward to (v-ing)

여행, 취미 생활

0326 **pack**
[pæk]
packed – packed

图 (짐을) 싸다, 꾸리다　图 팩, 꾸러미

· I need to **pack** for my trip.
나는 여행을 위해 **짐을 싸야** 한다.

· She **packed** her clothes in her suitcase.
그녀는 여행 가방에 옷을 **쌌다**.

0327 **offer**
[ɔ́(ː)fər]
offered – offered

图 1. 권하다, 제안하다　2. 제공하다　图 제안, 제의

· The tour guide **offered** us some local food.
여행 가이드는 우리에게 현지 음식을 **권했다**.

· The guesthouse **offers** free breakfast for its guests.
그 게스트하우스는 손님들에게 무료 아침 식사를 **제공한다**.

· I got a job **offer** from my old friend.
나는 오랜 친구로부터 일자리 **제의**를 받았다.

0328 **charm**
[tʃɑːrm]
charmed – charmed

图 1. 매력　2. 부적, 장식물　图 매혹하다, 매료하다

· He is a man of great **charm**.
그는 대단히 **매력적인** 남자이다.

· This bracelet is my lucky **charm**.
이 팔찌는 내 행운의 **부적**이다.

· We **were charmed** by the night view from the bridge.
우리는 다리에서 바라본 야경에 **매혹되었다**.

➕ **charming** 图 매력적인

0329 **attract**
[ətrǽkt]
attracted – attracted

图 1. (주의·흥미 등을) 끌다, 끌어당기다
　　2. (관광객 등을) 끌어들이다

· The street musician **attracted** many people.
그 거리 음악가는 많은 사람들의 **주의를 끌었다**.

· The museum **attracts** visitors from all over the world.
그 박물관은 전 세계의 방문객들을 **끌어들인다**.

➕ **attraction** 图 1. 끌어당김　2. 명소
➕ **attractive** 图 매력적인

0330 passion
[pǽʃən]

명 열정

- She has great **passion** for writing books.
  그녀는 책을 쓰는 데에 대단한 **열정**이 있다.

0331 journey
[dʒə́ːrni]

명 여행, 여정

- He went on a **journey** to Germany.
  그는 독일로 **여행**을 갔다.

● **More** journey vs. trip

journey는 며칠 또는 몇 주 동안 계속되는 장거리 여행을 의미해요. 성장이나 중요한 경험이 포함된 여행의 의미로도 많이 쓰여요.

- I am planning a train **journey** across Europe. 나는 유럽 전역 기차 **여행**을 계획 중이다.
- Life is a **journey** with lessons and adventures. 인생은 교훈과 모험이 있는 **여정**이다.

trip은 보통 하루나 며칠 동안의 짧은 여행을 의미해요. 휴가, 출장, 간단한 목적 등에 많이 쓰여요.

- We are planning a weekend **trip** to the beach. 우리는 바다로 주말**여행**을 계획 중이다.
- a business **trip** 사업차 여행[출장]

 중등 필수

0332 grand
[grænd]

형 웅장한, 장대한, 큰

- The castle was so **grand** and beautiful.
  그 성은 굉장히 **웅장했고** 아름다웠다.

0333 opportunity
[àpərtjúːnəti]

명 기회

- Don't miss the **opportunity** to explore a new culture.
  새로운 문화를 탐험할 **기회**를 놓치지 마세요.

0334 agency
[éidʒənsi]

명 1. 대리점, 대행사   2. (정부) 기관

- I booked my flight through a local travel **agency**.
  나는 지역 여행 **대리점**을 통해 항공편을 예약했다.

- UNESCO is one of UN **agencies**.
  유네스코는 UN **기관** 중의 하나이다.

⊕ agent 명 1. 대리인 2. 중개상

0335 amaze

[əméɪz]

amazed – amazed

⟨동⟩ 대단히 놀라게 하다

• The beauty of the sunrise always **amazes** me.
일출의 아름다움은 언제나 나를 대단히 놀라게 한다.

➕ amazed ⟨형⟩ 놀란
➕ amazing ⟨형⟩ 놀라운, 굉장한

0336 leisure

[líːʒər]

⟨명⟩ 여가

• **Leisure** activities like hiking help me stay in shape.
하이킹 같은 **여가** 활동은 내가 건강을 유지하는 데 도움이 된다.

0337 facility

[fəsíləti]

⟨명⟩ 시설, 설비

• The hotel has great **facilities** for travelers.
그 호텔은 여행객들을 위한 훌륭한 **시설**을 보유하고 있다.

• sports **facilities**
운동 시설

0338 baggage

[bǽgidʒ]

⟨명⟩ 수하물*   ⟨비슷뜻⟩ *교통편에 손쉽게 부칠 수 있는 작고 가벼운 짐

• My **baggage** got lost during my connecting flight.
비행기를 갈아타는 동안 내 **수하물**이 없어졌다.

• Please label your **baggage** with your name and contact information.
수하물에 당신의 이름과 연락처를 적어 라벨을 붙여주세요.

0339 confirm

[kənfə́ːrm]

confirmed – confirmed

⟨동⟩ 확인하다

• I'm calling to **confirm** my flight reservation.
항공편 예약을 **확인하려고** 전화했습니다.

0340 depart

[dipáːrt]

departed – departed

⟨동⟩ 떠나다, 출발하다

• The flight for LA **departs** from Terminal 2 in 10 minutes.
LA로 가는 항공편은 10분 후에 터미널 2에서 **출발합니다**.

➕ departure ⟨명⟩ 출발

0341 **destination**
[dèstinéiʃən]

명 목적지, 도착지

• The map shows different ways to reach the **destination**.
그 지도는 **목적지**에 도착하는 다양한 길을 보여준다.

0342 **antique**
[æntíːk]

형 골동품인, 고미술의   명 골동품, 고미술품

• **antique** furniture
골동품 가구[고가구]

• He collects **antiques**.
그는 골동품을 수집한다.

0343 **membership**
[mémbərʃip]

명 회원 자격, 회원

• a **membership** card
회원증

• I got a gym **membership** for a year.
나는 체육관 1년 치 **회원 자격**을 얻었다[등록했다].

0344 **pleasant**
[plézənt]

형 1. 기쁜, 즐거운   2. 상냥한, 예의 바른

• What a **pleasant** surprise!
정말 **기쁜** 깜짝 선물이네!

• He seemed like a **pleasant** young man.
그는 **상냥한** 청년 같았다.

➕ pleasure 명 기쁨, 즐거움

0345 **spare**
[spɛər]

형 1. 여분의, 예비용의   2. 여가의

• Can I get a **spare** key to my room?
제 방의 **예비용** 열쇠를 얻을 수 있을까요?

• What do you like to do in your **spare** time?
여가 시간에 무엇을 하는 것을 좋아하세요?

0346 soak

[souk]

soaked – soaked

동 적시다, 담그다

- I like to **soak** in a hot bath and relax.
  나는 뜨거운 목욕물에 (몸을) **담가서** 휴식을 취하는 것을 좋아한다.

- Let's go to the beach and **soak up the sun**.
  해변에 가서 **햇볕을 쬐자**.

➕ **soak up the sun** 햇볕을 쬐다, 즐기다

0347 wander

[wɑ́ndər]

wandered – wandered

동 돌아다니다

- We **wandered** around the town for an hour.
  우리는 1시간 동안 마을을 **돌아다녔다**.

➕ **wander off** 경로를 이탈하다, 길을 잃다

교과서 빈출 표현

0348 work out

worked – worked

1. 운동하다   2. 해결하다

- I **work out** at a gym every evening.
  나는 매일 저녁 헬스장에서 **운동한다**.

- She helped me to **work out** the math problem.
  그녀는 내가 그 수학 문제를 **해결하는** 데 도와주었다.

0349 be supposed to-v

was[were] – been

~하기로 되어 있다, 해야 한다

- The concert **is supposed to** start at 5 p.m.
  그 콘서트는 오후 5시에 시작**하기로 되어 있다**.

- You **are supposed to** arrive at the airport two hours before the flight.
  너는 비행시간 2시간 전에 공항에 도착**해야 한다**.

0350 look forward to (v-ing)

looked – looked

~을 기대하다, ~을 고대하다*

쉬운뜻 *몹시 기다리다

- I'm **looking forward to** the holiday.
  나는 그 휴일을 **기대하고** 있다.

- We **look forward to** going camping tomorrow.
  우리는 내일 캠핑하러 가는 걸 **기대한다**.

VOCA Exercise

Day 14

A 빈칸에 알맞은 말을 넣어 어구를 완성하세요.

1 웅장한 절벽   a _____ cliff

2 의료 시설   a medical _____

3 최종 목적지   the final _____

4 회비[회원에게 걷는 돈]   a _____ fee

5 스페인 전국 여행   a _____ across Spain

6 수하물을 싣다   load the _____

7 관심을 끌다   _____ attention

8 기회를 잡다   take the _____

B 빈칸 (a)와 (b)에 공통으로 들어갈 단어를 쓰세요.

1 (a) I had a _____ evening with my friends.

       나는 친구들과 즐거운 저녁을 보냈다.

       (b) The host greeted guests with a _____ smile.

       주인은 손님들을 상냥한 미소로 맞이했다.

2 (a) There is a _____ tire in the car trunk.

       여분의 타이어가 차 트렁크 안에 있다.

       (b) He doesn't have much _____ time on weekdays.

       그는 평일에 여가 시간이 많지 않다.

DAY 14   135

VOCA Exercise

C <보기>에서 알맞은 단어를 골라 문장을 완성하세요. (필요시 형태 바꿀 것)

> <보기>   offer   amaze   depart   pack

1 Did you finish _____ your suitcase?

2 The shop _____ discounts on returned goods.

3 The train _____ the station 5 minutes ago.

4 The artist always _____ the audience with his creativity.

D 주어진 우리말에 맞게 빈칸에 알맞은 단어를 채워 문장을 완성하세요. (필요시 형태 바꿀 것)

1 그녀는 광고 대행사에서 일한다.

→ She works for an advertising _____.

2 그 골동품상은 독특한 물품들을 알아볼 수 있다.

→ The _____ dealer can identify unique items.

3 공원은 돌아다니면서 자연을 즐기기에 완벽한 곳이다.

→ The park is a perfect place to _____ around and enjoy nature.

4 그 도시는 8월에 축제를 개최하기로 되어 있다.

→ The city _____ _____ _____ host a festival in August.

5 나는 새 영화를 기대하고 있다.

→ I'm _____ _____ _____ the new movie.

DAY

15

쇼핑, 외식

- [ ] cart
- [ ] cashier
- [ ] receipt
- [ ] afford
- [ ] rare
- [ ] available
- [ ] reserve
- [ ] quality
- [ ] additional
- [ ] dine
- [ ] separate
- [ ] satisfy
- [ ] signature
- [ ] calculate
- [ ] appetizer
- [ ] banner
- [ ] purchase
- [ ] particular
- [ ] precious
- [ ] insert
- [ ] split
- [ ] catalog/catalogue
- [ ] eat out
- [ ] sell out
- [ ] keep track of

중등 기본

0351 cart
[kɑːrt]

명 손수레, 카트

• We put groceries in the **cart**.
우리는 **카트**에 식료품을 담았다.

0352 cashier
[kæʃíər]

명 계산원

• My aunt works as a **cashier** at the supermarket.
내 이모는 슈퍼마켓에서 **계산원**으로 일하신다.

0353 receipt
[risíːt]

명 영수증

• You should keep the **receipt** if you want a refund.
환불을 원하면 **영수증**을 가지고 있어야 해.

0354 afford
[əfɔ́ːrd]
afforded – afforded

동 (경제적·시간적으로) 여유가 되다

• I can't **afford** to buy a new car right now.
나는 지금 당장 새 차를 살 **여유가 되지** 않는다.

0355 rare
[reər]

형 1. 드문, 희귀한   2. 살짝 익힌

• The shop is famous for selling **rare** items.
그 가게는 **희귀한** 물품을 파는 것으로 유명하다.

• I'd like my steak **rare**, please.
저는 **살짝 익힌** 스테이크로 부탁드립니다.

➕ rarely 부 드물게, 좀처럼 ~하지 않는

0356 available
[əvéiləbl]

형 구할 수 있는, 이용할 수 있는

- Tickets are also **available** on the online shop.
  티켓은 온라인 상점에서도 **구할 수 있습니다**.
- The parking lot is not **available** for free.
  그 주차장은 무료로 **이용할 수** 없다.

0357 reserve
[rizə́ːrv]
reserved – reserved

동 예약하다

- He **reserved** a nice restaurant for his parents.
  그는 부모님을 위해 좋은 식당을 **예약했다**.

➕ reservation 명 예약
➕ reserve = make a reservation

0358 quality
[kwáləti]

명 1. 질*, 품질　2. 특성, 자질
형 양질의**, 고급의

유의동 *사물의 가치나 속성, 등급
**좋은 바탕이나 품질로 된

- The cafe uses good **quality** coffee beans.
  그 카페는 좋은 **품질**의 커피 원두를 사용한다.
- He has a strong leadership **quality**.
  그는 강한 리더십 **자질**이 있다.
- The shop sells **quality** furniture at a reasonable price.
  그 가게는 합리적인 가격에 **양질의** 가구를 판매한다.

0359 additional
[ədíʃənl]

형 추가의

- Is there an **additional** fee for shipping?
  배송에 대한 **추가** 요금이 있나요?

➕ addition 명 추가

중등 필수

0360 dine
[dain]
dined – dined

동 식사를 하다

- My family sometimes **dines** at the restaurant.
  우리 가족은 가끔 레스토랑에서 **식사를 한다**.

➕ dine out 외식하다

0361 separate

형용사 [séprət]
동사 [sépərèit]
separated – separated

형 분리된, 별개의   동 분리하다, 나누다

- My brother and I have **separate** rooms.
  내 형과 나는 **분리된** 방이 있다[방을 따로 쓴다].
- The clothing store **separated** sections for kids.
  그 옷 가게는 아동복을 위한 구역을 **나누었다**.

➕ separated   형 헤어진
➕ separately   부 따로따로, 별도로
➕ separation   명 1. 분리, 구분 2. 헤어짐, 이별

0362 satisfy

[sǽtisfài]
satisfied – satisfied

동 만족시키다, 충족시키다* 쉬운뜻 *사람의 욕구나 원하는 조건을 충분히 채우게 하다

- The great service of the hotel **satisfied** me.
  그 호텔의 훌륭한 서비스는 나를 **만족시켰다**.

➕ satisfying   형 만족스러운, 만족감을 주는
➕ satisfied   형 만족하는
➕ satisfaction   명 만족

0363 signature

[sígnətʃər]

명 서명, 사인

- May I have your **signature** here?
  여기에 **서명**해 주시겠어요?

0364 calculate

[kǽlkjəlèit]
calculated – calculated

동 계산하다

- I'm trying to **calculate** how much I spend a month.
  나는 내가 한 달에 얼마를 쓰는지 **계산하려고** 한다.

➕ calculation   명 계산
➕ calculator   명 계산기

0365 appetizer

[ǽpitàizər]

명 식전 음식

- I'd like to order a chicken salad for the **appetizer**.
  저는 **식전 음식**으로 치킨 샐러드를 주문할게요.

0366 **banner**

[bǽnər]

[명] 현수막

- The new **banner** brought many customers to the shop. 새 **현수막**은 많은 손님들을 가게로 불러 모았다.

0367 **purchase**

[pə́ːrtʃəs]

purchased – purchased

[명] 구매, 구매품   [동] 구매하다

- make a **purchase**
  구매하다

- I **purchased** a new coat for the coming winter.
  나는 다가오는 겨울을 위해 새 코트를 **구매했다**.

0368 **particular**

[pərtíkjələr]

[형] 1. 특정한 (= specific)   2. 특별한

- This **particular** model is very popular among teenagers.
  이 **특정** 모델은 십 대 사이에서 매우 인기가 있다.

- Are you looking for something **in particular**?
  특별히 찾으시는 거 있으세요?

➕ in particular 특히, 특별히
➕ particularly [부] 특별히

More 형용사 particular가 '특정한, 특별한'의 의미로 쓰일 때는 항상 명사 앞에 와요.
- In this **particular** case, the guidelines may not be suitable.
  이 **특정** 경우에는 그 지침이 적절하지 않을 수 있다.
- She quit her job for no **particular** reason. 그녀는 **특별한** 이유 없이 일을 그만두었다.

0369 **precious**

[préʃəs]

[형] 귀중한, 값비싼

- There was a **precious** diamond ring in a glass case.
  유리 케이스 안에 **값비싼** 다이아몬드 반지가 있었다.

0370 **insert**

[insə́ːrt]

inserted – inserted

[동] 삽입하다, 끼워 넣다

- **Insert** your card into the card reader.
  카드를 카드 판독기에 **삽입하세요**.

0371 split
[split]
split – split

동 나누다, 쪼개다

• Let's **split** the bill.
계산서를 **나누자**[나눠서 계산하자].

0372 catalog/ catalogue
[kǽtəlɔ̀ːg]

명 목록, 카탈로그*　　쉬운뜻 *홍보의 목적으로 사진과 설명을 덧붙여 만들어진 상품 안내서

• We looked at the **catalog** to choose the best laptop for us.
우리는 가장 적합한 노트북 컴퓨터를 고르기 위해 **카탈로그**를 보았다.

교과서 빈출 표현

0373 eat out
ate – eaten

외식하다 (= dine out)

• We often **eat out** on weekends.
우리는 주말에 자주 **외식한다**.

0374 sell out
sold – sold

다 팔리다, 매진되다

• The concert tickets **sold out** in a few seconds.
콘서트 표가 몇 초 만에 **매진되었다**.

0375 keep track of
kept – kept

~을 기록하다, 계속 알고 있다

• This app allows you to **keep track of** your spending habits.
이 앱은 너의 지출 습관을 **기록하도록** 해준다.

VOCA Exercise

정답 p.376

A 빈칸에 알맞은 말을 넣어 어구를 완성하세요.

1 희귀한 식물   a _____ plant

2 귀중한 시간   _____ time

3 동전을 삽입하다   _____ the coin

4 호텔을 예약하다   _____ a hotel

5 분리된 두 방   two _____ rooms

6 새집을 구매하다   _____ a new house

7 사인하다   write one's _____

8 총 비용을 계산하다   _____ the total cost

B 빈칸 (a)와 (b)에 공통으로 들어갈 단어를 쓰세요.

1 (a) This car has a high-_____ engine.

     이 차는 높은 품질의 엔진을 가지고 있다.

  (b) The company trains its employees to provide _____

     service.

     그 회사는 양질의 서비스를 제공하도록 직원들을 교육시킨다.

2 (a) He is looking for a _____ brand of jeans.

     그는 특정 청바지 브랜드를 찾고 있다.

  (b) We must pay _____ attention to this matter.

     우리는 이 문제에 특별한 관심을 기울여야 한다.

VOCA Exercise

C

다음 영영풀이에 해당하는 단어를 <보기>에서 골라 쓰세요.

> <보기>   additional   cart   split   appetizer

1 a basket on wheels to hold groceries   _____

2 a food or drink before the main dish   _____

3 more than what is expected; extra   _____

4 to separate something into different parts   _____

D

주어진 우리말에 맞게 빈칸에 알맞은 단어를 채워 문장을 완성하세요. (필요시 형태 바꿀 것)

1 그 전자책은 온라인에서만 이용할 수 있다.

→ The e-book is only _____ online.

2 계산원은 각 물건을 스캔하고 있다.

→ The _____ is scanning each item.

3 나는 새 가방을 살 여유가 되지 않는다.

→ I can't _____ to buy a brand-new bag.

4 우리는 기념일을 축하하기 위해 외식했다.

→ We _____ _____ to celebrate our
anniversary.

5 나는 그 신발을 사고 싶었지만, 그것은 매진되었다.

→ I wanted to buy those shoes, but they _____

_____.

A 주어진 단어를 각각 빈칸에 채워 문장을 완성하세요.

769 Her _____ for art _____ me. (amazes, passion)

770 The _____ shop is full of _____ items. (rare, antique)

771 Let's _____ two _____ rooms for us.

(separate, reserve)

772 The travel _____ _____ many tour packages.

(agency, offers)

773 I was _____ by the _____ view of the ocean.

(charmed, grand)

B <보기>에서 알맞은 단어를 골라 문장을 완성하세요.

<보기>	afford	destination	precious	baggage
	journey	quality	pleasant	additional
	wandering	satisfied		

774 I can't _____ a high _____ smartphone now.

775 We were _____ with the _____ hotel staff.

776 Don't waste your _____ time _____ around.

777 We arrived at our _____ after a long _____.

778 There's a small charge for _____ _____.

C 주어진 우리말에 맞게 다음 빈칸에 알맞은 단어를 쓰세요. (필요시 형태 바꿀 것)

779 Your _____ shows details of your _____.

영수증은 구매 내역의 세부 사항을 보여 준다.

780 Please write your _____ on the back of the

_____ card.

회원 카드 뒷면에 서명해 주세요.

781 When the hotel _____ my reservation, I'll _____.

호텔에서 내 예약을 확인하면, 나는 짐을 쌀 것이다.

782 We _____ at the restaurant and _____ the bill.

우리는 레스토랑에서 식사하고 계산서를 나누었다.

783 I _____ _____ in the school's gym _____.

나는 우리 학교 운동 시설(들)에서 운동한다.

784 The plane _____ _____ _____

_____ in 15 minutes.

그 비행기는 15분 안에 출발하기로 되어 있다.

785 When I _____ out, I start with an _____.

나는 외식할 때 식전 음식으로 시작한다.

786 After I _____ the card, the _____ asked me to sign.

내가 카드를 삽입한 후 계산원은 나에게 서명해 달라고 했다.

787 The seats are still _____, but they are expected to

_____ _____ soon.

좌석을 아직 구할 수 있지만 곧 매진될 것으로 예상됩니다.

788 I _____ _____ _____ the

_____ to share my travel experiences.

제 여행 경험을 나눌 기회를 기대합니다.

DAY 16

스포츠

- ☐ chance
- ☐ master
- ☐ dive
- ☐ trophy
- ☐ strike
- ☐ athlete
- ☐ glory
- ☐ challenging
- ☐ twist
- ☐ compete
- ☐ rival
- ☐ dare
- ☐ delay
- ☐ extreme
- ☐ unbelievable
- ☐ marathon
- ☐ sled
- ☐ swing
- ☐ bounce
- ☐ pace
- ☐ league
- ☐ tournament
- ☐ give up (on)
- ☐ wish one good luck
- ☐ put off

 **중등 기본**

0376 **chance**
[tʃæns]

몡 1. 기회 2. 가능성

· I missed the **chance** to win the race.
나는 경주에서 우승할 **기회**를 놓쳤다.

· There is a good **chance** for rain tonight.
오늘 밤 비가 올 **가능성**이 높다.

➕ There is a good chance ~할 가능성이 높다

0377 **master**
[mǽstər]
mastered – mastered

몡 1. 주인 2. 달인, 사범
동 ~을 통달하다*, 완전히 익히다   쉬운뜻 *지식이나 기술을 훤히 알다

· serve a **master**
주인을 섬기다

· My brother is a taekwondo **master**.
내 형은 태권도 **사범**이다.

· It takes a lot of practice to **master** a musical instrument.
악기 하나를 **완전히 익히**는 데는 많은 연습이 필요하다.

0378 **dive**
[daiv]
dove – dived

동 (물속으로) 뛰어들다, 다이빙하다

· We **dove** into the pool to cool off.
우리는 더위를 식히려고 수영장에 **뛰어들었다**.

0379 **trophy**
[tróufi]

몡 트로피

· Our school volleyball team won a **trophy**.
우리 학교 배구팀은 **트로피**를 수상했다.

0380 **strike**
[straik]
struck – struck

동 1. (세게) 치다 2. (공 등을) 치다, 차다

· The lightning **struck** a tree.
번개가 나무를 **쳤다**[나무가 번개에 맞았다].

· The soccer player **struck** the ball into the net.
그 축구 선수는 공을 **차서** 골대 안으로 넣었다.

0381 **athlete**
[金θli:t]

명 운동선수

· The **athletes** are training hard in the gym.
운동선수들이 체육관에서 열심히 훈련하고 있다.

0382 **glory**
[glɔ́:ri]

명 영광, 영예* 쉬운뜻 *영광스러운 명예

· He won the **glory** as an Olympic champion.
그는 올림픽 챔피언이라는 **영광**을 얻었다.

0383 **challenging**
[tʃǽlindʒiŋ]

형 1. 도전적인, 의욕을 돋우는
　　2. 힘드는, 능력을 시험하는 것 같은

· Climbing Mount Everest is very **challenging**.
에베레스트산을 등반하는 것은 매우 **도전적이다**.

· Life can be **challenging**, but we learn and grow.
인생은 **힘들** 수 있지만, 우리는 배우고 성장한다.

➕ challenge 명 도전 동 도전하다

0384 **twist**
[twist]
twisted – twisted

동 1. (손으로 잡고) 돌리다　2. (몸을) 돌리다

· **Twist** the cap to open the bottle.
병을 열려면 뚜껑을 잡고 **돌려**.

· He **twisted** his head to see over the fence.
그는 울타리 너머를 보려고 고개를 **돌렸다**.

0385 **compete**
[kəmpíːt]
competed – competed

동 경쟁하다

· The athletes **compete** for a gold medal in the Olympics.
운동선수들은 올림픽에서 금메달을 위해 **경쟁한다**.

➕ competitive 형 경쟁하는
➕ competition 명 1. 경쟁 2. 대회, 시합
➕ competitor 명 경쟁자

0386 **rival**
[ráivəl]

> 몡 경쟁자, 경쟁 상대
> • Our team beat our **rivals** by 6 points.
> 우리 팀은 **경쟁 상대**를 6점 차로 이겼다.

0387 **dare**
[dɛər]
dared – dared

> 동 감히 ~하다, ~할 용기가 있다
> • He wanted to jump over the wall, but he didn't **dare**.
> 그는 담을 오르고 싶었지만, **용기가** 없었다.

0388 **delay**
[diléi]
delayed – delayed

> 동 지연시키다, 지체시키다* 수능동 *일의 진행이나 시간을 질질 끌거나 늦추다
> 몡 지연, 지체
> • The game **was delayed** for about five minutes.
> 경기는 약 5분간 **지연되었다**.
> • We're very sorry for the **delay**.
> **지연**된 것에 대단히 죄송합니다.
> • There was a one-hour **delay** for the flight.
> 한 시간의 비행기 **지연**이 있었다.

0389 **extreme**
[ikstríːm]

> 혱 극도의, 극심한
> • **Extreme** sports like bungee jumping are popular.
> 번지점프와 같은 **극한** 스포츠는 인기가 많다.
> ➕ extremely 뷔 극도로, 극히

0390 **unbelievable**
[ənblivəbəl]

> 혱 믿기 어려운, 믿을 수 없는
> • He caught the ball. It was **unbelievable**!
> 그가 공을 잡았다. 그건 **믿을 수 없었다**!
> ➕ unbelievably 뷔 믿을 수 없을 정도로

More 주로 강조의 의미로 쓰여서 믿기 어려울 정도로 좋거나 나쁜 것을 말할 때 사용해요.
• He broke the world record. It's **unbelievable**! 그가 세계 기록을 깼습니다. 그건 **믿을 수가 없네요**!

0391 **marathon**
[mǽrəθàn]

〖명〗 마라톤

• My goal is to complete the **marathon**.
내 목표는 **마라톤**을 완주하는 것이다.

0392 **sled**
[sled]
sledded – sledded

〖명〗 썰매 〖동〗 썰매를 타다

• a dog **sled**
개 썰매

• Children enjoyed **sledding** on a hill.
아이들은 언덕 위에서 **썰매 타는** 것을 즐겼다.

0393 **swing**
[swiŋ]
swung – swung

〖명〗 그네 〖동〗 흔들다, 휘두르다

• The girls are sitting in **swings** in the playground.
그 여자아이들은 놀이터에 있는 **그네**에 앉아있다.

• She **swung** the tennis racket powerfully.
그녀는 테니스 라켓을 강하게 **휘둘렀다**.

More 앞뒤나 좌우로 흔드는 동작 또는 곡선을 그리면서 돌리는 동작을 나타내요.

0394 **bounce**
[bauns]
bounced – bounced

〖동〗 (공이) 튀다, 튀기다

• The ball **bounced** down the stairs.
공이 계단 아래로 **튀며** 내려갔다.

• He **bounced** the ball against the door.
그는 문에 대고 공을 **튀겼다**.

0395 **pace**
[peis]

〖명〗 속도

• The team's performance is growing at a fast **pace**.
그 팀의 경기력은 빠른 **속도**로 성장 중이다.

• Keeping up the **pace** is important in a marathon.
마라톤에서는 **속도**를 유지하는 것이 중요하다.

More pace vs. speed

pace와 speed 모두 속도를 나타낼 때 쓰이지만, 걷거나 달리기의 경우는 주로 pace를, 자동차나 비행기 등의 빠른 교통수단에는 speed를 사용해요.

• She is walking along the beach at a slow **pace**. 그녀는 느린 **속도**로 해변을 따라 걷고 있다.
• The cars are moving at a slow **speed**. 차들이 느린 **속도**로 움직이고 있다.

0396 league
[li:g]

명 1. (스포츠 경기의) 리그
　　2. 연맹* 　　(슈프뜻) *공동의 목적을 위해 함께 행동하고 서로 도울 것을 약속한 조직

- He played baseball in the major **league** for 10 years.
  그는 메이저 **리그**에서 10년간 야구를 했다.

- the **League** of Nations
  국제 **연맹**

0397 tournament
[túərnəmənt]

명 토너먼트, 경기 대회

- We have to prepare for the international chess **tournament**.
  우리는 국제 체스 **대회**를 준비해야 한다.

교과서 빈출 표현

0398 give up (on)

gave – given

(~을) 포기하다, 그만두다

- They didn't **give up** until the end of the game.
  그들은 경기가 끝날 때까지 **포기하지** 않았다.

- The team never **gave up on** their dream to win the final.
  그 팀은 결승전에서 우승하는 꿈을 절대 **포기하지** 않았다.

0399 wish one good luck

wished – wished

~에게 행운을 기원하다

- I **wish** you **good luck**.
  네 행운을 빌어.

0400 put off

put – put

미루다, 연기하다

- The baseball game **was put off** because of the rain.
  비 때문에 야구 경기가 **연기되었다**.

VOCA Exercise

A 빈칸에 알맞은 말을 넣어 어구를 완성하세요.

1 극심한 더위   _____ heat

2 영광을 얻다   get the _____

3 하프 마라톤   a half _____

4 썰매 경주   a _____ race

5 느린 속도로[천천히]   at a slow _____

6 국가 대표 운동선수   a national _____

7 도전적인 과제   a _____ task

8 우승 트로피   a championship _____

B 빈칸 (a)와 (b)에 공통으로 들어갈 단어를 쓰세요.

1 (a) He _____ the ball with the bat.

     그는 야구 배트로 공을 쳤다.

    (b) The ship _____ a rock.

     그 배는 폭풍우 속에서 암초에 부딪쳤다.

2 (a) I won't give you another _____.

     나는 네게 한 번 더 기회를 주지 않을 거야.

    (b) There is no _____ that she will show up.

     그녀가 나타날 가능성은 없다.

VOCA Exercise

C 다음 영영풀이에 해당하는 단어를 <보기>에서 골라 쓰세요.

> <보기>   rival   unbelievable   twist   league

1   very difficult to believe   _____

2   to change one's position by turning   _____

3   a person who competes against another   _____

4   a group of sports teams playing each other   _____

D 주어진 우리말에 맞게 빈칸에 알맞은 단어를 채워 문장을 완성하세요. (필요시 형태 바꿀 것)

1   나는 매운 음식을 먹을 용기가 없다.

→ I wouldn't _____ to try spicy food.

2   그들은 걸으면서 팔을 흔들었다.

→ They _____ their arms as they walked.

3   그는 영국에서 열린 주니어 골프 토너먼트에서 우승했다.

→ He won a junior golf _____ in England.

4   그 공은 벽에 튕겨져 나와 나를 쳤다.

→ The ball _____ off the wall and hit me.

5   그들은 폭설 때문에 경기를 연기했다.

→ They _____ _____ the game due to the
heavy snow.

DAY

17

특별한 날

- [ ] present
- [ ] birth
- [ ] mark
- [ ] receive
- [ ] laughter
- [ ] contact
- [ ] attend
- [ ] divide
- [ ] decorate
- [ ] occasion
- [ ] annual
- [ ] variety
- [ ] ceremony
- [ ] capture
- [ ] announcement
- [ ] organize
- [ ] theme
- [ ] unusual
- [ ] speechless
- [ ] admission
- [ ] funeral
- [ ] burst
- [ ] light up
- [ ] pick out
- [ ] call off

특별한 날

0401 **present**

명사, 형용사 [prézənt]
동사 [prizént]
presented – presented

명 1. 선물   2. 현재
형 1. 참석한, 출석한, (~에) 있는   2. 현재의
동 주다, 수여하다

· We should focus on the **present**.
　우리는 **현재**에 집중해야 한다.

· Many people are **present** at the seminar.
　많은 사람이 세미나에 **참석했다**.

· The principal **presented** the prize to the winner.
　교장선생님이 우승자에게 상을 **주셨다**.

➕ **presence** 명 1. 존재 2. 참석

0402 **birth**

[bəːrθ]

명 출생, 탄생

· the date of **birth**
　출생 날짜

· She **gave birth to** twins last year.
　그녀는 작년에 쌍둥이를 **출산했다**.

➕ **give birth to** ~을 낳다, 출산하다

0403 **mark**

[maːrk]
marked – marked

동 표시하다   명 기호, 표시

· She **marked** the anniversary date on the calendar.
　그녀는 달력에 기념일을 **표시했다**.

· The red **mark** means a mistake.
　그 빨간 **표시**는 오류를 의미한다.

0404 **receive**

[risíːv]
received – received

동 받다, 얻다

· I **received** a gift from my best friend.
　나는 가장 친한 친구로부터 선물을 **받았다**.

0405 **laughter**
[lǽftər]

몡 웃음, 웃음소리

- The room was filled with the children's **laughter**.
  그 방은 아이들의 **웃음소리**로 가득 찼다.

➕ **laugh** 동 웃다

0406 **contact**
[kántækt]
contacted – contacted

동 연락하다　몡 1. 연락　2. 접촉

- Please feel free to **contact** me.
  언제든 저에게 **연락하세요**.

- How do you stay in **contact** with others?
  다른 사람들과 어떻게 **연락**하고 지내나요?

- You should avoid any **contact** with the sunlight.
  당신은 햇빛과의 어떤 **접촉**도 피해야 합니다.

➕ **come in contact** 닿다, 접촉하다

0407 **attend**
[əténd]
attended – attended

동 참석하다

- We **attended** my sister's piano concert.
  우리는 언니의 피아노 콘서트에 **참석했다**.

0408 **divide**
[diváid]
divided – divided

동 나누다, 갈라지다

- The host **divided** the guests into small groups to play a game.
  진행자는 게임을 하기 위해 손님들을 작은 그룹들로 **나누었다**.

➕ **divide into** ~으로 나누다

0409 **decorate**
[dékərèit]
decorated – decorated

동 장식하다, 꾸미다

- Can you help me **decorate** the Christmas tree?
  크리스마스트리를 **장식하는** 걸 도와줄래?

➕ **decoration** 몡 장식

0410 occasion
[əkéiʒən]

명 1. (특정한) 때, 경우   2. 행사, 의식

- On this **occasion**, I'd like to thank everyone.
  이 **기회**에 저는 모두에게 감사를 전하고 싶습니다.
- He was perfectly dressed up for the special **occasion**.
  그는 특별한 **행사**를 위해 완벽하게 옷을 갖춰 입었다.

➕ **occasionally** 부 가끔, 때때로

0411 annual
[ǽnjuəl]

형 매년의, 연례의

- The music festival is a popular **annual** event in the city.
  그 음악 축제는 그 도시의 인기 있는 **연례**행사이다.

0412 variety
[vəráiəti]

명 다양성, 여러 가지

- We enjoyed a **variety** of food at the party.
  우리는 그 파티에서 **여러 가지** 음식을 즐겼다.

➕ **a variety of** 다양한, 여러 가지의

0413 ceremony
[sérəmòuni]

명 의식, 식

- Many actors attended the award **ceremony**.
  많은 배우들이 그 시상식에 참가했다.

0414 capture
[kǽptʃər]
captured – captured

동 1. 붙잡다, 포획하다   2. (관심·마음을) 사로잡다
　　3. (사진·글 등으로) 담아내다

- The enemy soldiers **were captured**.
  적군들이 **붙잡혔다**.
- The dancer **captured** the hearts of many fans.
  그 댄서는 많은 팬들의 마음을 **사로잡았다**.
- She **captured** the moment with her camera.
  그녀는 자신의 카메라로 그 순간을 **담아냈다**.

0415 announcement
[ənáunsmənt]

명 발표, 공표*

쉬운뜻 *여러 사람에게 널리 알림

- I have an **announcement** to make.
  저는 **발표**할 것이 있습니다.

➕ announce 동 발표하다, 알리다
➕ announcer 명 1. 발표자 2. 아나운서

0416 organize
[ɔ́ːrɡənàiz]
organized – organized

동 조직하다, 계획하다

- The manager **organized** an activity for teamwork.
  매니저는 협동심을 위해 활동을 **조직했다**.

- An event planner **organizes** events for his client.
  행사 기획자는 자신의 고객을 위해 행사를 **계획한다**.

➕ organizer 명 조직자, 창시자

0417 theme
[θiːm]

명 주제

- The party had a superhero **theme**.
  그 파티는 슈퍼히어로로 **주제**가 있었다.

0418 unusual
[ʌnjúːʒuəl]

형 1. 특이한, 흔치 않은   2. 별난, 색다른

- People wore **unusual** costumes at the festival.
  사람들은 그 축제에서 **특이한** 의상을 입었다.

- The circus showed **unusual** performances on the streets.   그 서커스단은 거리에서 **별난** 공연을 보여 주었다.

0419 speechless
[spíːtʃlis]

형 1. 말문이 막힌   2. 말을 못하는

- I was **speechless** with surprise.
  나는 놀라서 말문이 막혔다.

- The patient was **speechless**, so he blinked his eyes.
  그 환자는 **말할 수 없어서**, 눈을 깜빡였다.

0420 admission
[ədmíʃən]

명 입장

- The **admission** ticket was quite expensive.
  입장권은 꽤 비쌌다.

0421 **funeral**

[fjúːnərəl]

명 장례식

· It's common to dress in black at the **funeral**.
장례식에서 검은색으로 옷을 입는 것은 흔한 일이다.

0422 **burst**

[bəːrst]

burst – burst

동 터지다, 폭발하다

· The balloon **burst** with a loud pop.
풍선이 큰 펑 소리를 내며 **터졌다**.

· She **burst into tears** as she saw him.
그녀는 그를 보자마자 **울음을 터뜨렸다**.

➕ burst into tears 울음을 터뜨리다

교과서 빈출 표현

0423 **light up**

lit – lit

환하게 하다

· The night sky **was lit up** with big fireworks.
밤하늘이 큰 불꽃놀이로 **환해졌다**.

0424 **pick out**

picked – picked

1. 고르다, 선발하다 (= choose, select)
2. 알아보다, 알아보고 골라내다

· Can you **pick out** a dress for the event?
행사를 위한 드레스를 좀 **골라줄래**?

· The coach can quickly **pick out** the strengths and weaknesses of each player.
코치는 각 선수의 강점과 약점을 빠르게 **알아볼** 수 있다.

0425 **call off**

called – called

취소하다, 중지하다

· Because of the bad weather, the outdoor concert **was called off**.
좋지 않은 날씨 때문에, 야외 콘서트는 **취소되었다**.

VOCA Exercise

정답 p.377

A 빈칸에 알맞은 말을 넣어 어구를 완성하세요.

1 편지를 받다 _____ a letter

2 회의에 참석하다 _____ a meeting

3 케이크를 장식하다 _____ a cake

4 연락처 _____ information

5 연간 보고서 an _____ report

6 입장료 an _____ fee

7 개막식 an opening _____

8 공개 발표 a public _____

B 빈칸 (a)와 (b)에 공통으로 들어갈 단어를 쓰세요.

1 (a) He is the best soccer player at the _____ time.

그는 현재 최고의 축구선수이다.

(b) Only family and relatives were _____ at their wedding.

그들의 결혼식에는 가족과 친척들만 참석했다.

2 (a) The police _____ the thief.

경찰은 도둑을 잡았다.

(b) Dad _____ me singing on film.

아빠는 내가 노래 부르는 것을 영상으로 담아냈다.

VOCA Exercise

C

<보기>에서 알맞은 단어를 골라 문장을 완성하세요.

> | <보기> | birth | speechless | organize | unusual |

1 There is something _____ about this place.

2 The wonderful view of the lake made me _____.

3 His job is to plan and _____ the event.

4 The baby's _____ brought joy to the entire family.

D

주어진 우리말에 맞게 빈칸에 알맞은 단어를 채워 문장을 완성하세요. (필요시 형태 바꿀 것)

1 그는 케이크를 여러 조각으로 나누었다.

→ He _____ the cake into several pieces.

2 그녀의 웃음소리에 방 안의 정적이 깨졌다.

→ Her _____ broke the silence in the room.

3 그는 정답 옆에 표시를 했다.

→ He placed a _____ next to the correct answers.

4 그 벽은 다양한 색으로 페인트칠 되었다.

→ The wall was painted with a _____ of colors.

5 그들은 안전상의 이유로 그 축제를 취소해야 했다.

→ They had to _____ _____ the festival for

safety reasons.

A 주어진 단어를 각각 빈칸에 채워 문장을 완성하세요.

789 She didn't _____ to _____ into the pool. (dive, dare)

790 I _____ many birthday _____. (presents, received)

791 He won a _____ in the tennis _____.
(trophy, tournament)

792 Let's _____ this special _____ with a photo.
(occasion, capture)

793 We were _____ as the game was _____ off.
(called, speechless)

B <보기>에서 알맞은 단어를 골라 문장을 완성하세요.

<보기>	league	contact	unbelievable	theme
	swung	funeral	admission	struck
	attended	decorated		

794 He _____ the bat and _____ the ball.

795 It was _____ that the team won the _____.

796 We _____ the house according to the party _____.

797 They _____ the _____ and paid their respect.

798 _____ the office to ask about the _____ fee.

주어진 우리말에 맞게 다음 빈칸에 알맞은 단어를 쓰세요. (필요시 형태 바꿀 것)

799 He was in charge of _____ the wedding _____.

그는 결혼 예식[결혼식] 계획하는 것을 책임진다.

800 Some _____ sports are very _____.

몇몇 극한 스포츠는 매우 도전적이다.

801 The couple _____ congratulations after the

_____ of their child.

그 부부는 아이의 출생 후에 많은 축하를 받았다.

802 The _____ will _____ again at the final.

그 운동선수는 결승전에서 다시 경쟁할 것이다.

803 She enjoyed her moment of _____ after she beat her

_____.

그녀는 경쟁 상대를 이긴 후에 영광의 순간을 즐겼다.

804 He never _____ _____ on _____

a new language.

그는 새로운 언어를 완전히 익히는 것을 포기하지 않았다.

805 There is a good _____ for the game to be

_____ _____.

경기가 연기될 가능성이 크다.

806 She always _____ _____ a unique costume for

the _____ Christmas party.

그녀는 매년 열리는 크리스마스 파티를 위해 항상 독특한 의상을 고른다.

807 The coach _____ the players into small groups for a

_____ of drills.

코치는 다양한 훈련을 위해 선수들을 작은 그룹으로 나눴다.

DAY

18

미디어, 대중문화

- [ ] fake
- [ ] cast
- [ ] press
- [ ] edit
- [ ] summary
- [ ] article
- [ ] entertain
- [ ] journalist
- [ ] impress
- [ ] documentary
- [ ] publish
- [ ] release
- [ ] current
- [ ] source
- [ ] means
- [ ] affair
- [ ] aim
- [ ] content
- [ ] version
- [ ] audition
- [ ] celebrity
- [ ] collaborate
- [ ] controversy
- [ ] criticize
- [ ] be crowded with

미디어, 대중문화

0426 **fake**
[feik]
faked – faked

[형] 가짜의, 거짓의
[동] 날조하다*   쉬운뜻 *사실이 아닌 것을 사실인 것처럼 거짓으로 꾸미다

• The **fake** news spread quickly online.
그 **가짜** 뉴스는 온라인에서 빠르게 퍼졌다.

• They **faked** positive reviews to catch people's attention.
그들은 사람들의 주의를 끌기 위해 긍정적인 후기를 **조작했다.**

0427 **cast**
[kæst]

[명] 출연자

• The director chooses the **cast** carefully for his movie.
그 감독은 자신의 영화를 위한 **출연자**를 신중히 고른다.

0428 **press**
[pres]
pressed – pressed

[동] 누르다   [명] 1. 누름   2. 신문, 언론

• She **pressed** a button to take an elevator.
그녀는 엘리베이터를 타기 위해 버튼을 **눌렀다.**

• I gave a hard **press** on the machine.
나는 그 기계를 세게 **눌렀다.**

• give a **press** conference
언론 회견[기자 회견]을 하다

0429 **edit**
[édit]
edited – edited

[동] 편집하다

• Her job is to **edit** the stories for young readers.
그녀의 일은 어린 독자들을 위해 이야기를 **편집하는** 것이다.

➕ **editor** [명] 편집자

0430 **summary**
[sʌ́məri]

[명] 요약, 개요

• Here's a **summary** of tonight's main news stories.
오늘 밤 주요 뉴스 소식 **요약**을 전해드립니다.

0431 article
[ɑ́ːrtikl]

명 1. (신문·잡지 등의) 글, 기사　2. 물품, 물건

· The reporter wrote an **article** on the environment.
그 기자는 환경에 대한 **기사**를 썼다.

· She only took a few **articles** of clothing with her.
그녀는 단지 몇 **벌**의 옷만 챙겨갔다.

0432 entertain
[èntərtéin]
entertained – entertained

동 즐겁게 하다

· She **entertained** the children with stories.
그녀는 이야기로 아이들을 **즐겁게 해주었다**.

· The new TV show is to **entertain** and inform people.
그 새로운 TV쇼는 사람들을 **즐겁게 하고** 소식을 알리기 위한 것이다.

➕ entertaining 형 재미있는, 즐거움을 주는
➕ entertainment 명 오락, 연예

0433 journalist
[dʒə́ːrnəlist]

명 저널리스트, 보도 기자

· The **journalist** reports news at the New York Times.
그 **보도 기자**는 뉴욕 타임스에서 뉴스를 보도한다.

 중등 필수

0434 impress
[imprés]
impressed – impressed

동 깊은 인상을 주다, 감명을 주다

· The ending of the movie **impressed** me a lot.
그 영화의 결말은 나에게 큰 **감명을 주었다**.

➕ impressed 형 인상 깊게 생각하는, 감명을 받은
➕ impressive 형 인상적인, 감명 깊은
➕ impression 명 인상, 감명

0435 documentary
[dàkjəméntəri]

명 다큐멘터리, 기록물

· We watched a **documentary** about the polar bears.
우리는 북극곰에 관한 **다큐멘터리**를 봤다.

0436 publish
[pʌ́bliʃ]
published – published

동 출판하다, 발행하다

· His new novel will **be published** next month.
그의 새로운 소설은 다음 달에 **출판될** 것이다.

➕ publisher 명 출판업자, 출판사
➕ publication 명 출판, 발행

0437 release
[rilíːs]
released – released

동 1. 놓아주다　2. 발표하다, 공개하다
명 1. 석방　2. 개봉, 발간, 출시

· The dolphins **were released** into the wild.
그 돌고래들은 야생으로 **놓아졌다**[방사되었다].

· **release** a(n) movie/album/product/statement
영화/앨범/상품/성명을 **발표**[공개]하다

0438 current
[kə́ːrənt]

형 현재의, 지금의　명 (물·공기의) 흐름

· I read the newspaper to keep up with **current** events.
나는 **현재** 일[시사]에 뒤처지지 않기 위해 신문을 읽는다.

· a strong **current**
강한 **흐름**[물살]

0439 source
[sɔːrs]

명 1. 원천*, 근원　2. 출처　　취음뜻 *사물이나 현상이 나오기 시작하는 바탕

· We found the **source** of the problem.
우리는 그 문제의 **근원**을 찾았다.

· No one knows the **source** of the information.
아무도 그 정보의 **출처**를 알지 못한다.

0440 means
[miːnz]

명 수단, 방법

· Social media is a **means** of communication.
소셜 미디어는 의사소통의 한 **수단**이다.

Voca Plus　복수형으로 쓰면 뜻이 달라지는 명사

· **mean** 평균, 중용 - **means** 수단, 방법
· **wood** 나무, 목재 - **woods** 숲
· **people** 사람들 - **peoples** 민족
· **cloth** 옷감 - **clothes** 옷, 의복
· **good** 선 - **goods** 상품
· **arm** 팔 - **arms** 무기

0441 **affair**
[əfɛ́ər]

몡 1. (-s) (공적으로 중요한) 일, 문제 2. 일, 사건 (= event)

- international/world **affairs**
국제/세계 문제

0442 **aim**
[eim]

aimed – aimed

동 1. 겨누다, 겨냥하다* 2. 목표로 하다 🔵 *목표물을 겨누다

몡 목표

- **Aim** for the middle of the target.
과녁 가운데를 **겨누어라**.

- The news **aims** to give people fast and accurate facts.
뉴스는 사람들에게 빠르고 정확한 사실을 전달하는 것을 **목표로 한다**.

- The website's **aim** is to offer useful information.
그 웹사이트의 **목표**는 유용한 정보를 제공하는 것이다.

0443 **content**
[kántent]

몡 1. (-s) 속에 든 것들, 내용물 2. (-s) (책의) 목차
3. (책, 연설, 프로그램의) 내용, 주제

- She dropped her bag and spilled all the **contents**.
그녀는 가방을 떨어뜨려 모든 **내용물**을 쏟았다.

- the table of **contents**
목차

- The **content** of the magazine includes fashion.
그 잡지의 **내용**에는 패션이 포함된다.

0444 **version**
[və́:rʒən]

몡 변형, ~판

- I watched a film **version** of the cartoon.
나는 그 만화의 영화**판**[영화화한 것]을 봤다.

0445 **audition**
[ɔːdíʃən]

auditioned – auditioned

몡 오디션 동 오디션을 보다

- At the **audition**, she was asked to sing and dance.
오디션에서, 그녀는 노래와 춤을 출 것을 요청받았다.

- The actor **auditioned** for the main character.
그 배우는 주인공 역할을 따내기 위해 **오디션을 봤다**.

0446 celebrity
[səlébrəti]

몡 유명인

- a TV **celebrity**
  TV 유명 인사

0447 collaborate
[kəlǽbərèit]
collaborated – collaborated

동 협력하다, 공동으로 작업하다

- They plan to **collaborate** with more artists.
  그들은 더 많은 예술가와 **공동으로 작업할** 계획이다.

➕ collaboration 몡 협동

0448 controversy
[kántrəvə̀ːrsi]

몡 논란

- The new movie caused **controversy**.
  새 영화는 **논란**을 일으켰다.

➕ controversial 혱 논란이 많은

0449 criticize
[krítisàiz]
criticized – criticized

동 1. 비판하다*
   2. 비평하다**

취운동 *잘못된 점을 지적하다
**옳고 그름, 아름다움과 추함 등을 분석하여 가치를 논하다

- The decision **was criticized** by many teachers.
  그 결정은 많은 교사들에게 **비판받았다**.
- The writer **criticized** the new play.
  그 작가는 새로운 연극을 **비평했다**.

➕ criticism 몡 1. 비판, 비난 2. 비평, 평론
➕ critic 몡 비평가, 평론가

교과서 빈출 표현

0450 be crowded with

was[were] – been

~로 붐비다, 꽉 차다

- The concert hall **was crowded with** many eager fans.
  콘서트장은 많은 열렬한 팬들로 **붐볐다**.

VOCA Exercise

정답 p.377

A   빈칸에 알맞은 말을 넣어 어구를 완성하세요.

1   현재 물가   _____ prices

2   지역 신문   the local _____

3   뉴스 출처   the news _____

4   교통수단   _____ of transportation

5   최신판   the latest _____

6   목표를 달성하다   achieve one's _____

7   잡지 기사   a magazine _____

8   가족 간의 일   a family _____

B   다음 괄호 안에서 문맥상 알맞은 말을 고르세요.

1   A [journalist / celebrity] reports on current issues.

2   His charity work [criticized / impressed] many people.

3   The writer is planning to [publish / fake] his book in September.

4   The movie will be [released / edited] worldwide next Wednesday.

5   The designer wants to [entertain / collaborate] with the photographer.

VOCA Exercise

C 다음 영영풀이에 해당하는 단어를 <보기>에서 골라 쓰세요.

<보기>　documentary　　cast　　audition　　summary

1　an interview for a role or job　　　＿＿＿＿＿＿＿＿＿

2　the actors in a play, film, or TV show　　　＿＿＿＿＿＿＿＿＿

3　a short description of the main points　　　＿＿＿＿＿＿＿＿＿

4　a movie or TV program that shows real events　　　＿＿＿＿＿＿＿＿＿

D 주어진 우리말에 맞게 빈칸에 알맞은 단어를 채워 문장을 완성하세요. (필요시 형태 바꿀 것)

1　나는 새를 야생으로 다시 놓아주었다.

→ I ＿＿＿＿＿＿＿＿＿ a bird back into the wild.

2　그녀는 가방 속의 모든 내용물을 꺼냈다.

→ She emptied all the ＿＿＿＿＿＿＿＿＿ of her bag.

3　그 전시회는 많은 역사적 물품들을 소장하고 있다.

→ The exhibit has a lot of historical ＿＿＿＿＿＿＿＿＿.

4　그의 무례한 태도는 시상식에서 논란을 불러일으켰다.

→ His rude attitude caused ＿＿＿＿＿＿＿＿＿ at the award ceremony.

5　도시의 거리는 축제를 즐기는 사람들로 붐볐다.

→ The city streets ＿＿＿＿＿＿＿＿＿ ＿＿＿＿＿＿＿＿＿ ＿＿＿＿＿＿＿＿＿

people enjoying the festival.

DAY

19

미술, 예술

- [ ] studio
- [ ] flash
- [ ] tune
- [ ] poetry
- [ ] clay
- [ ] literature
- [ ] genius
- [ ] performance
- [ ] exhibit
- [ ] concept
- [ ] visual
- [ ] inspire
- [ ] statue
- [ ] sculpture
- [ ] destiny
- [ ] rhythm
- [ ] imaginative
- [ ] conduct
- [ ] orchestra
- [ ] compose
- [ ] outline
- [ ] imitate
- [ ] distinct
- [ ] contrast
- [ ] be based on

미술, 예술

0451 **studio**
[stúdióu]

명 스튜디오, 작업실

- The artist is painting a picture at her **studio**.
  그 예술가는 자신의 **작업실**에서 그림을 그리고 있다.

0452 **flash**
[flæʃ]
flashed – flashed

명 1. 섬광*, 번쩍임 2. (카메라) 플래시
동 번쩍이다

쉬운뜻 *순간적으로 강하게 번쩍거리는 빛

- A **flash** of lightning surprised me.
  번갯불의 **섬광**은 나를 깜짝 놀라게 했다.

- Do not take a picture with the **flash** on.
  플래시를 켜고 사진 찍지 마세요.

- The cameras **flashed** when he appeared on the stage.
  그가 무대에 등장했을 때 카메라들이 **번쩍였다**.

0453 **tune**
[tuːn]

명 곡, 곡조, 선율

- I'm familiar with the **tune**, but I don't know the title.
  나는 그 **선율**이 익숙한데 제목을 모르겠다.

0454 **poetry**
[póuitri]

명 시, 시가*

쉬운뜻 *가사를 포함한 시 문학을 통틀어 부르는 말

- a book of **poetry**
  시집

➕ **poet** 명 시인
➕ **poem** 명 시

More poem vs. poetry

poem은 한 편의 시를 말할 때 사용하며 셀 수 있는 명사로 쓰여요.

- She wrote a **poem** about love. 그녀는 사랑에 관한 **시**를 한 편 썼다.

poetry는 문학 장르로서의 시를 가리키며 셀 수 없는 명사로 쓰여요.

- lyric **poetry** 서정시

0455 **clay**
[klei]

명 점토, 찰흙

· The girl created a beautiful artwork from **clay**.
그 여자아이는 **찰흙**으로 아름다운 예술작품을 만들어 냈다.

 **중등 필수**

0456 **literature**
[lítərətʃər]

명 문학, 문학작품

· I've read many of the major works of **literature**.
나는 주요 **문학** 작품들을 많이 읽었다.

· classic **literature**
고전 **문학**

➕ literary 형 문학의, 문학적인
➕ literal 형 문자의, 문자상의

0457 **genius**
[dʒíːnjəs]

명 천재

· Vincent van Gogh is considered a **genius** in art.
빈센트 반 고흐는 미술 분야에서 **천재**로 여겨진다.

0458 **performance**
[pərfɔ́ːrməns]

명 1. 공연, 연기　2. 성과, 실적

· She won the best actress award for her **performance**.
그녀는 자신의 **연기**로 여우주연상을 받았다.

· Teachers check students' **performance** with a test.
선생님들은 시험으로 학생들의 **성과**를 확인한다.

➕ perform 동 1. 공연하다, 연기하다 2. 실행하다

0459 **exhibit**
[igzíbit]
exhibited – exhibited

동 전시하다　명 전시회, 전람회

· The museum **exhibits** artworks from the 1800s.
그 박물관은 1800년대의 미술 작품들을 **전시한다**.

· an art **exhibit**
미술 **전시회**

➕ exhibition 명 1. 전시 2. 전시회

● **More** 영국에서는 '전시회'라는 의미를 나타낼 때 exhibition을 사용해요.

0460 concept

[kánsept]

명 개념*

수능톡 *어떤 사물이나 현상에 대한 일반적인 지식

· This book begins with the basic **concepts** in science.
이 책은 과학의 기본 **개념**으로 시작된다.

0461 visual

[víʒuəl]

형 시각의, 시각에 관한

· **visual** effects
시각효과

· **Visual** aids help children learn new things.
시각 보조 교재는 아이들이 새로운 것을 배우는 데 도움을 준다.

➕ visually 튀 시각적으로

0462 inspire

[inspáiər]

inspired – inspired

동 1. 영감을 주다 2. 격려하다, 고무하다*

수능톡 *격려하여 더욱 힘을 내도록 하다

· The beauty of nature **inspires** many artists.
자연의 아름다움은 많은 예술가들에게 **영감을 준다**.

· Our teacher **inspired** us to study harder.
선생님은 우리에게 더 열심히 공부하라고 **격려하셨다**.

➕ inspiration 명 영감
➕ inspiring 형 영감을 주는

0463 statue

[stǽtʃuː]

명 동상, 조각상

· The **statue** stands outside the building.
그 **동상**은 건물 밖에 세워져 있다.

· The **statue** was carved out of stone.
그 **조각상**은 돌을 깎아 만들어졌다.

0464 sculpture

[skʌ́lptʃər]

명 조각, 조각품

· She was asked to create a **sculpture** for the exhibit.
그녀는 전시회를 위해 **조각품**을 만들어 달라는 요청을 받았다.

⚡ 비교 Point statue vs. sculpture

우리말 의미는 비슷하지만, 만들어지는 모양과 제작 과정 등이 조금 달라요.

statue는 사람 또는 동물 모양의 조각상으로 실물과 같거나 더 크고, 사람들이 많이 다니는 곳에 설치돼요. 예시로 이순신 장군상, 월가의 황소상, 자유의 여신상 등이 있어요. 주로 형상의 틀을 제작한 후, 그 안에 재료를 부어 만들어지는 것이 statue예요.

sculpture는 추상적인 것을 포함해서 어떤 모양도 가능한 예술 작품이에요. 주로 돌과 같은 하나의 소재를 깎아서 만들어져요.

0465 **destiny**
[déstəni]

명 운명

· It was their **destiny** to marry each other.
그들은 서로 결혼할 **운명**이었다.

0466 **rhythm**
[ríðəm]

명 리듬

· They are dancing to the **rhythm** of the music.
그들은 음악의 **리듬**에 맞춰 춤추고 있다.

➕ rhythmic 형 리드미컬한, 율동적인

0467 **imaginative**
[imǽdʒinətiv]

형 창의적인, 상상력이 풍부한

· A great work comes from **imaginative** ideas.
훌륭한 작품은 **창의적인** 생각으로부터 나온다.

➕ imagine 동 상상하다
➕ imaginable 형 상상할 수 있는
➕ imaginary 형 상상의

0468 **conduct**
[kəndʌ́kt]
conducted – conducted

동 1. 지휘하다   2. 수행하다, 처리하다

· He will **conduct** the chorus at the music festival.
그는 음악 축제에서 합창을 **지휘할** 것이다.

· The survey **was conducted** to gather data.
설문조사는 데이터를 수집하기 위해 **수행되었다**.

➕ conductor 명 지휘자

0469 **orchestra**
[ɔ́ːrkistrə]

명 관현악단, 오케스트라

· The conductor leads the **orchestra** on the stage.
그 지휘자는 무대 위에서 **오케스트라**를 이끈다.

0470 **compose**
[kəmpóuz]
composed – composed

동 1. 구성하다   2. 작곡하다

· The group **is composed of** five members.
그 그룹은 다섯 명의 멤버들**로 구성되어 있다**.

· The singer writes and **composes** her songs herself.
그 가수는 자신의 노래를 직접 작사, **작곡한다**.

➕ be composed of ~로 구성되다

0471 **outline**
[áutlàin]

명 윤곽, 외형

• First, she drew a rough **outline** of his face.
먼저 그녀는 그의 얼굴의 대략적인 **윤곽**을 그렸다.

0472 **imitate**
[ímitèit]
imitated – imitated

동 모방하다*   쉬운뜻 *다른 것을 본뜨거나 본받다

• Many artists tried to **imitate** his style of painting.
많은 예술가들은 그의 그림 스타일을 **모방하려고** 했다.

0473 **distinct**
[distíŋkt]

형 1. 별개의, 전혀 다른   2. 뚜렷한, 분명한

• The two countries have **distinct** cultures and traditions.
그 두 나라는 **전혀 다른** 문화와 전통을 가지고 있다.

• There is a **distinct** difference in traditional and modern music.
전통음악과 현대음악에는 **분명한** 차이가 있다.

0474 **contrast**
명사 [kántræst]
동사 [kəntræst]
contrasted – contrasted

쉬운뜻 *서로 반대되어 비교가 됨
**두 가지의 차이를 밝히기 위해 서로 맞대어 비교함

명 1. 차이   2. 대조*, 대비**
동 1. 대조하다 (= compare)   2. 대조[차이]를 보이다

• This book shows the **contrast** between the two cultures.   이 책은 두 문화 간의 **차이**를 보여준다.

• in **contrast** with
~와 **대조**를 이루어

• Her actions **contrast** with her words.
그녀의 행동은 말과 **대조를 보인다**[다르다].

교과서 빈출 표현

0475 **be based on**

was[were] – been

~에 기초를 두다

• The lyrics of the song **are based on** his experiences.
그 노래의 가사는 그의 경험**에 기반을 두고 있다**.

VOCA Exercise

정답 p.378

A 빈칸에 알맞은 말을 넣어 어구를 완성하세요.

1 곡을 녹음하다   record a _____

2 시각적 능력   _____ ability

3 한 편의 시   a piece of _____

4 비너스 상   the _____ of Venus

5 골동품 차 전시회   an _____ of antique cars

6 프랑스 문학   French _____

7 일반적인 개념   a general _____

8 음악을 작곡하다   _____ music

B 주어진 단어를 알맞은 형태로 바꿔 문장을 완성하세요.

1 His work is truly (inspire) _____ .

2 The orchestra's (perform) _____ was breathtaking.

3 They danced to the (rhythm) _____ beats on the stage.

4 The artist expressed her emotions (visual) _____ through bright colors.

5 The musicians looked at the (conduct) _____ during the pause.

6 The (imagine) _____ story in the movie took us to another world.

VOCA Exercise

다음 영영풀이에 해당하는 단어를 <보기>에서 골라 쓰세요.

> <보기>   genius   outline   distinct   sculpture

1 a piece of art made by carving _____

2 a very smart or talented person _____

3 different or separate from something _____

4 a line that shows the shape of an object _____

D 밑줄 친 부분의 우리말 해석을 찾아 밑줄 치세요.

1 She knew this man was her underline{destiny}.

→ 그녀는 이 남자가 자신의 운명인 것을 알았다.

2 I play the viola in the school underline{orchestra}.

→ 나는 학교 오케스트라에서 비올라를 연주한다.

3 The car's headlights underline{flashed} in the dark.

→ 자동차의 헤드라이트가 어둠 속에서 번쩍였다.

4 The results underline{contrast} with other tests done in Canada.

→ 그 결과는 캐나다에서 진행된 다른 실험과 대조를 보인다.

5 The comedian is good at underline{imitating} famous people.

→ 그 코미디언은 유명한 사람들을 모방하는 것을 잘한다.

천일문 VOCA 중등 마스터

A 주어진 단어를 각각 빈칸에 채워 문장을 완성하세요.

808 The _____ is _____ on facts. (article, based)

809 He _____ to publish a _____ book. (poetry, aims)

810 _____ was used to create the _____. (statue, clay)

811 The company _____ a new _____ of the app.
(released, version)

B <보기>에서 알맞은 단어를 골라 문장을 완성하세요.

> <보기> tune   orchestra   journalists   studio
>   affairs   sources   current   sculptures
>   summary   published

812 The _____ performed a symphony in perfect
_____.

813 _____ use reliable _____ to write stories.

814 The magazine _____ a _____ of the interview.

815 The artist has her own _____ to work on _____.

816 The press criticized the _____ world _____.

주어진 우리말에 맞게 다음 빈칸에 알맞은 단어를 쓰세요. (필요시 형태 바꿀 것)

817 Despite the _____, the _____ will air tonight.

논란에도 불구하고 다큐멘터리는 오늘 밤에 방영될 것이다.

818 Turn off the camera _____ at the _____.

전시회에서는 카메라 플래시를 꺼 주세요.

819 The show was _____ in the _____.

그 공연은 언론에서 비판받았다.

820 The musicians _____ and _____ a new song.

그 음악가들은 공동으로 작업해서 신곡을 공개했다.

821 The _____'s personal _____ got media
attention.

그 유명인의 개인적인 일은 미디어의 관심을 받았다.

822 Your _____ work _____ me in many ways.

당신의 창의적인 작품은 여러모로 저에게 영감을 주었어요.

823 The _____ effects in movies help _____ the
audience.

영화 속 시각 효과는 관객을 즐겁게 하는 데 도움을 준다.

824 Critics often _____ and criticize the _____ of
a play.

비평가들은 종종 연극의 내용을 대조하고 비평한다.

825 The actor _____ the director during the _____.

그 배우는 오디션에서 감독에게 깊은 인상을 주었다.

826 Animals that can _____ sounds, like parrots, can move
to the _____.

소리를 모방할 수 있는, 앵무새와 같은 동물들은 리듬에 맞춰 움직일 수 있다.

DAY 20

전통문화

Preview Check

- [ ] traditional
- [ ] accept
- [ ] tale
- [ ] differ
- [ ] admire
- [ ] origin
- [ ] legend
- [ ] worth
- [ ] valuable
- [ ] priceless
- [ ] represent
- [ ] ruin
- [ ] bury
- [ ] smash
- [ ] impact
- [ ] diverse
- [ ] define
- [ ] ethnic
- [ ] custom
- [ ] convention
- [ ] heritage
- [ ] significant
- [ ] according to
- [ ] stick to
- [ ] pass down

 중등 기본

0476 **traditional**
[trədíʃənəl]

형 전통의, 전통적인

· **traditional** clothing
전통 의상

➕ tradition 명 전통

0477 **accept**
[əksépt]
accepted – accepted

동 받아들이다, 수락하다

· It's important to teach students to **accept** differences.
학생들에게 다름을 **받아들이도록** 가르치는 것은 중요하다.

➕ acceptable 형 받아들일 수 있는

0478 **tale**
[teil]

명 이야기

· a folk **tale**
민간에 전해져 내려온 **이야기**[전설]

· My grandmother told me many old **tales**.
할머니는 나에게 많은 옛날**이야기**를 들려주셨다.

0479 **differ**
[dífər]
differed – differed

동 다르다

· The two countries **differ** in religion and culture.
그 두 나라는 종교와 문화 측면에서 **다르다**.

· Cultural traditions often **differ** from one area to another. 문화적 전통은 흔히 지역마다 **다르다**.

➕ different 형 다른
➕ differently 부 다르게

0480 **admire**
[ædmáiər]
admired – admired

동 1. 존경하다   2. 감탄하다

· We **admire** our ancestors for their wisdom.
우리는 조상들의 지혜를 **존경한다**.

· I looked out the window and **admired** the scenery.
나는 창밖을 보고 그 경치에 **감탄했다**.

➕ admiration 명 존경, 감탄

0481 **origin**
[ɔ́ːrədʒin]

몡 기원, 유래

• The language has its **origin** in Latin.
그 언어는 라틴어에 **기원**을 두고 있다.

• No one is sure about the **origin** of the tradition.
아무도 그 전통의 **유래**에 대해 확신하지 못한다.

➕ **original** 혱 원래의, 본래의
➕ **originally** 閈 원래, 최초에

0482 **legend**
[lédʒənd]

몡 1. 전설 2. 전설적인 인물

• **Legend** has it that a mysterious creature protected the village.
전설에 의하면 신비한 생명체가 그 마을을 보호했다고 한다.

• He has become a basketball **legend**.
그는 농구의 **전설**(적인 인물)이 되었다.

0483 **worth**
[wəːrθ]

혱 가치가 있는

• A historic site is **worth** visiting to learn about the past.
유적지는 과거에 대해 배우기에 방문할 **가치가 있다**.

➕ **worthless** 혱 가치 없는, 쓸모없는

0484 **valuable**
[vǽljuːəbəl]

혱 귀중한, 가치 있는

• Time is the most **valuable** resource for us.
시간은 우리에게 가장 **귀중한** 자원이다.

0485 **priceless**
[práislis]

혱 값을 매길 수 없는, 귀중한

• The history museum displays the **priceless** jewels.
그 역사박물관은 **귀중한** 보석을 전시하고 있다.

❓ 비교 Point worth vs. valuable vs. priceless

세 단어 모두 '가치 있는, 귀중한'이라는 뜻으로 쓰여요.

worth는 뒤에 (대)명사가 오며, 형용사이지만 전치사처럼 사용되어 <worth+동명사>의 형태로도 쓰여요.

• It was **worth** the time. 그것은 시간을 들일 **가치가 있었다**.
　　　　　　 명사

• The place was **worth** visiting. 그 장소는 방문할 **가치가 있었다**.
　　　　　　　　 동명사

valuable은 특히 금전적인 부분에 있어 귀중한 것을 말할 때 자주 쓰여요.

priceless는 값을 매길 수 없을 만큼 귀하다는 뜻으로, 정도를 강조해요.

0486 represent
[rìːprizént]
represented – represented

동 1. 대표하다   2. 나타내다, 상징하다

· A president **represents** his country.
대통령은 자기 나라를[고국을] **대표한다**.

· The Korean flag **represents** our Korean identity.
태극기는 우리 한국인의 정체성을 **나타낸다**.

➕ representative 명 대표(자)

0487 ruin
[rúː)in]
ruined – ruined

동 파괴하다, 망치다

명 1. 파괴, 파멸   2. (-s) 폐허, 유적

· The city **was ruined** by the endless war.
그 도시는 끊임없는 전쟁으로 **파괴되었다**.

· go to **ruin**
파멸되다

· We visited the **ruins** of Rome.
우리는 로마의 **유적**을 방문했다.

0488 bury
[béri]
buried – buried

동 묻다, 매장하다

· When pharaohs died, their servants, horses, and pets **were buried** with them.
파라오가 죽으면 그의 노예, 말, 그리고 반려동물도 함께 **묻혔다**.

0489 smash
[smæʃ]
smashed – smashed

동 때려 부수다, 깨뜨리다

· In some cultures, people used to **smash** plates before the wedding.
어떤 문화권에서, 사람들은 결혼식 전날에 접시를 **깨뜨리곤** 했다.

➕ smash A against B   A를 B에 내리치다

0490 impact
[ímpækt]

명 1. (강한) 영향, 충격   2. 충돌, 충격

· A new technology had an **impact** on our lifestyle.
신기술은 우리의 생활방식에 **영향**을 미쳤다.

· Airbags are designed to protect the driver on **impact**.
에어백은 **충격** 시 운전자를 보호하도록 설계되어 있다.

0491 diverse

[divə́ːrs] / [dɑivəːrs]

형 다양한

· We learn about **diverse** cultures at school.
우리는 학교에서 **다양한** 문화를 배운다.

➕ diversity 명 다양성

0492 define

[difáin]

defined – defined

동 1. 정의하다*   쉬운뜻 *어떤 말이나 사물의 뜻을 명확히 밝혀 정하다

    2. 규정하다, 분명히 밝히다

· It's challenging to **define** the word "culture."
'문화'라는 단어를 **정의하기는** 어렵다.

· Let me **define** the main objectives of our project.
제가 우리 프로젝트의 주요 목표를 **규정할게요.**

➕ definition 명 정의, 의미

0493 ethnic

[éθnik]

형 민족의, 종족의

· In some **ethnic** groups, Christmas is not a holiday.
어떤 **민족** 집단에서는 크리스마스가 공휴일이 아니다.

➕ ethnicity 명 민족성

0494 custom

[kʌ́stəm]

명 관습*, 풍습**   쉬운뜻 *한 사회에서 역사적으로 굳어진 전통적인 행동이나 습관
       **옛날부터 전해 내려오는 생활 습관

· It is a **custom** to make kimchi before winter in Korea.
한국에서는 겨울이 오기 전에 김치를 담그는 것이 하나의 **관습**이다.

0495 convention

[kənvénʃən]

명 1. (대규모) 집회, 대회   2. 관습, 관례*   쉬운뜻 *전부터 내려오던 전례가
                                     관습으로 굳어진 것

· The hotel hosts large **conventions** with many rooms.
그 호텔은 많은 객실을 이용해 큰 **집회**를 주최한다.

· a social **convention**
사회적 **관습**

➕ conventional 형 관습적인

🎯 **비교 Point** custom vs. convention

custom은 특정 지역에서 오랫동안 전해져 내려온 전통적인 풍습을 말할 때 쓰여요.

· Wearing a Hanbok on special days is a **custom** in Korea.
한국에서는 특별한 날에 한복을 입는 것이 하나의 **관습**이다.

convention은 사회적으로 정해진 합의를 말할 때 사용해요. 즉, 사회 내에 대부분의 사람들이 동의하거나 옳다고 여기는 행동이나 규칙을 뜻해요.

· Children learn social **conventions** like sharing while playing together.
아이들은 함께 놀면서 나눔과 같은 사회적 **관습**을 배운다.

0496 heritage
[héritidʒ]

몡 유산

• World **Heritage** Sites
세계 문화**유산**

• Visit the cultural **heritage** sites in Jeonju Hanok Village.
전주 한옥마을에 있는 문화**유산**을 방문해 보세요.

0497 significant
[signífikənt]

혱 중요한, 의미 있는

• Rice has been a **significant** part of the diets of Asian cultures.
쌀은 아시아 문화권에서 음식의 **중요한** 부분을 차지해 왔다.

교과서 빈출 표현

0498 according to

~에 따르면

• **According to** myth, breaking mirrors brings you bad luck.
사회적 통념**에 따르면**, 거울을 깨면 불운이 찾아온다.

0499 stick to

sticked – sticked

1. ~에 달라붙다   2. ~을 계속하다, 고수하다* 쉬운뜻 *굳게 지키다

• The tape doesn't **stick to** the wall.
테이프가 벽에 **달라붙지** 않는다.

• Some people try to **stick to** their tradition.
어떤 사람들은 그들의 전통을 **고수하려고** 애쓴다.

0500 pass down

passed – passed

(후대에) 물려주다, 전해주다

• He wants to **pass down** the family business to his children.
그는 가업을 자식들에게 **물려주고** 싶어 한다.

• Cultural heritage **is** often **passed down** through language and art.
문화유산은 종종 언어와 예술을 통해 **전해진다**.

VOCA Exercise

정답 p.378

A 빈칸에 알맞은 말을 넣어 어구를 완성하세요.

1 긍정적인 영향   a positive_____

2 그리스 전설   a Greek _____

3 원산지   country of _____

4 모험 이야기   a _____ of adventure

5 민족적 배경   _____ background

6 지역적 풍습   a local _____

7 전통 민요   a _____ folk song

8 컨벤션 센터 (회의 등을 위한 종합 빌딩) a _____ center

B 다음 빈칸에 알맞은 단어를 쓰세요.

1 accept : _____   = 받아들이다 : 받아들일 수 있는

2 _____ : different   = 다르다 : 다른

3 admire : _____   = 존경하다 : 존경

4 worth : _____   = 가치가 있는 : 가치 없는

5 represent : _____   = 대표하다 : 대표(자)

6 _____ : definition = 정의하다 : 정의

7 diverse : _____   = 다양한 : 다양성

VOCA Exercise

C

<보기>에서 알맞은 단어를 골라 문장을 완성하세요.

> <보기>　　admire　　　　legend　　　　valuable　　　　heritage

1　This book tells a _____ about a magic castle.

2　I _____ the way they follow old customs.

3　It was a _____ experience to learn a traditional dance.

4　We need to protect our cultural _____ .

D

주어진 우리말에 맞게 빈칸에 알맞은 단어를 채워 문장을 완성하세요. (필요시 형태 바꿀 것)

1　누군가가 야구 방망이로 창문을 때려 부쉈다.

　　→ Someone _____ the window with a bat.

2　그 축구 경기는 티켓값의 가치가 있었다.

　　→ The soccer game was _____ the ticket price.

3　그와 나는 뒷마당에 타임캡슐을 묻었다.

　　→ He and I _____ a time capsule in the backyard.

4　내일 비가 오더라도, 그 계획을 고수하자[원래 계획대로 하자].

　　→ Even if it rains tomorrow, let's _____ _____

　　the plan.

5　일기예보에 따르면, 내일은 눈이 올 것이다.

　　→ _____ _____ the weather forecast, it will

　　snow tomorrow.

DAY 21

세대, 문화 차이

- [ ] teen
- [ ] cause
- [ ] experience
- [ ] gap
- [ ] gesture
- [ ] global
- [ ] negative
- [ ] admit
- [ ] accent
- [ ] vary
- [ ] trend
- [ ] translate
- [ ] range
- [ ] misunderstand
- [ ] influence
- [ ] native
- [ ] generation
- [ ] complicate
- [ ] discipline
- [ ] proverb
- [ ] seek
- [ ] cope
- [ ] fit in (with)
- [ ] let ~ down
- [ ] be used to v-ing

세대, 문화 차이

중등 기본

0501 **teen**
[ti:n]

명 십 대   형 십 대의

· **Teens** like hanging out with their friends.
십 대들은 친구들과 어울리는 것을 좋아한다.

· the **teen** years
십 대[청소년기]

➕ teenage 형 십 대의
➕ teenager 명 십 대, 청소년기

0502 **cause**
[kɔ:z]
caused – caused

명 원인, 이유   동 ~의 원인이 되다

· the **cause** of conflict
갈등의 원인

· The language difference **causes** communication problems.
언어 차이는 의사소통 문제의 원인이 된다.

0503 **experience**
[ikspíəriəns]
experienced – experienced

명 경험   동 경험하다

· She has a lot of **experience** in teaching.
그녀는 가르친 경험이 많다.

· Some people **experience** difficulty adapting to new things. 어떤 사람들은 새로운 것에 적응하는 데 어려움을 겪는다.

➕ experienced 형 경험 있는, 숙련된

0504 **gap**
[gæp]

명 1. 틈, 구멍   2. 격차, 차이

· The baby has a small **gap** between her front teeth.
그 아기는 앞니 사이에 작은 틈이 있다.

· There is a big age **gap** between me and my father.
나와 아버지 사이에는 나이 차이가 크다.

0505 gesture
[dʒéstʃər]

명 몸짓, 제스처

· Nodding is usually a **gesture** of understanding.
고개를 끄덕이는 것은 주로 이해했다는 **제스처**이다.

· She made a **gesture** to tell me to sit down.
그녀는 내게 앉으라는 **몸짓**을 했다[눈치를 줬다].

➕ make a gesture to-v ~하는 몸짓을 하다

0506 global
[glóubəl]

형 지구의, 세계적인

· English has become a **global** language.
영어는 **세계적인** 언어가 되었다.

· You can learn about **global** issues through the news.
뉴스를 통해 **세계적인** 문제들을 알 수 있다.

➕ globe 명 지구

0507 negative
[négətiv]

형 부정적인

· It's rude to have a **negative** attitude toward others.
다른 사람에게 **부정적인** 태도를 취하는 것은 무례한 일이다.

➕ positive 형 긍정적인

0508 admit
[ədmít]
admitted – admitted

동 1. 인정하다   2. 입장을 허락하다, 들어가게 하다

· I **admit** that I was wrong.
내가 틀렸다는 것을 **인정한다**.

· He **admitted** to breaking the rules.
그는 규칙을 어긴 것을 **인정했다**.

· This movie ticket **admits** one person.
이 영화 티켓은 한 사람만 **입장을 허락한다**.

0509 accent
[ǽksənt]

명 1. 말투, 악센트   2. 강세, 억양

· He speaks with a French **accent**.
그는 프랑스 사람 **말투**로 말한다.

· The **accent** in the word "forget" is on "get."
단어 'forget'의 **강세**는 'get'에 있다.

0510 vary
[vέ(:)əri]
varied – varied

동 1. 각기 다르다   2. 바꾸다, 변화를 주다

· Everyone's opinion **varies** on the issue.
한 사안에 대해서도 모든 사람의 의견은 **각기 다르다**.

· I **varied** my diet for my health.
나는 건강을 위해서 식단에 **변화를 주었다**.

0511 **trend**
[trend]

몡 유행

· She is very sensitive to new fashion **trends**.
그녀는 새로운 패션 **유행**에 매우 민감하다.

0512 **translate**
[trænsléit]
translated – translated

동 번역하다

· Her job is to **translate** French novels into Korean.
그녀의 직업은 프랑스 소설을 한국어로 **번역하는** 것이다.

➕ **translation** 몡 번역

0513 **range**
[reindʒ]
ranged – ranged

몡 범위*, 범주**
동 (범위에) 이르다

쉬운뜻 *일정하게 제한되어 정해진 영역
**동일한 성질을 가진 것들이 속하는 부류

· We talked about a wide **range** of topics in class.
우리는 수업 중에 광**범위**한 주제에 대해 얘기를 했다.

· The ticket prices **range** from twenty to fifty dollars.
티켓 가격은 20달러에서 50달러의 **범위에 이른다**.

0514 **misunderstand**
[mìsʌndərstǽnd]
misunderstood
– misunderstood

동 오해하다

· We sometimes **misunderstand** others due to cultural
differences.
우리는 문화 차이 때문에 가끔 다른 사람들을 **오해한다**.

0515 **influence**
[ínfluəns]
influenced – influenced

동 영향을 주다   몡 영향

· The media can **influence** people's opinion.
미디어는 사람들의 의견에 **영향을 줄** 수 있다.

· Friends may have a strong **influence** among
teenagers.
친구는 십대들 사이에서 강한 **영향력**을 가질 수 있다.

More influence(영향을 주다) + -er(~하는 사람) = **influencer** 인플루언서(영향력을 행사하는 사람)

인플루언서(influencer)는 인스타그램, 트위터, 유튜브 등 SNS에서 많은 팔로워를 보유하여 대중들과 소통하는
사람을 일컫는 말이에요. 말과 행동을 통해서 무언가를 유행시키거나 다른 사람들로 하여금 물건을 구매하도록
하는 등 큰 영향력을 행사해요.

0516 native

[néitiv]

형 원주민의, 토종의   명 토착민, 현지인

- a **native** speaker
  원어민

- He is a **native** and knows the city well.
  그는 **현지인**으로 그 도시를 잘 알고 있다.

0517 generation

[dʒènəréiʃən]

명 1. 같은 시대의 사람들   2. 1세대, 1대

- His books are popular among the younger **generation**.
  그의 책은 젊은 **사람들**에게 인기가 많다.

- from **generation** to **generation**
  세대에서 세대로[대대로]

More 우리말 '세대'는 두 가지의 다른 의미가 있어요.

'같은 시대의 사람들'은 동일한 시대에 살면서 공통의 사고방식을 가지는 비슷한 연령층의 사람들을 나타내요.
복수의 의미를 지니지만 주로 단수 취급하기 때문에 단수형 동사를 사용해요.

- The current **generation** is changing the way we communicate.
  <ins>단수 동사</ins>
  요즘 **세대** 사람들은 소통하는 방식을 바꾸고 있다.

'1세대, 1대'라는 의미는 부모가 속한 시대를 거쳐 자녀가 속한 시대까지 이르는 대략 30년의 기간을 말해요.

- We have lived in this home for **generations**. 우리는 이 집에서 몇 **대**에 걸쳐 살아왔다.

0518 complicate

[kámpləkèit]

complicated – complicated

동 더 복잡하게 만들다

- Don't **complicate** the matter any further.
  문제를 더 이상 **복잡하게 만들지** 마.

➕ complicated 형 복잡한

0519 discipline

[dísəplin]

disciplined – disciplined

명 규율*, 훈육   동 훈육하다   <취운뜻> *질서와 제도를 유지하기 위해 정해놓은 것

- **Discipline** in the classroom is needed for a better learning environment.
  교실에서의 **규율**은 더 나은 학습 환경을 위해 필요하다.

- Some parents may not **discipline** their children enough.
  몇몇 부모들은 자식을 충분히 **훈육하지** 않을 수도 있다.

0520 proverb

[právə:rb]

명 속담

- My favorite **proverb** is "Actions speak louder than words."
  내가 가장 좋아하는 **속담**은 '말보다 행동이 중요하다' 이다.

0521 seek

[siːk]

sought – sought

[동] 1. 찾다 (= look for) 2. 구하다, 청하다 (=ask for)

- **Seeking** a job is too hard these days.
  요즘 일자리를 **찾는** 것은 너무 어렵다.

- I often **seek** advice from my father.
  나는 종종 아버지의 충고를 **구한다.**

0522 cope

[koup]

coped – coped

[동] 대처하다, 대응하다 (with)

- How do you **cope with** stress?
  너는 어떻게 스트레스에 **대처하니?**

교과서 빈출 표현

0523 fit in (with)

fit – fit

(~와) 어울리다, 맞다

- I'm not sure if he will **fit in** well **with** others.
  나는 그가 다른 사람들**과 잘 어울릴** 수 있을지 모르겠다.

0524 let ~ down

let – let

~을 실망시키다, 기대를 저버리다

- Don't worry. I won't **let** you **down**.
  걱정하지 마. 너를 **실망시키지** 않을게.

0525 be used to v-ing

was[were] – been

~하는 것이 익숙하다

- We**'re used to** tak**ing** off our shoes at home.
  우리는 집에서 신발을 벗는 **것이 익숙하다.**

More used를 포함한 다양한 표현

be used to v-ing ~하는 것이 익숙하다
  - I**'m used to** taking a cold shower. 나는 찬물로 샤워하는 것이 익숙하다.

be used to-v ~하는 데 사용되다
  - Bricks **are used to** build a house. 벽돌은 집을 짓는 데 사용된다.

used to-v (과거에) ~하곤 했다
  - I **used to** keep a diary before bedtime. 나는 자기 전에 일기를 쓰곤 했다.

VOCA Exercise

정답 p.378

A 빈칸에 알맞은 말을 넣어 어구를 완성하세요.

1 최신 유행 the latest _____

2 잘못을 인정하다 _____ one's fault

3 문제의 원인이 되다 _____ trouble

4 상황을 복잡하게 만들다 _____ a situation

5 십 대의 우상 a _____ idol

6 엄격한 규율 strict _____

7 지구 기후 변화 _____ climate change

8 부정적인 영향 a negative _____

B 빈칸 (a)와 (b)에 공통으로 들어갈 단어를 쓰세요.

1 (a) There is a huge _____ between the rich and poor.

　　빈부 간의 격차가 크다.

　(b) The dog passed through a _____ in the fence.

　　그 개는 울타리의 구멍으로 빠져나갔다.

2 (a) He doesn't _____ his exercise routine often.

　　그는 자신의 운동 일과를 자주 바꾸지 않는다.

　(b) Communication styles can _____ between generations.

　　의사소통 방식은 세대 간에 다를 수 있다.

VOCA Exercise

C 다음 괄호 안에서 문맥상 알맞은 말을 고르세요.

1 The thumbs-up [generation / gesture] can mean refusal in some cultures.

2 Text messages can be easily [misunderstood / experienced].

3 She [seeks / copes] wisdom from the elderly in any situation.

4 [Native / Negative] attitudes involve complaining all the time.

5 The man spoke with a(n) [range / accent] that I hardly understood.

D 주어진 우리말에 맞게 빈칸에 알맞은 단어를 채워 문장을 완성하세요. (필요시 형태 바꿀 것)

1 속담은 대대로 전해져 내려온다.

→ A _____ passes down from generation to generation.

2 많은 사람들은 외국어를 번역하기 위해 온라인 도구를 이용한다.

→ Many people use online tools to _____ foreign
languages.

3 나는 부모님을 실망시켜 드려서 마음이 불편하다.

→ I feel bad that I _____ my parents _____.

4 새로운 공동체와 어울리는 것은 나에게 어렵다.

→ To _____ _____ _____ a
new community is hard for me.

5 나는 이메일을 보내는 것에 익숙하지만, 부모님은 그렇지 않으시다.

→ I'm _____ _____ _____
emails, but my parents aren't.

A 주어진 단어를 각각 빈칸에 채워 문장을 완성하세요.

827 _____ often carry _____ wisdom.
(proverbs, valuable)

828 _____ usually want to _____ in with peers. (fit, teens)

829 Family traditions are _____ _____.
(priceless, heritage)

830 An American _____ _____ from a British one.
(differs, accent)

831 His _____ led to _____.
(misunderstanding, gesture)

B <보기>에서 알맞은 단어를 골라 문장을 완성하세요.

<보기>	worth	generation	ruins	gap
	cause	traditional	represents	diverse
	ethnic	complicate	misunderstanding	

832 It was _____ the time visiting the _____.

833 Let's try harder to overcome the _____ _____.

834 We celebrate our _____ heritage in _____ clothing.

835 Our community _____ a _____ mix of cultures.

836 Miscommunication may _____ us to _____ matters.

주어진 우리말에 맞게 다음 빈칸에 알맞은 단어를 쓰세요. (필요시 형태 바꿀 것)

837 We should _____ and _____ the differences.

우리는 다름을 인정하고 받아들여야 한다.

838 There are many stories about the _____ of the

_____.

그 풍습의 유래에 관한 이야기들이 많다.

839 Pollution has a _____ in _____ on public health.

오염은 공중 보건에 부정적인 영향을 미친다.

840 We _____ solutions to _____ issues such as

climate change.

우리는 기후 변화와 같은 세계적인 문제에 대한 해결책을 찾는다.

841 The _____ drew attention to new _____ in

technology.

그 집회는 기술의 새로운 유행들로 관심을 끌었다.

842 The players come from _____ _____ backgrounds.

선수들은 다양한 민족 배경 출신이다.

843 The discovery had a _____ im_____

on the scientific research.

그 발견은 과학 연구에 중요한 영향을 미쳤다.

844 Folk _____ have been _____ _____ for

many years.

민간에 전해져 내려온 이야기[전설]들은 수년 동안 전해 내려왔다.

845 _____ to the _____, the treasure was

_____ in the sea.

전설에 따르면, 그 보물은 바다에 묻혀 있었다.

DAY

22

건물, 장소

- [ ] brick
- [ ] yard
- [ ] lawn
- [ ] tunnel
- [ ] lot
- [ ] upstairs
- [ ] clinic
- [ ] spot
- [ ] locate
- [ ] neighborhood
- [ ] structure
- [ ] downtown
- [ ] resident
- [ ] architecture
- [ ] column
- [ ] landmark
- [ ] temple
- [ ] chimney
- [ ] occupy
- [ ] section
- [ ] district
- [ ] construct
- [ ] be known for
- [ ] come by
- [ ] be made of

건물, 장소

 중등 기본

0526 **brick**
[brik]

명 벽돌

· He built the house with red **bricks**.
그는 빨간 **벽돌**로 그 집을 지었다.

0527 **yard**
[jɑːrd]

명 마당, 뜰

· a back**yard**
뒷**마당**

· We grow some vegetables in the front **yard**.
우리는 앞**마당**에 채소를 조금 기른다.

0528 **lawn**
[lɔːn]

명 잔디, 잔디밭

· mow the **lawn**
잔디를 깎다

· I love to lie on the **lawn** on sunny days.
나는 맑은 날에 **잔디밭**에 누워 있는 것을 아주 좋아한다.

0529 **tunnel**
[tʌ́nəl]
tunneled – tunneled

명 터널, 굴   동 터널을 파다

· The train passed the **tunnel** fast.
기차가 **터널**을 빠르게 통과했다.

· The engineers plan to **tunnel** through mountains.
기술자들은 산 사이로 **터널을 팔** 계획이다.

0530 **lot**
[lɑt]

명 지역, 부지

· a parking **lot**
주차장

0531 upstairs
[ʌ́pstéərz]

㈜ 위층으로, 2층으로

· I went **upstairs** to change clothes.
나는 옷을 갈아입기 위해 **위층으로** 올라갔다.

⊕ downstairs ㈜ 아래층으로 ㈜ 아래층

0532 clinic
[klínik]

㈜ 진료소

· The **clinic** provides free health care for poor people.
그 **진료소**는 가난한 사람들에게 무료 의료 서비스를 제공한다.

 중등 필수

0533 spot
[spɑt]
spotted – spotted

㈜ 1. 점, 얼룩   2. 장소   ㈜ 발견하다, 찾아내다

· She has a **spot** on her nose.
그녀는 코에 **점**이 있다.

· The hill is the best **spot** to take pictures.
그 언덕은 사진 찍기 가장 좋은 **장소**이다.

· My friend **spotted** me in a large crowd.
내 친구는 많은 군중 속에서 나를 **발견했다**.

0534 locate
[lóukeit]
located – located

㈜ 1. (위치를) 알아내다, 찾다   2. (위치에) 두다, 설치하다

· This app helps you **locate** good restaurants nearby.
이 앱은 근처에 있는 좋은 식당을 **찾을 수 있게** 해준다.

· The mall **is located** in the main street.
그 쇼핑센터는 중심가에 **위치해 있다**.

0535 neighborhood
[néibərhùd]

㈜ 1. 인근, 근처   2. (도시의) 지역, 지방   3. 이웃 사람들

· There is a beautiful park in the **neighborhood**.
근처에 아름다운 공원이 있다.

· He and I grew up in the same **neighborhood**.
그와 나는 같은 **지역**에서 자랐다.

· a friendly **neighborhood**
친절한 **이웃 사람들**

0536 structure
[strʌ́ktʃər]

명 1. 구조　2. 구조물, 건축물

· The **structure** of this building is simple.
이 건물의 **구조**는 단조롭다.

· Most Korean palaces are wooden **structures**.
대부분의 한국 고궁은 목조 **건축물**이다.

0537 downtown
[dáuntáun]

부 시내에, 시내로　명 시내, 도심지*　**유의뜻** *도시의 중심이 되는 구역

· We went **downtown** for shopping.
우리는 쇼핑하기 위해 **시내로** 갔다.

· There is a city tour bus in **downtown**.
시내에는 도시 관광버스가 있다.

● More downtown vs. uptown

downtown은 경제와 문화가 발달한 도시의 중심부, 시내를 의미하고 uptown은 도심을 벗어나 주택들이 많이
있는 시 외곽을 의미해요.

0538 resident
[rézidənt]

명 거주자

· Local **residents** complained about the noise.
지역 **주민들**이 소음에 대해 불평했다.

● residential 형 거주하기 좋은, 주택지의

0539 architecture
[á:rkitèktʃər]

명 1. 건축, 건축학　2. 건축 양식*　**유의뜻** *일정한 시대 또는 지역의
건축물에 있는 공통된 특징

· modern **architecture**
현대 **건축**

· ancient Roman **architecture**
고대 로마 **건축 양식**

● architect 명 건축가

0540 column
[káləm]

명 1. 기둥　2. (신문·잡지의) 칼럼

· The **columns** are made of stone.
그 **기둥들**은 돌로 만들어졌다.

· He writes a **column** for the local newspaper.
그는 지역 신문에 실리는 **칼럼**을 쓴다.

0541 landmark
[lǽndmà:rk]

명 랜드마크*　**유의뜻** *어떤 지역을 대표하는 사물이나 장소

· Big Ben is one of the famous **landmarks** in London.
빅 벤은 런던에 유명한 **랜드마크** 중 하나이다.

0542 **temple**
[témpl]

⟨명⟩ 절, 사원

- Many people visit the **temple** to pray for health.
  많은 사람들이 건강을 위해 기도하려고 그 **절**을 방문한다.

0543 **chimney**
[tʃímni]

⟨명⟩ 굴뚝

- Smoke came from the **chimney**.
  굴뚝에서 연기가 났다.

0544 **occupy**
[ákjəpài]
occupied – occupied

⟨동⟩ (공간·시간을) 차지하다

- An old sofa **occupied** the corner of the room.
  낡은 소파가 방의 구석을 **차지했다**.
- Most of the seats in the theater **are occupied**.
  영화관의 좌석이 대부분 다 **찼다**.

0545 **section**
[sékʃən]

⟨명⟩ 구역, 부문, 구획*   ⟨쉬운뜻⟩ *토지가 경계선으로 나뉘진 지역

- The exhibit has four different **sections**.
  그 전시회는 네 개의 다른 **구역**이 있다.

0546 **district**
[dístrikt]

⟨명⟩ 지구*, 지역, 구역   ⟨쉬운뜻⟩ *일정한 목적 때문에 특별히 지정된 지역

- The department store is located in the shopping **district**. 그 백화점은 쇼핑 **지구**에 위치해 있다.
- a residential **district**
  주거 **지역**

🔧 비교 **Point** section vs. district

section은 큰 지역이나 장소를 여러 개로 나눠 놓은 구역, 부분을 의미해요.
- The city is divided into several **sections**. 그 도시는 몇 개의 **구역**으로 나뉘어져 있다.

district는 특정한 목적이 있는 지구나, 공공 업무를 위해 편의상 나눠 놓은 행정구, 선거구, 교육구 등의
지구를 의미해요.
- Wall Street is the famous financial **district** in New York.
  월스트리트는 뉴욕에서 유명한 금융 **지구**이다.

0547 **construct**

[kənstrʌ́kt]

constructed – constructed

(동) 건설하다

• The bridge **was constructed** in the 19th century.
  그 다리는 19세기에 **건설되었다**.

➕ construction (명) 건설, 공사

0548 **be known for**

was[were] – been

~로 알려지다, 유명하다

• New York City **is known for** its rich culture.
  뉴욕은 풍부한 문화**로 알려져** 있다.

➕ be known as 《별명·별칭 등》 ~로 알려지다

0549 **come by**

came – come

~에 들리다

• I will **come by** the store and buy some meat.
  나는 가게**에 들러서** 고기를 조금 살 것이다.

0550 **be made of**

was[were] – been

~로 만들어지다

• The side of the building **is made of** glass.
  그 건물의 측면은 유리**로 만들어졌다**.

➕ be made up of ~로 이루어지다, 구성되다

More 다양한 <be made+전치사> 표현

• A **be made of** B   A가 B로 만들어지다 (재료의 모습이나 형태가 남았을 때)
  The statue **is made of** stone.   그 조각상은 돌로 만들어졌다.

• A **be made from** B   A가 B로 만들어지다 (재료의 성질이 변화했을 때)
  Cheese **is made from** milk.   치즈는 우유로 만들어진다.

• A **be made into** B   A가 B로 만들어지다 (하나의 물질을 가공하여 다른 것으로 만들 때)
  The novel **was made into** a movie.   소설은 영화로 **만들어졌다**[제작되었다].

• A **be made with** B   A가 B로 만들어지다 (하나 이상의 재료를 언급할 때)
  A BLT sandwich **is made with** bacon, lettuce, and tomato.
  BLT 샌드위치는 베이컨, 양상추, 토마토로 **만들어진다**.

VOCA Exercise

정답 p.379

A 빈칸에 알맞은 말을 넣어 어구를 완성하세요.

1 벽돌 벽   a _____ wall

2 그리스 사원[신전]   a Greek _____

3 잡지 칼럼   a magazine _____

4 상업 지구   a business _____

5 외국인 거주자   a foreign _____

6 역사적인 랜드마크   a historical _____

7 굴뚝 청소부   a _____ sweeper

8 시내에서 일하다   work _____

B 빈칸 (a)와 (b)에 공통으로 들어갈 단어를 쓰세요.

1 (a) He has a big _____ on his cheek.

     그는 볼에 큰 점이 있다.

   (b) Where is the nearest parking _____?

     가장 가까운 주차 장소가 어디인가요?

2 (a) The rescue team try to _____ the survivors.

     구조팀은 생존자들의 위치를 알아내려고 노력했다.

   (b) The city chose to _____ the library close to the city hall.

     시는 도서관을 시청 가까이에 두기로 했다.

VOCA Exercise

C 다음 영영풀이에 해당하는 단어를 <보기>에서 골라 쓰세요.

> <보기>   section   lawn   architecture   clinic

1 one of the parts that form something _____

2 the art and study of designing buildings _____

3 an area of ground covered in short grass _____

4 a building where people go for medical care _____

D 주어진 우리말에 맞게 빈칸에 알맞은 단어를 채워 문장을 완성하세요. (필요시 형태 바꿀 것)

1 우리는 마당에 나무 한 그루를 심었다.

→ We planted a tree in the _____.

2 오늘날 가족 구조가 변하고 있다.

→ The family _____ is changing these days.

3 위층에 사는 내 이웃은 친절하다.

→ My neighbors who live _____ are friendly.

4 우리가 터널에 들어가자 갑자기 어두워졌다.

→ It suddenly got dark when we entered the _____.

5 이 다리는 강철로 만들어졌다.

→ This bridge is _____ _____ steel.

DAY

23

교통, 도로

- ☐ ship
- ☐ direct
- ☐ van
- ☐ brake
- ☐ airline
- ☐ terminal
- ☐ rail
- ☐ track
- ☐ vehicle
- ☐ passenger
- ☐ course
- ☐ route
- ☐ license
- ☐ aboard
- ☐ overseas
- ☐ fasten
- ☐ transfer
- ☐ crosswalk
- ☐ lane
- ☐ carriage
- ☐ ferry
- ☐ submarine
- ☐ slow down
- ☐ take off
- ☐ pull over

교통, 도로

 중등 기본

0551 ship
[ʃip]
shipped – shipped

명 (큰) 배, 선박, 함선*
동 보내다, 수송하다**

참·응뜻 *군함이나 선박 등을 통틀어 이르는 말
**운송 수단으로 물건을 실어 옮기다

- Many **ships** are tied to the dock.
  많은 **배들**이 부두에 묶여 있다.
- The product will **be shipped** by tomorrow.
  그 물건은 내일까지 **배송될** 것이다.

0552 direct
[dirékt]/[dairékt]
directed – directed

형 1. 곧장, 직행의   2. 직접적인   동 지도하다, 감독하다

- I booked a **direct** flight to New York.
  나는 뉴욕으로 가는 **직행** 항공편을 예매했다.
- You should avoid **direct** contact with wild animals.
  당신은 야생 동물과의 **직접적인** 접촉을 피해야 한다.
- The coach **directed** the players to run faster.
  감독은 선수들을 더 빨리 달리도록 **지도했다**.

➕ **directly** 분 바로, 곧장

0553 van
[væn]

명 화물차, 소형 운반차[트럭], 승합차

- They are loading the furniture into the **van**.
  그들은 가구를 **화물차** 안으로 싣고 있다.

0554 brake
[breik]
braked – braked

명 브레이크   동 브레이크를 밟다

- She put on the **brakes** before the speed bump.
  그녀는 과속방지턱 앞에서 **브레이크를 밟았다**.

0555 airline
[ɛərlàin]

명 항공사

- He has worked as an **airline** pilot for 10 years.
  그는 10년 동안 **항공사** 조종사로 일했다.

0556 terminal

[tə́ːrminəl]

명 터미널, 종점

• We were waiting for him at the bus **terminal**.
우리는 버스 **터미널**에서 그를 기다리고 있었다.

0557 rail

[reil]

명 1. 난간 2. (-s) (철도의) 레일

3. 기차, 철도* 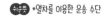 *열차를 이용한 운송 수단

• Hold on to the **rail** when you go down the stairs.
계단을 내려갈 때 **난간**을 잡아라.

• The train ran off the **rails** and many people were injured.
기차가 **레일**을 벗어나[탈선하여] 많은 사람들이 다쳤다.

• He planned to travel around Europe by **rail**.
그는 **기차**로 유럽 전역을 여행하기로 계획했다.

➕ railroad 명 철도, 선로

0558 track

[træk]

tracked – tracked

명 1. 길 2. 선로* 3. 경주로, 트랙 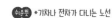 *기차나 전차가 다니는 노선
동 뒤쫓다, 추적하다

• We walked the **track** through the woods.
우리는 숲 속으로 난 **길**을 걸어갔다.

• The train for Busan is on **track** 8.
부산행 기차가 8번 **선로**에 있다.

• All players are cycling along the **track**.
모든 선수들이 **트랙**을 따라 자전거를 타고 있다.

• Cheetahs are good at **tracking** their prey.
치타는 먹잇감을 **뒤쫓는 것**을 잘한다.

🔀 비교 Point rail vs. track

rail은 주로 기차가 이동하는 데 사용되는 금속 트랙이나 레일을 가리켜요.
• The train runs on the steel **rails**. 그 기차는 강철 **레일** 위를 달린다.

track은 더 넓은 의미로, 기차가 다니는 선로를 포함해 사람들이 지나다니는 좁은 길, 자동차나 선수들이 경주하는 트랙 등을 의미하기도 해요.
• The mechanic checked the subway **tracks**. 기계공은 지하철 **선로**를 점검했다.

 중등 필수

0559 vehicle

[víːkl]

명 탈것, 차량

• You can see many electric **vehicles** on roads these days. 요즘에는 도로에서 전기 **자동차**를 많이 볼 수 있다.

0560 **passenger**
[pǽsəndʒər]

명 승객, 탑승객

- The plane can carry over 500 **passengers**.
  그 비행기는 500명이 넘는 **승객**들을 태울 수 있다.

0561 **course**
[kɔːrs]

명 1. 강의, 과목   2. (일의) 진행, 과정   3. (선박·항공기의) 항로

- I want to take a **course** in painting.
  나는 그림 **강의**를 듣고 싶다.
- The unexpected **course** of events surprised me.
  예상치 못한 일의 **진행**은 날 놀라게 했다.
- The captain changed the **course** to avoid the storm.
  선장은 폭풍을 피하려고 **항로**를 변경했다.

0562 **route**
[ruːt]

명 1. 길, 경로   2. 노선*   쉬운뜻 *일정한 두 지점을 정기적으로 오고 가는 교통선

- What is the best **route** to the airport?
  공항으로 가는 가장 좋은 **경로**는 무엇이니?
- The bus **route** to downtown passes by the city hall.
  시내로 가는 버스 **노선**은 시청을 지나간다.

🔸 비교 Point course vs. route

course는 수업, 과정, 일정 등 다양한 맥락에서 쓰이며, 특히 경기 코스나 상업적 목적의 항로를 나타내요.
- He is on **course** to become a doctor. 그는 의사가 되기 위한 **과정**에 있다.
- The plane was on **course**. 비행기는 제 **항로**로 가고 있었다.

route는 목적지에 도달하기 위한 지정된 코스나 방법, 길을 의미해요.
- an escape **route** in case of fire 화재 시 탈출 **경로**

0563 **license**
[láisəns]

명 면허, 면허증

- He got a driver's **license** when he was 20.
  그는 스무 살 때 운전 **면허증**을 취득했다.

0564 **aboard**
[əbɔ́ːrd]

부 ~에 탄, ~에 타고   전 (배·열차·버스·비행기에) 타고

- Welcome **aboard**!
  탑승을 환영합니다! (승객들이나 새로 단체에 들어온 사람 등에게 하는 말)
- It's time to get **aboard** a plane.
  비행기를 **탈** 시간이다.

0565 overseas
[òuvərsíːz]

형 해외의, 외국의   부 해외에, 해외로

- My dad grew up in **overseas** countries.
  내 아빠는 **해외에서** 자라셨다.
- She traveled **overseas** to experience new cultures.
  그녀는 새로운 문화를 경험하기 위해 **해외로** 여행을 갔다.

0566 fasten
[fǽsən]
fastened – fastened

동 매다, 잠그다

- **Fasten** your seat belt, please.
  안전벨트를 **매어**[착용해] 주십시오.

➕ fastener 명 고정 장치

0567 transfer
[trænsfɔ́ːr]
transferred – transferred

동 1. 옮기다, 이동하다   2. 갈아타다, 환승하다

- The patient **was transferred** to a different hospital.
  그 환자는 다른 병원으로 **옮겨졌다**.
- We need to **transfer** at the next station.
  우리는 다음 역에서 **갈아타야** 한다.

0568 crosswalk
[krɔ́ːswɔ̀ːk]

명 횡단보도

- Look around carefully when you cross the **crosswalk**.
  횡단보도를 건널 때 주위를 잘 살펴라.

➕ sidewalk 명 인도, 보도

0569 lane
[lein]

명 1. (좁은) 길, 도로   2. 차선

- We drove along curvy **lanes** in the countryside.
  우리는 시골에서 구불구불한 **길**을 따라 운전했다.
- the bus **lane**
  버스 전용 **차선**

0570 carriage
[kǽridʒ]

명 마차

- A couple was sitting on the **carriage** in the parade.
  퍼레이드에서 한 커플이 **마차**에 앉아 있었다.

0571 ferry

[féri]

명 여객선

• We took a **ferry** to the nearby island.
우리는 **여객선**을 타고 근처에 있는 섬으로 갔다.

0572 submarine

[sʌ́bmərìːn]

명 잠수함

• The **submarine** explores the deep sea.
그 **잠수함**은 심해를 탐사한다.

교과서 빈출 표현 ·

0573 slow down

slowed – slowed

(속도, 진행을) 늦추다

• You should **slow down** in a school zone.
당신은 스쿨존에서 **속도를 늦춰야** 한다.

0574 take off

took – taken

1. 벗다, 벗기다   2. (비행기가) 이륙하다   3. 떠나다

• Please **take off** your shoes in this room.
이 방에서는 신발을 **벗어**주세요.

• The plane will **take off** within 10 minutes.
10분 안에 비행기가 **이륙할** 것이다.

• She **took off** in a hurry to catch the flight.
그녀는 비행기를 타기 위해 서둘러 **떠났다**.

⊕ land 동 착륙하다

0575 pull over

pulled – pulled

길 한쪽으로 차를 대다

• The truck driver had to **pull over** to check the tires.
그 트럭 운전사는 타이어를 확인하기 위해 **길 한쪽으로 차를 대야** 했다.

VOCA Exercise

정답 p.379

A 빈칸에 알맞은 말을 넣어 어구를 완성하세요.

1 외국 항공사[외항사]   a foreign _____

2 4차선 고속도로   a four-_____ highway

3 기술 자격증   a technical _____

4 경로를 따라가다   follow a _____

5 횡단보도 신호등   _____ traffic lights

6 대문을 잠그다   _____ the gate

7 차량을 주차하다   park a _____

8 돈을 옮기다[송금하다]   _____ money

B 빈칸 (a)와 (b)에 공통으로 들어갈 단어를 쓰세요.

1 (a) Is there any _____ train to Daejeon?

   대전행 직행열차가 있나요?

   (b) Her _____ question made me embarrassed.

   그녀의 직접적인 질문은 날 당황하게 했다.

2 (a) The _____ was damaged in several places.

   그 선로는 여러 군데가 손상되었다.

   (b) The stadium's _____ is open to the public on

   weekends.

   그 경기장의 경주로는 주말에 일반인에게 개방된다.

VOCA Exercise

C

다음 영영풀이에 해당하는 단어를 <보기>에서 골라 쓰세요.

> <보기>   aboard   submarine   carriage   overseas

1   a ship that can travel underwater   _____

2   on or onto a ship, train, bus, or plane   _____

3   across any of the oceans; abroad   _____

4   a vehicle pulled by one or more horses   _____

D

주어진 우리말에 맞게 빈칸에 알맞은 단어를 채워 문장을 완성하세요. (필요시 형태 바꿀 것)

1   항상 브레이크에 오른발을 올려놓으세요.

   → Keep your right foot on the _____ at all times.

2   기차가 갑자기 멈춰서 많은 승객이 다쳤다.

   → Many _____ were injured when the train suddenly

   stopped.

3   전체 과정을 완료하는 것은 내게 쉽지 않았다.

   → It was not easy for me to complete the entire _____.

4   경찰은 내게 길 한쪽으로 차를 대라고 요구했다.

   → The police asked me to _____ _____.

5   모퉁이를 돌 때는 속도를 늦춰라.

   → _____ _____ when you turn the corner.

A   주어진 단어를 각각 빈칸에 채워 문장을 완성하세요.

846   He built the _____ with _____. (chimney, bricks)

847   The bus _____ is located _____. (downtown, terminal)

848   Not all _____ can use the bus _____. (vehicles, lane)

849   Please _____ to another train on _____ 7.
(track, transfer)

B   <보기>에서 알맞은 단어를 골라 문장을 완성하세요.

<보기>	ferry	tunnel	brakes	rail
	van	upstairs	spot	constructed
	residents	passengers		

850   Regularly check on the _____ on your _____.

851   The city _____ a _____ through the mountains.

852   The old lady held on to the _____ as she went _____.

853   This is the best _____ for a picnic according to local _____.

854   The number of _____ on this _____ is limited to 150.

주어진 우리말에 맞게 다음 빈칸에 알맞은 단어를 쓰세요. (필요시 형태 바꿀 것)

855 There is a shopping _____ in the _____ .

이 근처에는 쇼핑 지구가 있다.

856 The pilot took the _____ _____ to the destination.

조종사는 목적지까지 직행 경로를 이용했다.

857 The _____ is _____ as the oldest one in the country.

그 사원은 나라에서 가장 오래된 것으로 알려져 있다.

858 We played in the _____ and rolled on the _____ .

우리는 마당에서 놀고 잔디밭에서 뒹굴었다.

859 Using a _____ can help you _____ places.

랜드마크를 사용하는 것은 장소의 위치를 찾는 것을 도와줄 수 있다.

860 The plane is about to _____ _____ . Please

_____ your seatbelts.

비행기가 곧 이륙할 예정입니다. 안전벨트를 매세요.

861 The _____ is based on modern _____ .

그 구조는 현대 건축 양식을 기반으로 한다.

862 The _____ directly _____ the baggage to me.

항공사는 그 수하물을 나에게 바로 보내주었다.

863 The police made me _____ _____ and asked

for my driver's _____ .

경찰은 내가 길 한쪽으로 차를 대도록 했고 운전 면허증을 요구했다.

864 Changes in the ocean's temperature can affect a _____ 's

_____ .

바다의 온도 변화는 잠수함의 항로에 영향을 미칠 수 있다.

DAY 24

지리, 기후

- [ ] fog
- [ ] freezing
- [ ] peak
- [ ] chill
- [ ] climate
- [ ] state
- [ ] path
- [ ] trail
- [ ] tropical
- [ ] region
- [ ] surround
- [ ] harsh
- [ ] bloom
- [ ] blossom
- [ ] urban
- [ ] rural
- [ ] territory
- [ ] border
- [ ] countryside
- [ ] damp
- [ ] breeze
- [ ] shore
- [ ] stream
- [ ] plain
- [ ] melt away

 중등 기본

0576 **fog**
[fɔ(ː)g]
fogged – fogged

명 안개　동 수증기가 서리다

· The plane couldn't take off because of the **fog**.
안개 때문에 비행기가 이륙할 수 없었다.

· The windows tend to **fog** up on cold mornings.
추운 아침에는 창문에 **수증기가 서리는** 경향이 있다.

0577 **freezing**
[fríːziŋ]

형 매우 추운

· It's **freezing** outside today.
오늘 밖이 매우 **춥다**.

0578 **peak**
[piːk]

명 1. (산의) 꼭대기　2. 절정, 최고조　형 절정의, 최고조의

· The mountain **peak** is always covered with snow.
그 산의 **꼭대기**는 언제나 눈으로 덮여 있다.

· At noon, the sun reaches its **peak** in the sky.
정오에는 하늘에 햇빛이 **최고조**에 달한다.

· The soccer player is in **peak** condition.
그 축구선수는 **최고의** 컨디션에 있다.

0579 **chill**
[tʃil]
chilled – chilled

명 냉기, 쌀쌀함　동 차게 식히다, 식다

· There was a **chill** in the air this morning.
오늘 아침에 공기가 **쌀쌀**했다.

· The hippo let his body **chill** in the mud.
하마는 진흙 속에 몸을 **식혔다**.

0580 **climate**
[kláimit]

명 기후, 기상 여건

· The island is well known for its mild **climate**.
그 섬은 온화한 **기후**로 잘 알려져 있다.

0581 state

[steit]

stated – stated

⟨명⟩ 1. 상태   2. 주*   3. 나라, 국가   쉬운뜻 *미국과 같은 연합 국가의 가장 큰 행정 구역

⟨동⟩ 말하다, 진술하다

- The crowd was in a **state** of panic.
  군중은 공황 **상태**에 빠져 있었다.

- Queensland is one of the **states** of Australia.
  퀸즐랜드는 호주의 **주**들 중 하나이다.

- The UN has 193 member **states**.
  UN(국제연합)은 193개의 회원**국**을 보유하고 있다.

- He **stated** his opinion about the environmental problems.   그는 환경 문제에 관한 자신의 의견을 **말했다**.

➕ **statement** ⟨명⟩ 진술, 서술, 성명서

0582 path

[pæθ]

⟨명⟩ 길, 통로, 오솔길 (= pathway)

- The **path** along the river leads to a small village.
  강을 따라서 난 **오솔길**은 작은 마을로 이어진다.

- Let's follow the **path** to find the gas station.
  주유소를 찾기 위해 그 **길**을 따라가자.

0583 trail

[treil]

⟨명⟩ 1. 자국, 흔적   2. 오솔길, 시골길

　　　3. (특정 목적을 위해 따라가는) 코스, 루트 (= route)

- The hunting dogs found the **trail** of foxes.
  사냥개들이 여우들의 **흔적**을 발견했다.

- We followed a **trail** through the forest.
  우리는 숲 속으로 나 있는 **오솔길**을 따라갔다.

- He enjoys walking along the hiking **trail**.
  그는 하이킹 **코스**를 따라 걷는 것을 즐긴다.

⚡비교 Point path vs. trail

path는 주로 주변에 도로가 없고, 땅이 다져져서 흙이 보이는 좁은 길을 의미해요. 주로 보행로나 산책로를 가리키며, 포장된 길, 포장되지 않은 길 모두를 포함해요.

trail은 사람이 다녀서 생긴 들판, 산중의 오솔길을 의미하며, 방향이나 거리를 나타내는 표지판이 중간중간에 설치된 산행로를 나타내기도 해요.

 중등 필수

0584 tropical

[trápikəl]

⟨형⟩ 열대의, 열대 지방의

- I like **tropical** fruits such as mangoes and bananas.
  나는 망고와 바나나 같은 **열대** 과일을 좋아한다.

0585 region
[ríːdʒən]

명 지역, 지방
- Various plants can be found in desert **regions**.
  다양한 식물이 사막 **지역**에서 발견될 수 있다.

0586 surround
[səráund]
surrounded – surrounded

동 둘러싸다, 에워싸다*   쉬운뜻 *둘레를 빙 둘러싸다
- A lot of trees **surround** the pond.
  많은 나무들이 그 연못을 **둘러싸고** 있다.
- The singer **was surrounded** by many fans.
  그 가수는 많은 팬들에게 **둘러싸여** 있었다.

➕ surrounding 형 주위의, 주변의
➕ surroundings 명 주변, 환경

0587 harsh
[hɑːrʃ]

형 1. 거친 2. 가혹한, 혹독한
- His **harsh** words hurt my feelings.
  그의 **거친** 말들은 내 마음에 상처를 입혔다.
- It is difficult to survive in the wild in a **harsh** winter.
  가혹한 겨울에 야생에서 생존하기란 어렵다.

➕ harshly 부 가혹하게, 혹독하게

0588 bloom
[bluːm]
bloomed – bloomed

동 꽃을 피우다, 꽃이 피다   명 개화기, 활짝 필 때
- When the flowers **bloom**, we will go out for a picnic.
  꽃이 **피면**, 우리는 소풍을 갈 것이다.
- Some of the flowers are **in bloom**.
  꽃들 중 일부만 **활짝 폈다**.

➕ in bloom (꽃이) 활짝 핀

0589 blossom
[blɑːsəm]
blossomed – blossomed

명 꽃   동 꽃이 피다, 꽃을 피우다
- The cherry **blossom** came out early this year.
  올해는 벚꽃이 일찍 폈다.
- This apple tree is starting to **blossom**.
  이 사과나무는 **꽃을 피우기** 시작한다.

🌀 비교 Point bloom vs. blossom
bloom은 꽃이 활짝 피는 과정에서 꽃의 생생하고 화려한 모습을 강조해요.
- These seeds will **bloom** into beautiful flowers. 이 씨앗들은 아름다운 꽃들로 필 것이다.

blossom은 과수나무나 관목과 같은 작은 나무에서 많은 꽃들이 한꺼번에 피어나는 것을 의미해요.
- The cherry trees **blossomed** and created a wonderful view.
  벚나무가 **꽃을 피우며** 아주 멋진 광경을 만들어냈다.

0590 **urban**
[ə́:rbən]

형 도시의

- **urban** planning
  도시 계획
- **Urban** life is busy and full of energy.
  도시 생활은 바쁘고 활기로 가득 차 있다.

0591 **rural**
[rú(:)ərəl]

형 시골의, 지방의

- I prefer **rural** life to urban life.
  나는 도시 생활보다 **시골** 생활을 선호한다.
- She was born in a **rural** area of Australia.
  그녀는 호주의 **시골** 지역에서 태어났다.

0592 **territory**
[téritɔ̀:ri]

명 1. 지역, 영토   2. 영역

- The army decided to take the foreign **territory**.
  군대는 그 외국 **영토**를 장악하기로 했다.
- Animals mark their **territory** in their own way.
  동물들은 그들만의 방법으로 자신의 **영역**을 표시한다.

0593 **border**
[bɔ́:rdər]

명 국경*, 경계   어법통 *나라와 나라의 영역을 가르는 경계

- You need a passport to cross the **border**.
  국경을 넘기 위해서는 여권이 필요합니다.
- The map shows the **border** between countries.
  지도는 나라 간의 **경계**를 보여준다.

0594 **countryside**
[kʌ́ntrisàid]

명 시골 지역, 지방

- He spent his childhood in the **countryside**.
  그는 유년기를 **시골**에서 보냈다.

0595 **damp**
[dæmp]

형 축축한, 습기 찬

- The basement was always cold and **damp**.
  지하실은 항상 춥고 **습기**가 **찼다**.

0596 breeze
[briːz]

명 산들바람*, 미풍

 *시원하고 부드럽게 부는 바람

- I felt a gentle **breeze** on my face.
  나는 얼굴에 온화한 **산들바람**을 느꼈다.

0597 shore
[ʃɔːr]

명 (바다·호수 등의) 해안, 해변, 물가

- The sand on the **shore** was very soft.
  해안에 있는 모래는 매우 부드러웠다.

- The ship was anchored near the **shore**.
  배가 **해안** 근처에 정박해 있었다.

0598 stream
[striːm]

명 개울, 시내

- We went fishing and caught small fish in the **stream**.
  우리는 낚시하러 가서 **개울**에서 작은 물고기들을 잡았다.

0599 plain
[plein]

명 평원*, 평지

 *평평한 들판

- Goats are grazing on the **plains**.
  염소들이 **평원**에서 풀을 뜯고 있다.

- Some Indian tribes lived on the Great **Plains**.
  어떤 인디언 부족들은 대**평원**에 살았다.

교과서 빈출 표현

0600 melt away

melted – melted

녹아 없어지다

- The snow **is melting away** in the sun.
  눈이 햇빛에 **녹아 없어지고** 있다.

VOCA Exercise

정답 p.380

A 빈칸에 알맞은 말을 넣어 어구를 완성하세요.

1 열대 지방의 섬   a _____ island

2 축축한 천   a _____ cloth

3 북극 지역   the Arctic _____

4 도시 개발   _____ development

5 기후 변화   _____ change

6 시골[농촌] 경제   a _____ economy

7 국경에 이르다   reach the _____

8 영토를 지키다   defend one's _____

B 빈칸 (a)와 (b)에 공통으로 들어갈 단어를 쓰세요.

1 (a) We finally reached the mountain _____.

     우리는 마침내 산 정상에 이르렀다.

   (b) During the _____ season, everything gets expensive.

     최고 성수기 동안 모든 것이 비싸진다.

2 (a) I plan to visit the _____ of Nevada.

     나는 네바다주에 방문할 계획이다.

   (b) The garden is in a terrible _____.

     그 정원은 끔찍한 상태[엉망]이다.

VOCA Exercise

C 다음 영영풀이에 해당하는 단어를 <보기>에서 골라 쓰세요.

<보기>	shore	plain	breeze	stream

1 a small narrow river   _____

2 a large area of flat land   _____

3 a light and gentle wind   _____

4 a place where the water meets the land   _____

D 주어진 우리말에 맞게 빈칸에 알맞은 단어를 채워 문장을 완성하세요.

1 여름에 장미는 활짝 핀다.

→ Roses are in _____ in summer.

2 냉기가 들어오지 않도록 창문을 닫아라.

→ Close the windows to keep out the _____.

3 주변 시골의 경관이 아주 멋졌다.

→ The views of the surrounding _____ were wonderful.

4 마을 전체가 짙은 안개로 덮여 있었다.

→ The entire village was covered in thick _____.

5 아이스크림이 녹아 없어지기 시작했다.

→ The ice cream started to _____ _____.

DAY

25

자연, 환경

- ☐ dump
- ☐ disappear
- ☐ glow
- ☐ sense
- ☐ spill
- ☐ tide
- ☐ underwater
- ☐ shade
- ☐ pollute
- ☐ preserve
- ☐ environmental
- ☐ species
- ☐ absorb
- ☐ threat
- ☐ marine
- ☐ stem
- ☐ erupt
- ☐ landfill
- ☐ landscape
- ☐ endangered
- ☐ suck
- ☐ distinguish
- ☐ destruction
- ☐ cut down
- ☐ leave behind

 중등 기본

0601 **dump**
[dʌmp]
dumped – dumped

동 내버리다, (와르르) 쏟아 버리다
명 쓰레기 버리는 곳, 쓰레기 더미

· The truck **dumped** the garbage in the street.
그 트럭은 길에 쓰레기를 **내버렸다**.

· The terrible smell comes from a garbage **dump**.
지독한 악취가 **쓰레기 더미**에서 나온다.

0602 **disappear**
[dìsəpíər]
disappeared – disappeared

동 사라지다

· Thousands of kilometers of rainforest **are disappearing**.
수천 킬로미터의 열대우림은 **사라지고 있다**.

☺ appear 동 나타나다

0603 **glow**
[glou]
glowed – glowed

동 빛나다   명 (은은한) 빛

· Lots of stars **glowed** in the night sky.
많은 별들이 밤하늘에 **빛났다**.

· the **glow** from the dying fire
꺼져가는 불에서 나오는 **빛**

0604 **sense**
[sens]
sensed – sensed

명 1. 감각   2. 느낌, -감   동 ~을 감지하다, 느끼다

· I use my **sense** of touch to feel different textures.
나는 다양한 질감을 느끼기 위해 **촉각**을 사용한다.

· Animals can **sense** danger in advance.
동물들은 사전에 위험을 **감지**할 수 있다.

0605 spill
[spil]

spilled – spilled

통 1. 흐르다, 쏟아지다   2. 흘리다, 쏟다
명 유출, 흘린 액체

- Water **spilled** out of the bathtub.
  물이 욕조 밖으로 **흘렀다**.
- I **spilled** orange juice on my white shirt.
  나는 흰 셔츠에 오렌지 주스를 **쏟았다**.
- The oil **spill** caused terrible damage to sea animals.
  기름 **유출**은 해양 생물들에게 끔찍한 해를 끼쳤다.

 중등 필수

0606 tide
[taid]

명 조수*

수능뜻 *밀물과 썰물을 함께 이르는 말

- Don't go to the beach when the **tide** is strong.
  조수가 셀 때 해변에 가지 마라.

0607 underwater
[ʌ́ndərwɔ́ːtər]

형 수중의, 물속의   부 물속에서

- He studies **underwater** creatures and their lives.
  그는 **수중** 생물들과 그들의 생애를 연구한다.
- The picture was taken **underwater**.
  그 사진은 **물속에서** 찍혔다.

0608 shade
[ʃeid]

명 그늘

- The tall trees provide **shade** for us.
  큰 나무들은 우리에게 **그늘**을 만들어준다.
- Luckily, our seats were in the **shade**.
  운 좋게도 우리 자리는 **그늘**에 있었다.

0609 pollute
[pəljúːt]

polluted – polluted

동 오염시키다

- The river **was polluted** by the waste water.
  그 강은 폐수로 **오염되었다**.

➕ pollution 명 오염

0610 preserve
[prizə́ːrv]

preserved – preserved

동 1. (원래 상태로) 보존하다*   수능뜻 *잘 보호하고 지켜 남아있게 하다
　　2. 보호하다

- The historic sites **are** well **preserved**.
  그 유적지는 잘 **보존되어** 있다.
- The government tries to **preserve** nature.
  정부는 자연을 **보호하기** 위해 노력한다.

0611 environmental
[invàiərənméntəl]

형 환경의

- The leaders gathered to discuss **environmental** issues.
  지도자들은 **환경** 문제를 논의하기 위해 모였다.

➕ environment 명 환경

0612 species
[spíːʃiːz]

명 종*

쉬운뜻 *생물 분류의 기초 단위

- Various **species** of plants live in the Amazon.
  다양한 **종**의 식물들이 아마존에 산다.

0613 absorb
[əbsɔ́ːrb]

absorbed – absorbed

동 흡수하다

- Dark colors **absorb** more heat from sunlight than lighter colors.
  어두운 색상은 밝은 색상보다 햇빛으로부터 더 많은 열을 **흡수한다**.

0614 threat
[θret]

명 위험, 위협

- Air pollution is a serious **threat** to our health.
  대기오염은 우리의 건강에 심각한 **위협**이다.

- Habitat loss is the greatest **threat** to animals.
  서식지 감소는 동물들에게 가장 큰 **위협**이다.

0615 marine
[məríːn]

형 해양의, 바다의

- Plastic waste harms **marine** life.
  플라스틱 쓰레기는 **해양** 생물들에게 해를 끼친다.

0616 stem
[stem]

명 (식물의) 줄기, 대

- In plants, the **stem** supports the growth of leaves and flowers.
  식물에서는 **줄기**가 잎과 꽃의 성장을 돕는다.

0617 **erupt**
[irʌ́pt]
erupted – erupted

동 (화산이) 분출하다
- The volcano may **erupt** in the near future.
  그 화산은 가까운 미래에 **분출할**지도 모른다.

0618 **landfill**
[lǽndfil]

명 쓰레기 매립지
- The **landfill** receives garbage from the whole city every day.
  쓰레기 매립지는 매일 도시 전체로부터 쓰레기를 받는다.

0619 **landscape**
[lǽndskèip]

명 풍경
- Tourists enjoy the beautiful **landscape** of the Alps.
  관광객들은 알프스산맥의 아름다운 **풍경**을 즐긴다.

Voca Plus   land를 포함한 다양한 단어
- **island** 섬
- **landmark** 랜드마크(주요 지형지물)
- **wetland** 습지
- **landslide** 산사태
- **grassland** 풀밭, 초원
- **landlord** 주인, 임대주

0620 **endangered**
[indéindʒərd]

형 멸종 위기의
- Giant pandas are an **endangered** species.
  대왕판다는 **멸종 위기** 종이다.

➕ **extinct** 형 멸종된

0621 **suck**
[sʌk]
sucked – sucked

동 1. 빨아 먹다, 마시다   2. 빨다
- Only female mosquitoes **suck** blood.
  오직 암컷 모기들만이 피를 **빨아 먹는다**.
- I **sucked** chocolate milk through a straw.
  나는 빨대로 초코 우유를 **빨아 마셨다**.
- The baby **is sucking** his thumb.
  아기가 자기 엄지손가락을 **빨고** 있다.

➕ **suck up** 빨아 들이다

0622 **distinguish**

[distíŋgwiʃ]

distinguished – distinguished

[동] 1. 구별하다 (from)　2. 특징짓다, 차이를 보이다

• The pattern on the butterfly's wings helps **distinguish** it **from** other species.
그 나비 날개의 무늬는 다른 종들과 **구별하게** 해준다.

• A mane **distinguishes** the male lion.
갈기는 수컷 사자의 **특징이다**.

0623 **destruction**

[distrʌ́kʃən]

[명] 파괴, 파멸

• The **destruction** of forests can lead to serious problems.
산림 **파괴**는 심각한 문제들로 이어질 수 있다.

교과서 빈출 표현

0624 **cut down**

cut – cut

1. (잘라) 쓰러뜨리다, 넘어뜨리다　2. 줄이다, 축소하다 (on)

• People have **cut down** many trees to build roads.
사람들은 도로를 내기 위해 많은 나무들을 **잘라 쓰러뜨렸다**.

• We need to **cut down on** the use of disposables.
우리는 일회용품의 사용을 **줄여야** 한다.

0625 **leave behind**

left – left

~을 두고 가다

• Don't **leave behind** garbage in the mountain.
산속에 쓰레기를 **두고 가지** 마세요.

VOCA Exercise

정답 p.380

A 빈칸에 알맞은 말을 넣어 어구를 완성하세요.

1 물속을 여행하다   travel _____

2 보호종   a protected _____

3 줄기세포   a _____ cell

4 공기를 오염시키다   _____ the air

5 환경 단체   an _____ group

6 그늘을 제공하다   provide _____

7 전통을 보존하다   _____ the tradition

8 뛰어난 청각을 가지다   have a good _____ of hearing

B <보기>에서 알맞은 단어를 골라 문장을 완성하세요. (필요시 형태 바꿀 것)

<보기>	disappear	dump	spill	absorb

1 Use the sponge to _____ water from the sink.

2 Small businesses are _____ from local markets.

3 Sorry, I just _____ my coffee on your desk.

4 Do not _____ the waste into the sea.

VOCA Exercise

C 다음 영영풀이에 해당하는 단어를 <보기>에서 골라 쓰세요.

> <보기>   marine   landscape   glow   destruction

1 the act of destroying something   _____

2 to shine with low light   _____

3 a natural scene of land   _____

4 relating to the creatures in ocean   _____

D 주어진 우리말에 맞게 빈칸에 알맞은 단어를 채워 문장을 완성하세요. (필요시 형태 바꿀 것)

1 화산이 분출하기 전에 땅이 흔들렸다.

    → The ground shook before the volcano _____.

2 그 도시는 쓰레기 매립지를 위한 새로운 장소를 찾고 있다.

    → The city is looking for a new site for a _____.

3 인터넷에서는 진짜 뉴스와 가짜 뉴스를 구별하기가 어렵다.

    → It's hard to _____ real news from fake news on the internet.

4 인간은 자연에 가장 큰 위협이 되었다.

    → Humans have become the biggest _____ to nature.

5 육식을 줄이는 것은 지구를 구하는 한 방법이다.

    → _____ _____ on meat-eating is a way to save the planet.

A 주어진 단어를 각각 빈칸에 채워 문장을 완성하세요.

865 The _____ will lead to the _____. (path, stream)

866 Some _____ _____ blood to survive. (suck, species)

867 The _____ _____ the environment. (spill, polluted)

868 Overfishing is a significant _____ to _____ life.

(marine, threat)

B <보기>에서 알맞은 단어를 골라 문장을 완성하세요.

<보기>	absorb	melted	stems	regions
	sense	breeze	shade	landscape
	tropical	underwater		

869 Some fruits grow well only in _____ _____.

870 The _____ changed as snow _____ away.

871 _____ currents challenge a diver's _____ of control.

872 The roots _____ water up the _____.

873 We enjoyed the _____ and the gentle _____ under the tree.

주어진 우리말에 맞게 다음 빈칸에 알맞은 단어를 쓰세요. (필요시 형태 바꿀 것)

874 _____ waste in _____ is a common practice.

쓰레기를 매립지(들)에 버리는 것은 일반적인 관례이다.

875 Many _____ have _____ due to the pollution.

많은 종이 오염 때문에 사라졌다.

876 The incoming _____ covered the sandy _____.

밀려오는 조수[밀물]가 모래 해변을 덮었다.

877 Do not _____ _____ any garbage along the

_____.

오솔길에 쓰레기를 두고 가지 마세요.

878 I couldn't see the mountain _____ in the _____.

나는 안개 속에서 산꼭대기를 볼 수 없었다.

879 A _____ in the air often means _____ temperatures.

공기 중의 냉기는 종종 매우 추운 온도를 의미한다.

880 A feeling of peace can _____ you in the _____.

시골 지역에 있으면 평화로운 감정이 당신을 둘러쌀 수 있어요.

881 Let's _____ and protect natural _____.

자연 영토들을 보존하고 보호합시다.

882 The river is a natural _____ between the two _____.

그 강은 두 주 사이의 자연적인 국경이다.

883 _____ areas face problems like

_____ _____.

도시 지역은 환경 파괴와 같은 문제를 직면한다.

884 Active volcanoes could _____ and most of them

_____ the Pacific Ocean.

활화산은 분출할 수 있으며 그들 중 대부분은 태평양을 둘러싸고 있다.

DAY

26

사회 문제

- ☐ tough
- ☐ system
- ☐ hunger
- ☐ issue
- ☐ effect
- ☐ population
- ☐ homeless
- ☐ social
- ☐ factor
- ☐ labor
- ☐ conflict
- ☐ crisis
- ☐ tragic
- ☐ duty
- ☐ circumstance
- ☐ cruel
- ☐ isolate
- ☐ encounter
- ☐ standard
- ☐ engage
- ☐ interfere
- ☐ expose
- ☐ perceive
- ☐ figure out
- ☐ take action

 중등 기본

0626 **tough**
[tʌf]

형 1. 힘든, 어려운   2. (사람이) 거친, 무서운

· She had a **tough** time getting a job.
그녀는 일자리를 구하는 데 **힘든** 시간을 보냈다.

· He's not so **tough**.
그는 그렇게 **거칠지** 않다.

0627 **system**
[sístəm]

명 체계, 제도, 시스템

· a security **system**
보안 **시스템**

· The healthcare **system** has a few problems.
의료보험**제도**는 몇 가지 문제점을 가지고 있다.

0628 **hunger**
[hʌ́ŋgər]

명 굶주림, 배고픔

· Many people around the world still suffer from **hunger**.
전 세계의 많은 사람들이 여전히 **굶주림**으로 고통받고 있다.

0629 **issue**
[íʃuː]

명 1. 주제, 쟁점*, 문제   2. (정기 간행물의) 호

쉬운뜻 *서로 다투는 중심이 되는 점

· We had a meeting to discuss the **issue**.
우리는 그 **주제**를 논의하기 위해 회의를 가졌다.

· Climate change has become a major **issue** in the world. 기후변화는 세계의 주요 **문제**가 되었다.

· The article will appear in the March **issue**.
그 기사는 3월 **호**에 나올 것이다.

0630 **effect**
[ifékt]

명 영향, 효과, 결과

· a positive **effect**
긍정적인 **영향**

· go into **effect**
효력이 발생되다[발효하다]

➕ **effective** 형 효과적인
➕ **effectively** 부 효과적으로

0631 **population**
[pàpjuléiʃən]

명 인구, 개체 수

- What percentage of the **population** is under 20?
  인구 중 몇 퍼센트가 20세 미만인가요?

0632 **homeless**
[hóumlis]

형 집 없는, 노숙자의

- The charity helps the **homeless** by giving them clothes and food.
  자선 단체는 **집이 없는** 사람들에게 옷과 음식을 주며 도와준다.

● **More** 접미사 -less는 '~이 없는'이라는 의미를 가지고 있어요.

- hope(희망) + -less(없는) = **hopeless** 가망 없는, 절망적인
- fear(두려움) + -less(없는) = **fearless** 겁 없는, 용감한
- worth(가치) + -less(없는) = **worthless** 가치 없는, 쓸모없는

중등 필수

0633 **social**
[sóuʃəl]

형 1. 사회의, 사회적인   2. 사교적인, 친목의

- Cyberbullying is a serious **social** problem.
  사이버 폭력은 심각한 **사회** 문제이다.

- You can make new friends at **social** events.
  친목 행사에서 새 친구를 사귈 수 있다.

  ➕ **society** 명 사회, 단체
  ➕ **sociable** 형 사람들과 어울리기 좋아하는

0634 **factor**
[fæktər]

🔊 *중요한 원인

명 요인*, 요소, 원인

- The rise in crime is mainly due to social **factors**.
  범죄의 증가는 주로 사회적 **요인** 때문이다.

0635 **labor**
[léibər]

명 노동, 일, 업무

- The **labor** laws can protect workers' rights.
  노동법은 근로자들의 권리를 보호할 수 있다.

0636 conflict
[kɑ́nflíkt]

명 갈등, 충돌

• The **conflict** between the two cultures has lasted for years.
두 문화 간의 **갈등**은 몇 년간 지속되어 왔다.

0637 crisis
[kráisis]

명 위기

• There was a serious food **crisis** after the tsunami.
쓰나미가 지나간 후 심각한 식량 **위기**가 있었다.

0638 tragic
[trǽdʒik]

형 비극적인, 비극의

• She passed away in a **tragic** car accident.
그녀는 **비극적인** 교통사고로 사망했다.

• Every war in the world is sad and **tragic**.
세계의 모든 전쟁은 슬프고 **비극적이다**.

➕ tragedy 명 비극

0639 duty
[djúːti]

명 1. 의무   2. 직무   3. 세금, 관세

• We have a **duty** to follow the laws.
우리는 법을 따라야 할 **의무**가 있다.

• His **duty** as a president is to take care of people.
대통령으로서 그의 **직무**는 국민들을 보살피는 것이다.

• **duty**-free shop
면**세**점(세금이 포함되지 않은 물건을 파는 상점)

0640 circumstance
[sɔ́ːrkəmstæns]

명 환경, 상황

• She managed to stay calm under difficult **circumstances**.
그녀는 어려운 **상황**에서도 침착했다.

More situation vs. circumstance

situation은 발생한 상황이나 특정 사건을 직접적으로 나타내고 circumstance는 어떤 일이 발생함으로 인해 놓여진 상황을 의미해요.

• He found himself in an embarrassing **situation**. 그는 당황스러운 **상황**에 처했다.
• I can trust her in any **circumstance**. 나는 어떤 **상황**에서도 그녀를 신뢰할 수 있다.

0641 **cruel**
[krú(ː)əl]

형 잔인한

• I think it's **cruel** to hunt animals for pleasure.
나는 재미를 위해 동물을 사냥하는 것은 **잔인한** 것 같다.

0642 **isolate**
[áisəlèit]
isolated – isolated

동 고립시키다*, 격리시키다　●쉬운뜻● *주변과 단절되도록 떨어지게 하다

• Old people can **be** easily **isolated** from society.
노인들은 사회에서 쉽게 **고립될** 수 있다.

• The hospital **isolated** some patients from others.
그 병원은 일부 환자들을 다른 환자들로부터 **격리시켰다.**

0643 **encounter**
[inkáuntər]
encountered – encountered

동 (위험·곤란 등에) 직면하다* (= face)　●쉬운뜻● *정면으로 맞닥뜨리다
명 (우연한) 만남

• We **encountered** some problems early in the project.
우리는 프로젝트 초반에 몇몇 문제에 **직면했다.**

• have an **encounter** with
~와 **만남**을 가지다[우연히 만나다]

0644 **standard**
[stǽndərd]

명 기준, 표준

• All food products should be made to safety **standards**.
모든 식품은 안전 **기준**에 따라 제조되어야 한다.

0645 **engage**
[ingéidʒ]
engaged – engaged

동 1. (주의·관심을) 끌다, 사로잡다　2. 참여하다, 관여하다 (in)

• The story **engaged** my interest.
그 이야기는 나의 관심을 **끌었다.**

• Many people **engage in** various online activities.
많은 사람들은 다양한 온라인 활동에 **참여한다.**

⁰⁶⁴⁶ **interfere**

[ìntərfíər]

interfered – interfered

동 간섭하다, 방해하다

- Don't let other people **interfere** in your life.
  다른 사람들이 네 삶에 **간섭하도록** 두지 마라.
- I don't want work to **interfere** with my personal life.
  나는 일이 내 사생활을 **방해하지** 않았으면 한다.

⁰⁶⁴⁷ **expose**

[ikspóuz]

exposed – exposed

동 1. 드러내다, 노출시키다   2. 폭로하다

- Children need to **be exposed** to sunlight to be healthy.
  아이들은 건강하기 위해 햇빛에 **노출되어야** 한다.
- His criminal act **was exposed** by police.
  그의 범죄 행위가 경찰에 의해 **폭로되었다**.

⁰⁶⁴⁸ **perceive**

[pərsíːv]

perceived – perceived

동 인지하다*, 지각하다**

쉬운뜻 *어떤 사실을 인정하여 알다
**알아서 깨닫다

- We often **perceive** things differently based on our experiences.
  우리는 흔히 경험을 토대로 상황을 다르게 **인지한다**.

교과서 빈출 표현

⁰⁶⁴⁹ **figure out**

figured – figured

1. ~을 이해하다, 알아내다   2. 계산하다

- I can't **figure out** what caused the problem.
  나는 무엇이 그 문제를 일으켰는지 **알아낼** 수 없다.
- The company **figured out** the total cost of the project.
  회사는 프로젝트의 총 비용을 **계산했다**.

⁰⁶⁵⁰ **take action**

took – taken

조치를 취하다

- The government must **take action** to solve the problem.
  정부는 문제를 해결하기 위해 반드시 **조치를 취해야** 한다.

VOCA Exercise

정답 p.381

A 빈칸에 알맞은 말을 넣어 어구를 완성하세요.

1 난방 시스템   a heating _____

2 건강[보건] 위기   a health _____

3 증가하는 인구   a growing _____

4 노숙자 쉼터   a _____ shelter

5 노동조합   a _____ union

6 핵심 요인   a key _____

7 세금을 낼 의무   a _____ to pay tayes

8 힘든 시간을 보내다   go through a _____ time

B 빈칸 (a)와 (b)에 공통으로 들어갈 단어를 쓰세요.

1 (a) Common sense is important in one's _____ life.

　　일반 상식은 사회생활에서 중요하다.

　(b) There are many _____ activities in college.

　　대학교에는 많은 친목 활동이 있다.

2 (a) The exciting game will _____ the kids' attention.

　　그 흥미진진한 게임은 아이들의 관심을 끌 것이다.

　(b) I'm planning to _____ in volunteer work.

　　나는 자원봉사 활동에 참여할 계획이다.

VOCA Exercise

C 다음 영영풀이에 해당하는 단어를 <보기>에서 골라 쓰세요.

> <보기>   conflict   tragic   hunger   standard

1 causing strong feelings of sadness _____

2 a great need for food _____

3 something used as a guide or example _____

4 strong disagreement between people _____

D 주어진 우리말에 맞게 빈칸에 알맞은 단어를 채워 문장을 완성하세요. (필요시 형태 바꿀 것)

1 그 규칙은 대부분의 사람들에게 효과가 거의 없었다.

→ The rule had little _____ on most people.

2 그녀는 아이들을 미술과 문화에 노출시키고 싶어 한다.

→ She wants to _____ her kids to art and culture.

3 동물들은 감각으로 위험을 빠르게 인지한다.

→ Animals quickly _____ danger through their senses.

4 나는 이것의 사용법을 알아낼 수가 없다.

→ I can't _____ _____ how to use this.

5 기다리는 대신에 우리가 직접 조치를 취했다.

→ Instead of waiting, we _____ _____

ourselves.

DAY

27

배려, 협동

- [ ] vote
- [ ] raise
- [ ] support
- [ ] generous
- [ ] patience
- [ ] meaningful
- [ ] require
- [ ] benefit
- [ ] contribute
- [ ] organization
- [ ] unite
- [ ] civil
- [ ] pursue
- [ ] sacrifice
- [ ] distribute
- [ ] appropriate
- [ ] moral
- [ ] transform
- [ ] participate
- [ ] cooperate
- [ ] assist
- [ ] establish
- [ ] council
- [ ] set up
- [ ] make a difference

 중등 기본

0651 **vote**

[vout]

voted – voted

[동] 투표하다 　[명] 1. (선거 등에서의) 표 　2. 투표

· We will **vote** for our new prime minister.
우리는 새 총리를 뽑기 위해 **투표할** 것이다.

· The teacher counted the **votes**.
선생님이 **표**를 세었다.

· The board will take a **vote** on the new policy.
이사회는 새 정책에 대해 **투표**를 할 것이다.

0652 **raise**

[reiz]

raised – raised

[동] 1. 올리다 　2. 모금하다 　3. 기르다, 키우다

　4. 제기하다*, 언급하다 　쉬운뜻 *의견이나 문제를 논의로 내놓다

· He **raised** his hand and asked a question.
그는 손을 **들고** 질문을 했다.

· We **raised** money to help poor children.
우리는 가난한 아이들을 돕기 위해 돈을 **모금했다**.

· She **raised** three children alone.
그녀는 세 자녀를 혼자 **키웠다**.

· The critics **raised** important questions about the
system. 비평가들은 그 체계에 대한 중요한 의문을 **제기했다**.

0653 **support**

[səpɔ́ːrt]

supported – supported

[동] 1. 지지하다* 　2. 지원하다** 　쉬운뜻 *사람, 단체, 의견 등을 찬성하여 돕다
[명] 1. 지지 　2. 지원 　　　　　　　　　　　** 지지하여 돕다

· I **support** your decision about changing careers.
나는 직업을 바꾸려는 네 결정을 **지지한다**.

· The policy was made to **support** the poor families.
그 정책은 가난한 가족을 **지원하기** 위해 만들어졌다.

· The president gets a lot of **support** from the public.
그 대통령은 대중들에게 많은 **지지**를 받는다.

· I'm always thankful for the **support** of my parents.
나는 부모님의 **지원**에 대해 항상 감사한다.

➕ supporter [명] 지지자, 후원자
➕ supportive [형] 지지하는

0654 **generous**
[dʒénərəs]

[형] 1. (무엇을 주는 데 있어) 아끼지 않는, 후한
2. 관대한*, 너그러운 〔쉬운뜻〕 *마음이 너그럽고 큰

- The man was **generous** to donate all of his money.
그 남자는 자신의 모든 돈을 기부할 만큼 **후했다**.

- My teacher is **generous** to her students.
내 선생님은 학생들에게 **관대하시다**.

➕ generously [부] 1. 후하게 2. 관대하게

0655 **patience**
[péiʃəns]

[명] 참을성, 인내심

- A good adult has a lot of **patience** and understanding.
훌륭한 어른은 **인내심**과 이해심이 많다.

➕ patient [형] 참을성 있는, 인내심 있는

0656 **meaningful**
[míːniŋfəl]

[형] 의미 있는, 중요한

- Volunteer work was a **meaningful** experience to us.
자원봉사활동은 우리에게 **의미 있는** 경험이었다.

➕ meaning [명] 의미

중등 필수

0657 **require**
[rikwáiər]
required – required

[동] 필요로 하다, 요구하다

- The building plan **requires** careful study.
건축 계획은 자세한 검토를 **필요로 한다**.

- The wearing of seat belts **is required** by law.
안전벨트를 매는 것은 법으로 **요구된다**.

➕ requirement [명] 필요조건

0658 **benefit**
[bénəfit]
benefited – benefited

[명] 이득, 혜택* 〔쉬운뜻〕 *환경이나 사회 제도, 사업 따위가 사람들에게 주는 도움과 이익
[동] 이롭다, 유익하다** ** 이롭거나 도움이 되다

- The new library has brought many **benefits** to our community.
그 새로운 도서관은 우리 지역사회에 많은 **이득**을 가져다주었다.

- Who will **benefit** the most from the new law?
새로운 법은 누구에게 가장 **이로운가요**?

0659 contribute

[kəntríbjuːt]

contributed – contributed

동 기여하다*, 공헌하다**

쉬운뜻 *도움이 되게 하다
**힘을 써 도움이 되도록 하다

- Your donations can **contribute** to the community.
  당신의 기부가 지역 공동체에 **기여할** 수 있습니다.

➕ **contribute A to B** A를 B에게 기여하다

➕ **contribution** 명 1. 기부(금), 기증 2. 기여

0660 organization

[ɔ̀ːrgənizéiʃən]

명 기구, 단체, 조직

- non-profit **organization**
  비영리 **단체**

- The World Health **Organization** develops a vaccine for the flu every year.
  세계 보건 **기구**는 매년 독감에 대한 백신을 개발한다.

➕ **organize** 동 조직하다

0661 unite

[juːnáit]

united – united

동 통합하다*, 연합하다**

쉬운뜻 *둘 이상의 조직이나 기구를 하나로 합치다
** 서로 합동하여 하나의 조직체를 이루다

- Teamwork helps us **unite** and achieve goals.
  협동심은 우리가 **연합하고** 목표를 달성하는 데 도와준다.

- The country's strength will grow when people **unite**.
  국민들이 **연합하면** 국력이 성장할 것이다.

➕ **unity** 명 통합

0662 civil

[sívəl]

형 시민의

- You have to pass the **civil** service exam to work for the government.
  정부를 위해 일하기 위해서는 **공무원** 시험에 합격해야 한다.

0663 pursue

[pərsjúː]

pursued – pursued

동 1. 추구하다*
   2. 쫓다, 추적하다

쉬운뜻 *목적을 이룰 때까지 뒤쫓아 구하다

- **pursue** a goal/dream
  목표/꿈을 **추구하다**

- The police **pursued** the robber until they caught him.
  경찰은 그 강도를 잡을 때까지 **쫓았다**.

0664 sacrifice

[sǽkrəfàis]

sacrificed – sacrificed

명 희생 동 희생하다

- Parents often make **sacrifices** for their children.
  부모들은 종종 자식을 위해 **희생**을 한다.

- He **sacrificed** himself to help those in need.
  그는 도움이 필요한 사람들을 돕기 위해 자신을 **희생했다**.

0665 **distribute**

[distríbju(ː)t]

distributed – distributed

图 나누어 주다, 분배하다

- The city **distributed** relief supplies to people.
  시는 사람들에게 구호 물품을 **나누어 주었다**.

➕ distribution 명 분배

0666 **appropriate**

[əpróuprieit]

图 적절한, 알맞은

- It's not the **appropriate** time to talk about it.
  그것에 대해 이야기하기에 **적절한** 때는 아니다.

0667 **moral**

[mɔ́(ː)rəl]

图 도덕의, 도덕상의   명 1. (-s) 도덕   2. 교훈

- We have a **moral** duty to protect nature.
  우리는 자연을 보호해야 하는 **도덕적인** 의무가 있다.

- public **morals**
  공중**도덕**

- There is a **moral** to the movie.
  그 영화에는 **교훈**이 있다.

0668 **transform**

[trænsfɔ́ːrm]

transformed – transformed

图 바꾸다, 변형시키다

- The new painting completely **transformed** the city hall.   새 페인트칠은 시청을 완전히 **바꾸었다**.

- The old factory **was transformed** into an art gallery.
  그 오래된 공장은 미술관으로 **변형되었다**.

0669 **participate**

[paːrtísəpèit]

participated – participated

图 참여하다, 참가하다

- Every student must **participate** in the group activity.
  모든 학생들은 단체 활동에 **참여해야** 한다.

➕ participant 명 참여자

0670 **cooperate**

[kouápərèit]

cooperated – cooperated

图 협력하다*, 협동하다**

쉬운뜻 *힘을 합하여 서로 돕다
** 마음과 힘을 서로 하나로 합하다

- Children should learn to **cooperate** with each other.
  아이들은 서로 **협동하는** 법을 배워야 한다.

➕ cooperation 명 협력, 협동

More cooperate는 '함께, 같이, 서로'를 의미하는 접두사 co-와 '운영하다'의 의미인 operate가 합쳐진 단어예요.

0671 assist

[əsíst]

assisted – assisted

동 돕다, 원조하다*

(유의동) *물품이나 돈을 쥐서 도와주다

- The building was designed to **assist** the blind.
  그 건물은 시각 장애인들을 **돕기** 위해 디자인 되었다.

  ➕ assistance 명 도움, 원조
  ➕ assistant 명 조수, 보조원

0672 establish

[istǽbliʃ]

established – established

동 1. 설립하다*, 수립하다**
   2. 확립하다***

(유의동) *기관이나 조직체를 새로 만들다
** 국가, 정보, 제도, 계획 등을 새로 세우다
*** 체계나 조직 등을 확고하게 만들다

- The organization **was established** last year.
  그 조직은 작년에 **설립되었다**.

- The police try to **establish** traffic order.
  경찰은 교통질서를 **확립하려고** 노력한다.

0673 council

[káunsəl]

명 의회

- The city **council** decided to build a new park.
  시 **의회**는 새 공원을 건설하기로 했다.

교과서 빈출 표현

0674 set up

set – set

1. ~을 세우다, 설치하다   2. 설립하다

- The organization will **set up** the animal shelters.
  그 단체는 동물 보호소를 **설치할** 것이다.

- The foundation **was set up** to support the sick children.
  그 재단은 아픈 아이들을 지원하기 위해 **설립되었다**.

0675 make a difference

made – made

변화를 가져오다, 영향을 주다

- Small choices can **make a difference** in someone's life.
  작은 선택들이 한 사람의 인생에 **변화를 가져올** 수 있다.

VOCA Exercise

정답 p.381

A 빈칸에 알맞은 말을 넣어 어구를 완성하세요.

1   도덕적 교훈   a _____ lesson

2   후한 선물   a _____ gift

3   의미 있는 대화   a _____ conversation

4   시민의 권리   _____ rights

5   적절한 행동   _____ behavior

6   팀을 지지하다   _____ a team

7   인내심을 잃다   lose _____

8   더 많은 정보를 요구하다   _____ more information

B 빈칸 (a)와 (b)에 공통으로 들어갈 단어를 쓰세요.

1   (a) The church plans to _____ money for its local
       community.

       그 교회는 지역사회를 위해 모금할 계획이다.

    (b) I will _____ the issue of global warming in the next
       discussion.

       나는 다음 토론 때 지구 온난화에 대한 안건을 제기할 것이다.

2   (a) Every person has the right to _____ happiness.

       모든 사람은 행복을 추구할 권리가 있다.

    (b) The hunter ran to _____ the deer.

       그 사냥꾼은 사슴을 쫓기 위해 달렸다.

VOCA Exercise

C

다음 영영풀이에 해당하는 단어를 <보기>에서 골라 쓰세요.

> <보기>   distribute   transform   contribute   vote

1 to change the form of something   _____

2 to give things to a large number of people   _____

3 to make a choice in an election or decision   _____

4 to give something to help   _____

D

밑줄 친 부분을 유의하여 우리말 해석을 완성하세요.

1 The new policy will give benefits to working moms.

→ 새로운 정책은 일하는 엄마들에게 _____을 줄 것이다.

2 The program will assist students with learning problems.

→ 그 프로그램은 학습 장애가 있는 학생들을 _____ 것이다.

3 The couple are willing to make sacrifices for each other.

→ 그 부부는 서로를 위해 기꺼이 _____을 한다.

4 They decided to set up a charity to help families in need.

→ 그들은 어려운 가정을 돕기 위해 자선단체를 _____하기로 결정했다.

5 The organization has a central office in Seoul.

→ 그 _____은(는) 서울에 본부가 있다.

DAY

28

사고, 안전

- [ ] harm
- [ ] damage
- [ ] rescue
- [ ] panic
- [ ] occur
- [ ] disaster
- [ ] slip
- [ ] risk
- [ ] alarm
- [ ] alert
- [ ] crash
- [ ] lean
- [ ] injure
- [ ] wound
- [ ] caution
- [ ] emergency
- [ ] incident
- [ ] flood
- [ ] earthquake
- [ ] victim
- [ ] flame
- [ ] urgent
- [ ] on purpose
- [ ] burn down
- [ ] hold on to

 중등 기본

0676 **harm**
[hɑːrm]
harmed – harmed

몡 손상, 손해 동 해치다

- Helmets protect the head from **harm**.
  헬멧은 **손상**으로부터 머리를 보호해 준다.

- He would never **harm** anyone.
  그는 절대 누구도 **해치지** 않을 것이다.

➕ **harmful** 혱 해로운, 유해한

0677 **damage**
[dǽmidʒ]
damaged – damaged

몡 손상, 손해, 피해 동 손상을 주다, 피해를 입히다

- The storm caused serious **damage** to his farm.
  폭풍은 그의 농장에 심각한 **손해**를 끼쳤다.

- The hurricane **damaged** many houses in the area.
  허리케인은 그 지역의 많은 주택에 **피해를 입혔다**.

0678 **rescue**
[réskjuː]
rescued – rescued

몡 구조 동 구조하다

- The **rescue** team quickly arrived at the site.
  구조대는 현장에 빠르게 도착했다.

- The lifeguard **rescued** the woman.
  안전 요원은 그 여자를 **구조했다**.

0679 **panic**
[pǽnik]
panicked – panicked

몡 공포, 공황*   쉬운뜻 *두려움이나 공포로 갑자기 생기는 심리적 불안 상태
동 공포에 질리다, 허둥대다

- The fire caused a **panic** in the building.
  화재는 건물 안에 **공포**를 일으켰다.

- Don't **panic**.
  허둥대지[당황하지] 마라.

➕ **in panic** 당황하여, 공황 상태인

0680 **occur**
[əkə́ːr]
occurred – occurred

동 일어나다, 발생하다 (= happen)

- The railroad accident **occurred** last night.
  그 철도 사고는 어젯밤에 **일어났다**.

➕ **occurrence** 몡 1. 일어남, 발생 2. 사건

0681 **disaster**
[dizǽstər]

몡 재해, 재난, 참사* *비참하고 끔찍한 일

• Many people have been hurt in the **disaster**.
많은 사람들이 그 **참사**로 다쳤다.

0682 **slip**
[slip]
slipped – slipped

몡 미끄러지다

• He **slipped** on the ice and broke his wrist.
그는 얼음 위에서 **미끄러져** 손목이 부러졌다.

➕ slippery 몡 미끄러운

🔶 중등 필수

0683 **risk**
[risk]

몡 위험(성)

• The doctor explained the **risk** of the surgery.
의사는 그 수술의 **위험성**에 관해 설명했다.

0684 **alarm**
[əláːrm]

몡 1. 경보(음), 경보기   2. 자명종

• A fire **alarm** rang in the hotel and every guest escaped outside.
호텔에서 화재**경보기**가 울리고 모든 손님들이 밖으로 탈출했다.

• My **alarm** clock rings at 7 every morning.
내 **자명종** 시계는 매일 아침 7시에 울린다.

0685 **alert**
[əláːrt]
alerted – alerted

몡 경계하는, 방심하지 않는   몡 경보, 경계
몡 (위험을) 알리다, 경보를 발하다

• stay **alert**
경계하다

• We stayed in the basement until the tornado **alert** was over.
토네이도 **경계**가 끝날 때까지 우리는 지하에 머물렀다.

• The school **alerted** the police.
학교는 경찰에 **위험을 알렸다**.

🔵 **비교 Point** alarm vs. alert

alarm은 위험이나 비상사태를 경고하고 사람들이 긴급하게 대응하도록 할 때 사용해요.

• The smoke **alarm** went off and everyone quickly went outside.
화염 **경보기**가 울리자 모두가 재빨리 밖으로 나갔다.

alert는 주로 사람들이 주의를 기울이거나 대비해야 하는 상태일 때 사용해요.

• The government raised the **alert** level when the earthquake started.
지진이 시작되었을 때 정부는 **경보** 수위를 격상했다.

0686 crash
[kræʃ]
crashed – crashed

동 1. 충돌하다 2. 추락하다 명 충돌 (사고)

· The two cars **crashed** into each other.
그 두 차는 서로 **충돌했다**.

· The plane **crashed**, and many people died.
비행기가 **추락하여** 많은 사람들이 죽었다.

· She broke her leg in a car **crash**.
그녀는 자동차 **충돌 사고**로 다리가 부러졌다.

0687 lean
[liːn]
leaned – leaned

동 1. 기울다 2. 기대다

· The Tower of Pisa **is leaning** to one side.
피사의 사탑은 한쪽으로 **기울고 있다**.

· Don't **lean** on the doors. You'll be in danger of falling.
문에 **기대지** 마세요. 떨어질 위험이 있습니다.

0688 injure
[índʒər]
injured – injured

동 부상을 입게 하다, 다치게 하다

· He **injured** his back playing baseball.
그는 야구를 하다가 허리를 **다쳤다**.

· The man **was** seriously **injured** in the car accident.
그 남자는 자동차 사고로 심하게 **부상을 입었다**.

➕ injury 명 부상

0689 wound
[wuːnd]
wounded – wounded

명 상처, 부상 동 부상을 입히다

· Clean the **wound** before putting on a bandage.
반창고를 붙이기 전에 **상처**를 소독해라.

· A lot of people **were wounded** by the shooting.
많은 사람들이 총격으로 인해 **부상을 입었다**.

➕ scratch 명 긁힌 자국, 찰과상 동 긁다

⚡ 비교 Point injure vs. wound

injure는 사고로 다치거나, 실수로 상대방에게 부상을 입게 했을 때 사용해요.
· He **injured** his knee playing hockey. 그는 하키를 하다가 무릎을 **다쳤다**.

wound는 칼, 총 등의 흉기로 인한 상처나 부상을 의미해요. 주로 전쟁이나 범죄와 관련된 내용에 자주 등장해요.
· Over 50 people **were wounded** by the explosion. 50명이 넘는 사람들이 그 폭발에 의해 **부상을 입었다**.

0690 caution
[kɔ́:ʃən]

명 조심

· Take **caution** when you use a knife.
칼을 사용할 때는 **조심**해라.

➕ cautious 형 조심하는

0691 emergency
[imə́:rdʒənsi]

명 비상사태

· This door opens only in case of an **emergency**.
이 문은 **비상**시에만 열린다.

➕ ambulance 명 구급차

0692 incident
[ínsidənt]

명 일어난 일, 사건

· The **incident** was reported worldwide.
그 **사건**은 전 세계적으로 보도되었다.

More 특이하거나 불쾌한 일 또는 범죄, 사고 등을 나타낼 때 쓰여요.

· The **incident** left many people dead and injured.
그 **사건**은 많은 사람들을 죽거나 다치게 했다.

0693 flood
[flʌd]
flooded – flooded

명 홍수, 범람* 동 물에 잠기게 하다 혼동주의 *큰물이 흘러넘침

· The heavy rain caused a **flood** in the town.
폭우는 마을에 **홍수**를 일으켰다.

· The basement **was flooded** during the rainstorm.
폭풍우 속에 지하실이 **물에 잠겼다**.

➕ get flooded 홍수가 나다

0694 earthquake
[ə́:rθkwèik]

명 지진

· The **earthquake** destroyed the whole city.
지진이 도시 전체를 파괴했다.

0695 victim
[víktim]

명 희생자, 피해자

· He was the **victim** of the crime.
그는 그 범죄의 **피해자**였다.

0696 flame
[fleim]

명 (-s) 불길, 불꽃

- The engine suddenly burst into **flames**.
  엔진이 갑자기 **불길**에 휩싸였다.
- The building was **in flames**.
  건물이 **활활 타오르고** 있었다.

➕ in flames 활활 타오르는

0697 urgent
[ə́ːrdʒənt]

형 긴급한, 긴박한

- She got an **urgent** message from her daughter.
  그녀는 딸로부터 **긴급** 메시지를 받았다.

교과서 빈출 표현

0698 on purpose

고의로, 일부러

- I didn't do it **on purpose**. It was an accident.
  나는 그것을 **일부러** 한 게 아니야. 그건 사고였어.

0699 burn down

burned – burned
burnt – burnt

(화재로) 소실되다*, 태우다   쉬운뜻 *사라져 없어지다

- A gas leak caused the whole house to **burn down**.
  가스 누출이 집 전체를 **타게** 만들었다.

0700 hold on to

held – held

~을 꼭 잡다, 의지하다

- He **held on to** the rope.
  그는 밧줄을 **꼭 잡았다**.
- She **held on to** the chair during the earthquake.
  그녀는 지진이 발생하는 동안 의자를 **꼭 잡았다**.

VOCA Exercise

정답 p.381

A 빈칸에 알맞은 말을 넣어 어구를 완성하세요.

1 공황 상태   a state of ＿＿＿＿＿＿＿＿

2 국가적 재난   a national ＿＿＿＿＿＿＿＿

3 자전거 충돌 사고   a bike ＿＿＿＿＿＿＿＿

4 동물 구조 센터   an animal ＿＿＿＿＿＿＿＿ center

5 피해를 복구하다   repair ＿＿＿＿＿＿＿＿

6 위험을 무릅쓰다   take a ＿＿＿＿＿＿＿＿

7 자명종을 맞추다   set an ＿＿＿＿＿＿＿＿

8 벽에 기대다   ＿＿＿＿＿＿＿＿ against a wall

B 주어진 단어를 알맞은 형태로 바꿔 문장을 완성하세요.

1 Watch out. The floor is very (slip) ＿＿＿＿＿＿＿＿.

2 Flooding in the area is a common (occur) ＿＿＿＿＿＿＿＿.

3 The sun's rays can be very (harm) ＿＿＿＿＿＿＿＿ to the skin.

4 It will take some time to recover from the (injure) ＿＿＿＿＿＿＿＿.

5 I am always (caution) ＿＿＿＿＿＿＿＿ about giving people my number.

VOCA Exercise

C 다음 영영풀이에 해당하는 단어를 <보기>에서 골라 쓰세요.

> <보기>　crash　　　victim　　　urgent　　　wound

1 an injury to part of the body _____

2 very important and needing attention _____

3 an accident in which a vehicle hits something _____

4 someone hurt or killed by a crime or an accident _____

D 주어진 우리말에 맞게 빈칸에 알맞은 단어를 채워 문장을 완성하세요. (필요시 형태 바꿀 것)

1 어디에서 그 사건이 일어났나요?

→ Where did the _____ occur?

2 그 동물은 머리를 치켜올려 경계했다.

→ The animal raised its head and became _____.

3 나는 고의로 꽃병을 깨뜨리지 않았다. 그것은 실수였다.

→ I didn't break the vase _____ _____.

It was a mistake.

4 떨어지지 않도록 이 밧줄을 잡으세요.

→ _____ _____ _____ this

rope so you don't fall.

5 그 집은 완전히 타버렸다.

→ The house was completely _____ _____.

A 주어진 단어를 각각 빈칸에 채워 문장을 완성하세요.

885 This matter _____ _____ attention. (requires, urgent)

886 The car _____ seriously _____ the driver. (injured, crash)

887 _____ can make a _____. (voting, difference)

888 The _____ caused serious _____ to the village.
(damage, flood)

889 Bullying is a serious _____ _____. (social, issue)

B <보기>에서 알맞은 단어를 골라 문장을 완성하세요.

<보기>	panic	risk	civil	emergency
	raised	flames	expose	organization
	duty	rescue		

890 He tried not to _____ during the _____.

891 Reporting a crime is a _____ _____ for public safety.

892 Journalists sometimes face a _____ to _____ the truth.

893 The firefighters fight _____ to _____ people.

894 The art show _____ money for a charity _____.

주어진 우리말에 맞게 다음 빈칸에 알맞은 단어를 쓰세요. (필요시 형태 바꿀 것)

895 Great _____ is _____ in this area.

이 지역에서는 상당한 조심[주의]이 필요합니다.

896 What is the normal _____ of a day's _____?

하루치 노동의 일반적인 기준은 몇 시간입니까?

897 Communities need a reliable _____ alert _____.

지역 사회는 신뢰할 수 있는 재난 경보 시스템이 필요하다.

898 Under these _____ _____,

you did it really well.

이 힘든 상황들에서도 넌 정말 잘 해냈어.

899 The city has made efforts to _____ the _____.

그 시는 희생자들을 지원하기 위해 노력했다.

900 Everyone was shocked to hear about the _____

_____.

모두는 그 비극적인 사건에 대해 듣고 충격을 받았다.

901 E_____ in the campaign to _____ awareness

about cancer research.

암 연구에 대한 인식을 올리기[높이기] 위해서 캠페인에 참여하세요.

902 The church _____ _____ a soup kitchen and

gave food to the _____.

교회는 무료 급식소를 설치하고 노숙자들에게 음식을 나눠주었다.

903 His _____ donation made a _____

impact to the public.

그의 후한 기부는 대중에게 의미 있는 영향을 미쳤다.

904 The transportation systems were _____

to _____ more people.

교통 체계는 더 많은 사람들에게 유익하도록 바뀌었다.

DAY

29

산업, 농업

- [ ] invention
- [ ] major
- [ ] crop
- [ ] harvest
- [ ] supply
- [ ] depend
- [ ] develop
- [ ] industry
- [ ] expert
- [ ] mechanic
- [ ] productive
- [ ] drone
- [ ] rubber
- [ ] steam
- [ ] steel
- [ ] cable
- [ ] breed
- [ ] cattle
- [ ] professional
- [ ] equipment
- [ ] manufacture
- [ ] progress
- [ ] attempt
- [ ] commerce
- [ ] close down

 중등 기본

0701 **invention**
[invénʃən]

명 1. 발명　2. 발명품

· The **invention** of the automobile changed the world.
자동차의 **발명**은 세상을 바꿨다.

· The computer is one of the greatest **inventions** in the world.　컴퓨터는 세계에서 가장 훌륭한 **발명품** 중 하나이다.

➕ invent 동 발명하다

0702 **major**
[méidʒər]

형 주요한, 중대한　명 전공

· Noise pollution can be a **major** cause of stress.
소음 공해는 스트레스의 **주요한** 원인일 수 있다.

· His **major** is computer science.
그의 **전공**은 컴퓨터 공학이다.

➕ majority 명 대다수
⊖ minor 형 작은, 사소한, 중요하지 않은

0703 **crop**
[krɑp]

명 농산물, 농작물

· Wheat is the main **crop** of the region.
밀은 그 지역의 주요 **농작물**이다.

0704 **harvest**
[hɑ́ːrvist]
harvested – harvested

명 수확, 수확물　동 거둬들이다, 수확하다

· Most of the **harvest** was lost in the rainstorm.
대부분의 **수확물**은 폭풍우에 의해 소실되었다.

· Farmers need to **harvest** crops in the fall.
농부들은 가을에 농작물을 **수확해야** 한다.

0705 supply

[səplái]

supplied – supplied

명 1. 공급* 2. (-s) 보급품**, 물자 수능뜻 *요구나 필요에 따라 물품을 제공함
**필요한 곳에 지급되는 물품

동 공급하다

- **supply** and demand
  공급과 수요

- The Red Cross provided medical **supplies** to the area.
  적십자는 그 지역에 의료 **보급품**을 제공했다.

- The company **supplied** educational materials to schools. 그 회사는 학교에 교육 자료를 **공급했다**.

0706 depend

[dipénd]

depended – depended

동 1. 의존하다, 의지하다 (on) 2. ~에 따르다, 달려 있다 (on)

- He **depends on** his parents.
  그는 부모님께 **의존한다**.

- Inventing **depends on** how creative the idea is.
  발명하는 일은 그 아이디어가 얼마나 창의적인지**에 달려 있다**.

➕ **dependent** 형 의존하는, 의지하는

 중등 필수

0707 develop

[divéləp]

developed – developed

동 1. 성장하다, 발전시키다 2. 개발하다

- The technology **has developed** very fast.
  기술은 매우 빠르게 **성장해 왔다**.

- The company **developed** a new training program for workers.
  그 회사는 근로자들을 위한 새로운 교육 프로그램을 **개발했다**.

0708 industry

[índəstri]

명 산업, 업계

- He works in the music **industry** as a songwriter.
  그는 음악 **산업**에서 작사가로 일한다.

0709 expert

[ékspə:rt]

명 전문가

- Ask him. He is an **expert** in computers.
  그에게 물어봐. 그는 컴퓨터에 있어서 **전문가야**.

0710 **mechanic**
[məkǽnik]

명 정비공, 수리공

- The **mechanic** is repairing the car engine.
  그 **정비공**은 차량 엔진을 수리하고 있다.

0711 **productive**
[prədʌ́ktiv]

형 생산적인

- New machines made the factory become **productive**.
  새로운 기계들은 공장을 **생산적**으로 만들었다.

➕ produce 동 생산하다, 만들어내다
➕ production 명 생산, 제조

0712 **drone**
[droun]

명 무인항공기, (원격 조종의) 드론

- **Drones** can be used to spray crops with pesticides.
  드론은 농작물에 살충제를 살포하는 데 사용될 수 있다.

0713 **rubber**
[rʌ́bər]

명 고무

- **rubber** product
  고무 제품

- Put on the **rubber** gloves and safety goggles.
  고무장갑과 안전 고글을 착용하세요.

0714 **steam**
[stiːm]

명 수증기, 김

- A **steam** engine transforms heat into power.
  증기 기관은 열을 동력으로 바꾼다.

0715 **steel**
[stiːl]

명 강철

- **Steel** is a material often used in construction.
  강철은 건축에 자주 사용되는 재료이다.

0716 cable
[kéibl]

명 1. (철사로 된) 굵은 밧줄, 케이블　2. 전선, 전화선
- Bridges often hang from heavy **cables**.
  다리는 흔히 무거운 **케이블**에 매달려 있다.
- He connected the **cable** to the computer.
  그는 컴퓨터에 **전선**을 연결했다.

0717 breed
[bri:d]
bred – bred

명 종* 　　　　　　　　　　　　　　　　　쉬운듯 *생물 분류의 기초 단위
동 1. (새끼를) 낳다　2. 기르다, 양육하다
- Poodles are a popular **breed** of dog.
  푸들은 인기 있는 강아지 **종**이다.
- Goats usually **breed** during early spring.
  염소는 보통 초봄에 **새끼를 낳는다**.
- She **breeds** chickens for eggs on a farm.
  그녀는 달걀을 얻기 위해 농장에서 닭을 **기른다**.

0718 cattle
[kǽtl]

명 소
- **Cattle** can provide us with meat, milk, and leather.
  소는 우리에게 고기, 우유, 가죽을 제공할 수 있다.

● **More** cattle은 무리를 지어 다니는 가축이므로 항상 복수로 취급해요. 따라서 주어로 쓰일 때는 복수형 동사
를 사용해요.
- The **cattle** are eating hay in the barn. **소들**이 헛간에서 건초를 먹고 있다.
  　　　　　복수형 동사

0719 professional
[prəféʃənəl]

형 1. (지적) 직업의, 전문직의　2. 직업적인, 프로의
명 전문직 종사자
- She is a highly skilled and **professional** engineer.
  그녀는 매우 숙련되고 **전문적인** 엔지니어이다.
- a **professional** golfer/player
  프로 골퍼/선수
- Don't try to fix the car yourself; you should bring it to
  a **professional**. 직접 차를 고치려고 하지 말고 **전문가**에게 가져가라.

➕ profession 명 직업, 전문직

0720 equipment
[ikwípmənt]

명 장비, 용품
- a piece of **equipment**
  장비 한 대
- The factory produces sports **equipment**.
  그 공장은 운동**용품**을 제조한다.

0721 **manufacture**

[mǽnjufǽktʃər]
manufactured
– manufactured

동 제조하다, 생산하다   명 제조, 생산

- The company **manufactures** car parts.
  그 회사는 차 부품을 **생산한다**.
- Switzerland is famous for the **manufacture** of chocolate.
  스위스는 초콜릿 **생산**으로 유명하다.

0722 **progress**

명사 [prágres]
동사 [prəgrés]
progressed – progressed

명 진행, 진보*   동 진행하다, 진보하다   **유의통** *정도나 수준이 나아지거나 높아짐

- make **progress**
  진행하다
- The project **has progressed** according to schedule.
  프로젝트는 일정에 따라 **진행해 왔다**.

0723 **attempt**

[ətémpt]
attempted – attempted

명 시도, 도전   동 시도하다

- They made several **attempts** to develop eco-friendly technologies.
  그들은 친환경 기술을 개발하려고 여러 번 **시도**를 했다.
- The company **attempted** to expand their business.
  그 회사는 그들의 사업을 확장하려고 **시도했다**.

0724 **commerce**

[kámə:rs]

명 1. 상업   2. 무역

- online **commerce**
  온라인 **상업**
- The country increased its **commerce** with India.
  그 나라는 인도와의 **무역**을 증가시켰다.

➕ **commercial** 형 상업의, 상업적인   명 광고

교과서 빈출 표현 ....

0725 **close down**

closed – closed

폐쇄하다

- The company **closed down** one of its factories to cut costs.
  그 회사는 비용을 절감하기 위해 공장 중 하나를 **폐쇄했다**.

VOCA Exercise

정답 p.382

A 빈칸에 알맞은 말을 넣어 어구를 완성하세요.

1 농작물을 심다   plant a _____

2 고무공   a _____ ball

3 전문적인 조언   _____ advice

4 수확의 계절   the _____ season

5 소를 기르다   raise _____

6 전자 장비   electronic _____

7 주요 산업   the _____ industries

8 생산적인 노동자   a _____ worker

B 빈칸 (a)와 (b)에 공통으로 들어갈 단어를 쓰세요.

1 (a) The charging _____ is in the bottom drawer.

   충전 전선은 맨 아래 서랍에 있다.

   (b) The _____ makes tall buildings strong in the wind.

   철사로 된 굵은 밧줄은 높은 건물들을 바람에 잘 견디도록 만든다.

2 (a) Pandas usually _____ once a year.

   판다는 보통 일 년에 한 번 새끼를 낳는다.

   (b) Jindos are my favorite _____ of dog.

   진도는 내가 가장 좋아하는 개의 품종이다.

VOCA Exercise

C 다음 괄호 안에서 문맥상 알맞은 말을 고르세요.

1 [Drones / Commerce] can make quick deliveries.

2 The bathroom is filled with heat and [steam / steel].

3 They made no [attempt / progress] to escape.

4 The [industry / invention] of the camera allowed people to capture moments.

D 주어진 우리말에 맞게 빈칸에 알맞은 단어를 채워 문장을 완성하세요. (필요시 형태 바꿀 것)

1 농사는 충분한 강우와 일조량에 달려있다.

→ Farming _____ on enough rainfall and sunlight.

2 그 회사는 새로운 여행 상품을 제조할 계획이다.

→ The company plans to _____ a new line of travel products.

3 전문가가 되기 위해서는 많은 시간과 노력이 든다.

→ It takes a lot of time and effort to become an _____ .

4 과학자들은 마침내 그 질병을 고칠 약을 개발했다.

→ The scientists finally _____ a medicine for the disease.

5 그들은 안전을 위해 그 놀이공원을 폐쇄하기로 했다.

→ They decided to _____ _____ the amusement park for safety.

DAY 30

에너지, 자원

- [ ] rich
- [ ] plant
- [ ] power
- [ ] charge
- [ ] basis
- [ ] affect
- [ ] dig
- [ ] filter
- [ ] advantage
- [ ] compare
- [ ] electric
- [ ] explode
- [ ] coal
- [ ] efficient
- [ ] resource
- [ ] practical
- [ ] quantity
- [ ] consult
- [ ] generate
- [ ] chemical
- [ ] physics
- [ ] plenty
- [ ] specialist
- [ ] turn A into B
- [ ] break down

에너지, 자원

0726 **rich**
[ritʃ]

형 1. 부유한 2. 풍부한, 풍요로운 3. 비옥한

- Carrots are **rich** in vitamin A.
  당근은 비타민A가 **풍부하다**.
- Crops grow well in **rich** soil.
  작물은 **비옥한** 토양에서 잘 자란다.

0727 **plant**
[plænt]
planted – planted

명 1. 식물 2. 공장 동 심다

- Most **plants** grow from a seed.
  대부분의 **식물**은 씨앗에서부터 자란다.
- a manufacturing **plant**
  제조 **공장**
- She **planted** flowers in her own garden.
  그녀는 자신의 정원에 꽃을 **심었다**.

0728 **power**
[páuər]
powered – powered

명 1. 힘 2. 전기, 에너지 동 동력을 공급하다, 작동시키다

- Knowledge is **power**.
  아는 것이 **힘**이다.
- nuclear **power**
  원자력
- Most vehicles **are powered** by gasoline.
  대부분의 차량은 휘발유로 **작동된다**.

0729 **charge**
[tʃɑːrdʒ]
charged – charged

동 1. (요금을) 청구하다 2. 충전하다
명 1. 요금 2. 비난, 고발 3. 담당, 책임

- Do you **charge** extra for delivery?
  배달비는 추가로 **청구하나요**?
- The battery **is** fully **charged** and ready to use.
  배터리는 가득 **충전되었고** 사용할 준비가 되었다.
- a false **charge**
  잘못된 **고발**[무고]
- She left me in **charge**.
  그녀는 나에게 **책임**을 맡겼다.

0730 basis
[béisis]

명 1. 기초, 기반　2. (단위) 기준　3. 근거, 이유

- Oil is the **basis** of the economy in the Middle East.
  석유는 중동의 경제 **기반**이다.

- They check the water supply on a regular **basis**.
  그들은 규칙적인 **기준**[정기적]으로 수질 검사를 한다.

- We do not hire employees on the **basis** of their race, age, or religion.
  저희는 인종, 나이 또는 종교에 **근거**하여 직원을 채용하지 않습니다.

0731 affect
[əfékt]
affected – affected

동 ~에 영향을 미치다

- Recycling can positively **affect** the environment.
  재활용은 환경에 긍정적인 **영향**을 미칠 수 있다.

0732 dig
[dig]
dug – dug

동 (땅을) 파다, 파내다

- The government plans to **dig** for gas for more energy.
  정부는 더 많은 에너지를 위한 가스를 얻기 위해 **땅을 파낼** 계획이다.

중등 필수

0733 filter
[fíltər]
filtered – filtered

명 필터, 여과 장치*　　쉬운뜻 *불순물 등을 걸러내는 장치
동 여과하다, 거르다

- The air **filter** removes the dust from the air.
  공기 **필터**는 공기 중의 먼지를 제거한다.

- The plant **filters** pollutants from the water.
  그 공장은 물에서 오염물질을 **걸러낸다**.

0734 advantage
[ədvǽntidʒ]

명 이점, 장점

- What is the **advantage** of renewable energy?
  재생 가능한 에너지의 **이점**은 무엇이니?

⊕ disadvantage 명 약점, 불리한 점

0735 **compare**
[kəmpέər]
compared – compared

동 비교하다
- They **compared** the environmental impacts of two products.
  그들은 두 제품이 환경에 미치는 영향을 **비교했다**.
  ➕ compared to ~와 비교하여
  ➕ compare A to B A를 B와 비교하다
  ➕ comparison 명 비교, 비유

0736 **electric**
[iléktrik]

형 전기의
- My car is **electric**. It runs on a battery.
  내 차는 **전기** 차야. 이 차는 배터리로 작동해.

0737 **explode**
[iksplóud]
exploded – exploded

동 폭발하다
- The gas tank **exploded** with a loud noise in the factory.
  공장에서 가스탱크가 큰 소리를 내며 **폭발했다**.
  ➕ explosion 명 폭발

0738 **coal**
[koul]

명 석탄
- About 40 percent of the world's electricity comes from **coal**. 전 세계 전력의 약 40%가 **석탄**에서 나온다.
  ➕ mine 명 광산 동 캐다, 채굴하다 대 내 것

0739 **efficient**
[ifíʃənt]

형 효율적인, 능률적인, 효과가 있는
- An energy **efficient** car consumes less fuel.
  에너지 **효율**이 높은 차는 연료를 덜 소모한다.
  ➕ efficiently 부 효율적으로
  ➕ efficiency 명 효율(성), 능률

0740 **resource**
[ríːsɔ̀ːrs]

명 자원
- The country is rich in natural **resources**.
  그 나라는 천연**자원**이 풍부하다.

0741 practical
[prǽktikəl]

[형] 1. 현실적인, 실제적인 2. 실용적인

- **practical** problems
  현실적인 문제

- The book suggests some **practical** ways to save energy.
  그 책은 에너지를 절약하는 **실용적인** 방법들을 제안한다.

0742 quantity
[kwántəti]

[명] 양, 수량

- The factory produces a large **quantity** of goods for export.
  공장은 수출할 다**량**의 제품들을 생산한다.

0743 consult
[kənsʌ́lt]
consulted – consulted

[동] (전문가에게) 상담하다

- He **consulted** his lawyer on the issue.
  그는 그 문제에 대해 변호사와 **상담했다**.

➕ consultation [명] 상담, 자문

● **More** consult는 주로 전문가에게 조언을 구한다는 의미로 우리말로 '자문하다'의 의미를 나타내요.

0744 generate
[dʒénərèit]
generated – generated

[동] (열·전기 등을) 발생시키다, 만들어 내다

- Some power plants use water to **generate** electricity.
  어떤 발전소들은 전기를 **만들어 내기** 위해 물을 사용한다.

➕ generation [명] 1. 세대 2. 발생

0745 chemical
[kémikəl]

[형] 화학의 [명] 화학 물질

- H_2O is the **chemical** symbol for water.
  H_2O는 물의 **화학** 기호이다.

- Some **chemicals** can be used in medicine.
  어떤 **화학 물질**들은 약품에 사용될 수 있다.

➕ chemistry [명] 화학

0746 physics
[fíziks]

[명] 물리학

- laws of **physics**
  물리학 법칙

0747 plenty
[plénti]

몡 많음, 대량, 충분한 양

- A: Do you want some more?
  B: It's okay. I've had **plenty**.
  A: 좀 더 드실래요?   B: 괜찮아요. **많이** 먹었어요.

- There is **plenty of** information available online.
  온라인에는 이용할 수 있는 정보가 **많다**.

➊ plenty of 많은

0748 specialist
[spéʃəlist]

몡 전문가 (= expert), 전공자

- an environmental **specialist**
  환경 **전문가**

- The **specialists** can give you useful advice.
  전문가들은 너에게 유용한 조언을 줄 수 있다.

교과서 빈출 표현

0749 turn A into B

turned – turned

A를 B로 바꾸다

- The recycling system **turns** waste **into** something new.
  재활용 시스템은 폐기물을 새로운 어떤 것**으로 바꾼다**.

➊ turn into ~으로 변하다

0750 break down

broke – broken

1. 부수다, 무너뜨리다   2. 분해하다

- They had to **break** the door **down** to escape.
  그들은 탈출하기 위해 문을 **부숴야** 했다.

- Food **is broken down** into pieces in our stomach.
  음식은 우리의 뱃속에서 조각으로 **분해된다**.

VOCA Exercise

정답 p.382

A 빈칸에 알맞은 말을 넣어 어구를 완성하세요.

1 구멍을 파다   _____ a hole

2 기름 여과기   an oil _____

3 소액의 요금   a small _____

4 화학 반응   a _____ reaction

5 이점을 얻다   gain an _____

6 열을 발생시키다   _____ heat

7 전문가에게 상담하다   _____ an expert

8 재생 가능한 자원   a renewable _____

B 빈칸 (a)와 (b)에 공통으로 들어갈 단어를 쓰세요.

1 (a) I will _____ tomatoes in my garden.

나는 정원에 토마토를 심을 것이다.

(b) The automobile _____ produces different cars.

그 자동차 공장은 다양한 차를 생산한다.

2 (a) I have gained _____ experience of the work.

나는 그 업무의 실제적인 경험을 얻었다.

(b) This car may be small but is _____ for the city.

이 차는 작을지도 모르지만 도시 생활에 실용적이다.

VOCA Exercise

C

다음 영영풀이에 해당하는 단어를 <보기>에서 골라 쓰세요.

<보기>   compare   explode   rich   affect

1 containing a lot of something   _____

2 to produce an effect on something   _____

3 to burst suddenly, producing a loud noise _____

4 to describe the similarities or differences _____

D

밑줄 친 부분을 유의하여 우리말 해석을 완성하세요.

1 In the past, trains often used <u>coal</u> for fuel.

   → 과거에, 기차는 연료로 _____을 자주 사용했다.

2 Some people drive <u>electric</u> cars for the environment.

   → 어떤 사람들은 환경을 위해 _____차를 몬다.

3 There is a huge <u>quantity</u> of oil buried in the ground.

   → 땅속에 엄청난 _____의 석유가 묻혀 있다.

4 One <u>advantage</u> of solar power is the low cost.

   → 태양 에너지의 한 가지 _____은 낮은 비용이다.

5 The new machine is more <u>efficient</u> than the old one.

   → 새로운 기계는 오래된 것보다 더 _____이다.

A 주어진 단어를 각각 빈칸에 채워 문장을 완성하세요.

905 He _____ his _____ car. (electric, charged)

906 _____ negatively _____ the environment. (affects, coal)

907 The air _____ should be cleaned on a regular _____.
(filter, basis)

908 A _____ reaction may cause something to _____.
(explode, chemical)

909 The farmer _____ _____ on his farm.
(cattle, breeds)

B <보기>에서 알맞은 단어를 골라 문장을 완성하세요.

<보기>	dig	crop	supply	mechanic
	drones	progress	depend	developing
	rich	equipment		

910 _____ are used to watch _____ fields.

911 The _____ did a routine check on the _____.

912 Scientists made _____ in _____ a vaccine.

913 _____ into the _____ soil to plant the seeds.

914 Power plants _____ on the _____ of water
for electricity generation.

주어진 우리말에 맞게 다음 빈칸에 알맞은 단어를 쓰세요. (필요시 형태 바꿀 것)

915 The electric car has the _____ of being more _____.

전기 차는 더 효율적이라는 장점을 가지고 있다.

916 The company _____ to increase international

_____.

그 회사는 국제 무역을 늘리기 위해 시도했다.

917 Factories used to rely on _____ _____ to

operate machines.

공장들은 기계를 작동시키기 위해 증기력에 의존했었다.

918 The university hired a _____ in _____.

그 대학교는 물리학 부문의 전문가를 고용했다.

919 The _____ of _____ must be completed before

winter.

겨울이 오기 전에 농작물들의 수확이 완료되어야 한다.

920 _____ coal _____ electricity is a way of

_____ power.

석탄을 전기로 바꾸는 것은 에너지를 만들어 내는 방법이다.

921 The _____ of _____ tires contributed to

the development of vehicles.

고무 타이어의 발명은 차량 발전에 기여했다.

922 They made _____ _____ easier

and faster.

그들은 강철을 제조하는 것을 더 쉽고 빠르게 만들었다.

923 Patients often _____ with a physician

to _____ treatment options.

환자들은 치료 방법을 비교하기 위해 종종 의사와 상담한다.

DAY
31

생명, 과학 기술

- [ ] device
- [ ] research
- [ ] monitor
- [ ] prove
- [ ] relate
- [ ] process
- [ ] laboratory/lab
- [ ] examine
- [ ] analyze
- [ ] detect
- [ ] essential
- [ ] method
- [ ] predict
- [ ] obvious
- [ ] technique
- [ ] vaccine
- [ ] gene
- [ ] tissue
- [ ] element
- [ ] dense
- [ ] complex
- [ ] conclude
- [ ] demonstrate
- [ ] vibrate
- [ ] prevent A from v-ing

 중등 기본

0751 **device**
[diváis]

圐 장치, 기기
· This **device** measures brain activity during sleep.
이 **기기**는 수면 중의 뇌 활동을 측정한다.

0752 **research**
[risə́ːrtʃ]
researched – researched

圐 연구, 조사   图 연구하다, 조사하다
· scientific **research**
과학적 **연구**
· The center **researches** various types of cancer.
그 센터는 다양한 종류의 암을 **연구한다**.

➕ researcher 圐 연구원, 조사원

0753 **monitor**
[mánitər]
monitored – monitored

圐 화면, 모니터   图 관찰하다, 감시하다
· a computer **monitor**
컴퓨터 **모니터**
· The doctor **monitors** the patient's heart rate.
그 의사는 환자의 심장 박동을 **관찰한다**.

0754 **prove**
[pruːv]
proved – proved

图 증명하다, 입증하다*   쉬운뜻 *증거나 근거를 들어 증명하다
· The result **proves** the drug's effect on the disease.
그 결과는 약이 질병에 미치는 효과를 **증명한다**.

➕ proof 圐 증거, 증명

0755 **relate**
[riléit]
related – related

图 관련시키다, 관련이 있다 (to)
· I don't understand how the two ideas **relate**.
나는 그 두 가지 생각이 어떻게 **관련이 있는지** 이해되지 않는다.
· The question didn't **relate to** the topic.
그 질문은 주제와 **관련이 있지** 않았다.

➕ related to ~와 관련 있는
➕ relation 圐 관계

0756 process
[práses]
processed – processed

명 과정, 절차　동 처리하다

- He recorded every step of the **process**.
  그는 그 **과정**의 모든 단계를 기록했다.

- The new computer can **process** data faster than before.
  새 컴퓨터는 데이터를 이전보다 더 빠르게 **처리할** 수 있다.

0757 laboratory/ lab
[lǽbrətɔ̀ːri/læb]

명 실험실

- The scientists are doing experiments in the **laboratory**.
  과학자들은 **실험실**에서 실험을 하고 있다.

 중등 필수

0758 examine
[igzǽmin]
examined – examined

동 1. 조사하다, 검사하다　2. 진찰하다

- The expert team will **examine** the DNA sample.
  전문가팀은 DNA 샘플을 **조사할** 것이다.

- The doctor carefully **examined** the patient's broken arm.　의사는 환자의 부러진 팔을 조심스럽게 **진찰했다**.

➕ examination 명 1. 조사, 검사 2. 시험

0759 analyze
[ǽnəlàiz]
analyzed – analyzed

동 분석하다

- The scientists **analyzed** the cause of the failure.
  과학자들은 실패의 원인을 **분석했다**.

➕ analysis 명 분석
➕ analyst 명 분석가

0760 detect
[ditékt]
detected – detected

동 감지하다*, 찾아내다　쉬운뜻 *물체나 행동을 느끼어 알다

- The sensor **detects** smoke in the building.
  그 감지기는 건물 안의 연기를 **감지한다**.

0761 **essential**
[isénʃəl]

형 필수적인, 본질적인

- Following safety guidelines is **essential** in the lab.
실험실에서는 안전 규칙을 따르는 것이 **필수적**이다.

0762 **method**
[méθəd]

명 방법, 방식

- **method** of payment
지불 **방법**

- Data collection is the first step of the scientific **method**.
자료 수집은 과학적 **방법**의 첫 번째 단계이다.

0763 **predict**
[pridíkt]
predicted – predicted

동 예측하다

- It's not easy to **predict** the weather in coastal areas.
해안 지역의 날씨를 **예측하는** 것은 쉽지 않다.

0764 **obvious**
[ábviəs]

형 분명한, 명백한

- It is **obvious** that AI brought convenience to us.
인공지능이 우리에게 편리함을 가져다준 것은 **분명하다**.

➕ obviously 부 확실히, 분명히

0765 **technique**
[tekníːk]

명 기술, 기법

- They introduced a new **technique** of making products.
그들은 상품을 제조하는 새로운 **기법**을 도입했다.

0766 **vaccine**
[væksíːn]

명 (예방) 백신

- The invention of **vaccines** saved many lives.
백신의 발명은 많은 생명을 구했다.

0767 **gene**
[dʒiːn]

명 유전자

- Certain diseases may be passed down by **genes**.
  특정 질병은 **유전자**를 통해 유전될 수도 있다.

0768 **tissue**
[tíʃuː]

명 1. (세포들로 이뤄진) 조직   2. 화장지, 얇은 종이[천]

- Wounds heal by the regeneration of skin **tissue**.
  상처는 피부 **조직**의 재생으로 치유된다.

- I need a **tissue** to wipe my nose.
  나는 코를 닦을 **화장지**가 필요하다.

0769 **element**
[éləmənt]

명 1. (구성) 요소*, 성분
   2. 《화학》 원소**

쉬운뜻 *어떤 사물을 구성하기 위해 필요한 조건이나 성분
**모든 물질을 구성하는 기본적 요소

- Clear communication is an essential **element** of any successful project.
  명확한 의사소통은 성공적인 프로젝트의 필수 **요소**이다.

- chemical **elements**
  화학 **원소**

0770 **dense**
[dens]

형 빽빽한, 밀집한

- a **dense** crowd/forest
  밀집한 군중/숲[밀림]

- The city has a **dense** population and tall buildings.
  그 도시는 인구가 **밀집해** 있고 높은 건물들이 있다.

➕ density 명 밀도, 농도

0771 **complex**
형용사 [kəmpléks]
명사 [kámpleks]

형 복잡한   명 복합 건물 단지

- The human brain is very **complex** to study.
  인간의 뇌는 연구하기에 매우 **복잡하다**.

- The new apartment **complex** has a gym and a pool.
  그 새로운 아파트 **단지**는 헬스장과 수영장이 있다.

➕ complexity 명 복잡함

0772 conclude

[kənklúːd]

concluded – concluded

[동] 1. 결론을 내리다 2. 마치다

- The study **concluded** that the new drug was effective.
  그 연구는 신약이 효과적이라고 **결론을 내렸다**.

- The meeting **concluded** at noon.
  회의는 정오에 **마쳤다**.

➕ conclusion [명] 결론

0773 demonstrate

[démənstrèit]

demonstrated
– demonstrated

[동] 1. 입증하다 2. 설명하다

- Researchers will **demonstrate** the safety of the material.
  연구자들은 그 물질의 안전성을 **입증할** 것이다.

- The manager **demonstrated** how to use the machine.
  매니저는 기계를 어떻게 사용하는지 **설명했다**.

0774 vibrate

[váibreit]

vibrated – vibrated

[동] 진동하다, 떨리다

- The earthquake made the entire building **vibrate**.
  지진이 건물 전체를 **떨리게** 했다.

➕ vibration [명] 떨림, 진동

교과서 빈출 표현

0775 prevent A from v-ing

prevented – prevented

A가 ~하는 것을 막다

- Wearing sunscreen **prevents** your skin **from** getting sunburned.
  선크림을 바르는 것은 네 피부**가** 햇볕에 타는 **것을 막는다**.

VOCA Exercise

정답 p.383

A 빈칸에 알맞은 말을 넣어 어구를 완성하세요.

1 필수 요소   a vital _____

2 뇌 조직   brain _____

3 자연적인 과정   a natural _____

4 복잡한 데이터   _____ data

5 화학 실험실   a chemical _____

6 효율적인 방법   an efficient _____

7 신호를 감지하다   _____ signals

8 기술을 발전시키다   develop a _____

B 다음 빈칸에 알맞은 단어를 쓰세요.

1 research : _____ = 연구하다, 조사하다 : 연구원, 조사원

2 _____ : proof = 증명하다 : 증거, 증명

3 relate : _____ = 관련시키다 : 관계

4 _____ : analysis = 분석하다 : 분석

5 obvious : _____ = 분명한, 명백한 : 확실히, 분명히

6 _____ : density = 빽빽한, 밀집한 : 밀도, 농도

7 examine : _____ = 조사하다, 검사하다 : 조사, 검사

VOCA Exercise

C   <보기>에서 알맞은 단어를 골라 문장을 완성하세요.

> <보기>   device   vaccines   conclude   monitor

1   You can use a GPS _____ to find the way.

2   What do you _____ from the research?

3   _____ are an effective method for preventing the flu.

4   Some parents _____ their children's online activity.

D   주어진 우리말에 맞게 빈칸에 알맞은 단어를 채워 문장을 완성하세요. (필요시 형태 바꿀 것)

1   그들은 그 약이 효과가 있다는 것을 입증했다.

   → They have _____ that the drug works.

2   충분한 수면은 좋은 건강을 유지하는 데 필수적이다.

   → Enough sleep is _____ for maintaining good health.

3   그들은 지구 기온이 계속해서 오를 것으로 예측한다.

   → They _____ that the global temperature will keep rising.

4   눈동자 색깔은 부모로부터 유전된 특정한 유전자로 정해진다.

   → Eye color is determined by a specific _____ passed

     down from parents.

5   건강한 식단은 네가 심장병에 걸리는 것을 막아줄 수 있다.

   → A healthy diet can _____ you _____

     getting heart disease.

DAY

32

우주

- ☐ planet
- ☐ layer
- ☐ alien
- ☐ surface
- ☐ universe
- ☐ unknown
- ☐ solar
- ☐ theory
- ☐ accurate
- ☐ spaceship
- ☐ advance
- ☐ observe
- ☐ launch
- ☐ magnet
- ☐ succeed
- ☐ invisible
- ☐ extend
- ☐ vast
- ☐ astronaut
- ☐ gravity
- ☐ atmosphere
- ☐ orbit
- ☐ beam
- ☐ find out
- ☐ consist of

중등 기본

0776 **planet**
[plǽnit]

명 1. 행성 2. 지구

- The earth is the third **planet** from the sun.
  지구는 태양으로부터 세 번째 **행성**이다.
- It's our responsibility to save the **planet**.
  지구를 구하는[보호하는] 것은 우리의 책임이다.

0777 **layer**
[léiər]

명 층, 막, 겹

- the ozone **layer**
  오존**층**
- Everything was covered by a thin **layer** of dust.
  모든 것은 얇은 먼지 **층**으로 덮여 있었다.

0778 **alien**
[éiliən]

명 외계인 형 외계의

- Do you believe that **aliens** exist?
  너는 **외계인들**이 존재한다고 믿니?
- **alien** being
  외계 생명체

0779 **surface**
[sə́ːrfis]

명 겉, 표면

- Jupiter is a gas giant without a **surface**.
  목성은 **표면**이 없이 가스로 된 거대한 행성이다.

0780 **universe**
[júːnəvə̀ːrs]

명 우주

- We live on the earth, a tiny part of the **universe**.
  우리는 **우주**의 아주 작은 일부인, 지구에서 살고 있다.

More universe 앞에는 항상 정관사 the가 와요.

정관사 the는 앞에서 언급된 명사를 다시 말하거나 악기 이름, 하루의 시간 앞에 와요. 또한 세상에 하나밖에 없는 유일한 존재를 가리킬 때도 앞에 the를 붙여요.
- **the** universe 우주
- **the** earth 지구
- **the** sun 해
- **the** moon 달
- **the** sky 하늘
- **the** internet 인터넷

0781 unknown

[ənnóun]

형 알려지지 않은

- The journey into deep space involves exploring the **unknown**.
  깊은 우주로의 여행에는 **알려지지 않은** 곳을 탐험하는 것이 포함된다.

0782 solar

[sóulər]

형 태양의

- There are eight planets in the **solar** system.
  태양계에는 여덟 개의 행성이 있다.

➕ solar system 태양계
➕ solar energy 태양 에너지

0783 theory

[θí(ː)əri]

명 이론, 학설

- the **theory** of relativity
  상대성 **이론**

- They compared the result to the **theory**.
  그들은 결과를 그 **이론**과 비교했다.

중등 필수

0784 accurate

[ǽkjərit]

형 정확한, 정밀한

- **Accurate** data is important in scientific research.
  정확한 데이터는 과학 연구에 있어 중요하다.

0785 spaceship

[spéisʃip]

명 우주선

- The **spaceship** finally landed on the moon.
  우주선은 마침내 달에 착륙했다.

0786 advance

[ədvǽns]

advanced – advanced

동 (지식·기술 등이) 발전하다, 진보하다　명 발전, 진보

- The technology industry **has advanced** at a fast pace.　기술 산업은 빠른 속도로 **발전해** 왔다.

- the **advance** in medical research
  의학 **연구의 발전**

0787 observe

[əbzə́ːrv]

observed – observed

동 관찰하다, 관측하다

- Space agencies send spaceships to **observe** and study other planets.
  항공 우주국은 다른 행성들을 **관측하고** 연구하기 위해 우주선을 보낸다.

0788 launch

[lɔːntʃ]

launched – launched

동 1. 시작하다, 개시하다　2. (우주선 등을) 발사하다
명 개시, 출시, 발사

- The company will **launch** a new product line.
  그 회사는 새로운 제품 라인을 **개시할** 것이다.

- South Korea **launched** Nuri into space.
  한국은 누리호를 우주로 **발사했다.**

- a rocket **launch**
  로켓 **발사**

0789 magnet

[mǽgnit]

명 자석

- **Magnets** are commonly used in everyday items like credit cards.
  자석은 신용카드와 같은 일상용품에 흔히 사용된다.

- The earth acts as a giant **magnet** with a north and south pole.
  지구는 북극과 남극을 가진 거대한 **자석의** 역할을 한다.

0790 succeed

[səksíːd]

succeeded – succeeded

동 성공하다

- They **succeeded** in launching a satellite.
  그들은 인공위성을 발사하는 데 **성공했다.**

0791 **invisible**
[invízəbl]

형 (눈에) 보이지 않는

· The air is **invisible**, but we can feel it.
공기는 **눈에 보이지 않지만**, 우리는 그것을 느낄 수 있다.

⊕ visible 형 1. (눈에) 보이는 2. 명백한, 뚜렷한

0792 **extend**
[iksténd]
extended – extended

동 연장하다, 확장하다

· They **extended** the mission to Mars for additional research.
그들은 추가적인 연구를 위해 화성 우주 비행을 **연장했다.**

· Researchers aim to **extend** our understanding of the universe.
연구원들은 우주에 대한 우리의 이해를 **확장하는** 것을 목표로 한다.

0793 **vast**
[væst]

형 거대한, 광대한, 광활한

· The universe is a **vast** space with stars and galaxies.
우주는 별과 은하가 있는 **광대한** 공간이다.

0794 **astronaut**
[ǽstrənɔ̀:t]

명 우주 비행사

· **Astronauts** wear special suits and helmets in space.
우주 비행사들은 우주에서 특별한 옷과 헬멧을 착용한다.

0795 **gravity**
[grǽvəti]

명 중력

· Objects fall to the ground because of **gravity**.
물체들은 **중력** 때문에 땅으로 떨어진다.

0796 **atmosphere**
[ǽtməsfiər]

명 1. (지구의) 대기*
　　2. 분위기

쉬운뜻 *중력에 의해 지구를 둘러싸고 있는 기체

· The **atmosphere** creates wind, rain, and storms.
대기는 바람, 비, 폭풍을 만든다.

· a relaxed **atmosphere**
편안한 **분위기**

0797 **orbit**

[ɔ́ːrbit]

orbited – orbited

圐 궤도　图 궤도를 돌다

- the earth's **orbit**
  지구의 궤도

- The Moon **orbits** around the earth.
  달은 지구 주위의 **궤도를 돈다.**

0798 **beam**

[biːm]

beamed – beamed

圐 광선, 빛줄기　图 비추다, 빛나다

- a laser **beam**
  레이저 **광선**

- The sun **beamed** brightly through the clouds.
  태양이 구름 사이로 밝게 **빛났다.**

교과서 빈출 표현

0799 **find out**

found – found

알아내다, 알게 되다

- Scientists try to **find out** more about space.
  과학자들은 우주에 더 많이 **알아내려고** 노력한다.

0800 **consist of**

consisted – consisted

~로 구성되다, 이루어져 있다

- Mars **consists of** iron and other minerals.
  화성은 철과 다른 광물질들로 **이루어져 있다.**

VOCA Exercise

정답 p.383

A 빈칸에 알맞은 말을 넣어 어구를 완성하세요.

1 태양 전지판   a _____ panel

2 무중력   zero _____

3 정확한 계산   an _____ calculation

4 이론을 증명하다   prove a _____

5 마감 시간을 연장하다   _____ a deadline

6 미사일을 발사하다   _____ a missile

7 지구 표면   the earth's _____

8 기술의 발전   an _____ in technology

B <보기>에서 알맞은 단어를 골라 문장을 완성하세요. (필요시 형태 바꿀 것)

<보기>	universe	astronaut	planet	spaceship

1 Mercury is the smallest _____ in the solar system.

2 The _____ is so vast and full of wonders.

3 Someday I want to travel into space on a _____.

4 _____ are trained before space missions.

VOCA Exercise

C

다음 영영풀이에 해당하는 단어를 <보기>에서 골라 쓰세요.

<보기>	beam	atmosphere	invisible	magnet

1 a line of light

2 unable to be seen

3 air that is surrounding the earth

4 a material that pulls metals toward itself

D

주어진 우리말에 맞게 빈칸에 알맞은 단어를 채워 문장을 완성하세요. (필요시 형태 바꿀 것)

1 석탄은 대부분 탄소로 이루어져 있다.

→ Coal _____ mostly _____ carbon.

2 그는 외계에서 온 외계인들에 관한 책을 읽었다.

→ He read books about _____ from outer space.

3 지구는 일 년에 한 번 태양의 궤도를 돈다.

→ The earth _____ the sun once a year.

4 사고의 원인은 아직도 알려지지 않았다.

→ The cause of the accident still remains _____.

5 우리는 화성에 우주선을 안전하게 보내는 데 성공했다.

→ We _____ in sending the spaceship safely to Mars.

DAY 33

소셜 미디어

- ☐ type
- ☐ tool
- ☐ reach
- ☐ online
- ☐ search
- ☐ update
- ☐ connect
- ☐ link
- ☐ category
- ☐ error
- ☐ worldwide
- ☐ reality
- ☐ post
- ☐ upload
- ☐ communication
- ☐ privacy
- ☐ instant
- ☐ function
- ☐ distract
- ☐ addict
- ☐ access
- ☐ adapt
- ☐ install
- ☐ constant
- ☐ focus on

소셜 미디어

 중등 기본

0801 **type**
[taip]
typed – typed

몡 유형, 종류　통 타자 치다, 입력하다

· What **type** of social media platform do you use?
너는 어떤 **종류**의 소셜 미디어 플랫폼을 사용하니?

· **Type** your ID and password into the login screen.
로그인 화면에 아이디와 비밀번호를 **입력하세요**.

0802 **tool**
[tu:l]

몡 1. 연장, 도구, 공구　2. (목적을 이루기 위한) 도구, 수단

· a cutting **tool**
절단용 **도구**

· The internet has become an important research **tool**.
인터넷은 중요한 연구 **수단**이 되었다.

0803 **reach**
[ri:tʃ]
reached – reached

통 이르다, 도달하다

· Their video **reached** a million views in a day.
그들의 영상은 하루 만에 백만 조회수에 **도달했다**.

0804 **online**
[ɔnlɑin]

형 온라인의　부 온라인으로

· Some students prefer taking **online** classes.
어떤 학생들은 **온라인** 수업을 선호한다.

· I like to chat **online** with others.
나는 **온라인으로** 다른 사람들과 채팅하는 것을 좋아한다.

➕ go online　온라인에 접속하다

0805 **search**
[səːrtʃ]
searched – searched

몡 찾기, 검색, 수색*

통 찾아보다, 검색하다, 수색하다

쉬운뜻 *구석구석 뒤지어 찾음

· **search** and rescue team
수색 구조팀

· You can easily **search** for any information on the internet.
너는 인터넷에서 어떤 정보라도 쉽게 **검색할** 수 있다.

0806 **update**
[ʌ́pdèit]
updated – updated

동 새롭게 하다, 갱신하다* ⟨쉬운뜻⟩ *이미 있던 것을 고쳐 새롭게 하다

명 새롭게 함, 갱신

· She **updated** her profile picture.
그녀는 자신의 프로필 사진을 **새롭게 했다.**

· a news **update**
새로운 뉴스

0807 **connect**
[kənékt]
connected – connected

동 1. 잇다, 연결하다   2. (인터넷 등에) 접속하다

· **Connect** your smartphone to the computer.
스마트폰을 컴퓨터에 **연결하세요.**

· What is the Wi-Fi password to **connect** to the internet?
인터넷에 **접속하기** 위한 와이파이 비밀번호는 무엇입니까?

➕ **connected** 형 관련이 있는, 연결된
➕ **connection** 명 연결, 관계

0808 **link**
[liŋk]
linked – linked

동 연결하다, 잇다   명 1. 관련, 관계   2. (컴퓨터) 링크

· My smartwatch **is linked** to my smartphone.
내 스마트워치는 스마트폰에 **연결되어** 있다.

· There is a strong **link** between regular exercise and good health.
규칙적인 운동과 건강 사이에는 밀접한 **관련**이 있다.

· For more details, follow the **link**.
더 많은 세부 사항을 원하시면 **링크**를 따라가세요.

🔄 **비교 Point** connect vs. link

connect는 주로 기기 간의 네트워크 연결을 말할 때 사용해요.
link는 특히 웹사이트의 하이퍼링크와 같이 한 장소에서 다른 장소로 향하는 인터넷상의 참조 또는 경로를 말할 때 사용해요.

 중등 필수

0809 **category**
[kǽtəgɔ̀ːri]

명 범주*, 카테고리 ⟨쉬운뜻⟩ *동일한 성질을 가진 부류나 범위

· His blog has several **categories** including "Travel."
그의 블로그에는 '여행'을 포함하여 여러 **범주**가 있다.

0810 **error**
[érər]

톙 오류, 실수

- There was an **error** in the computer program.
  그 컴퓨터 프로그램에는 **오류**가 있었다.

0811 **worldwide**
[wə́rldwɑ̀id]

톙 세계적인   톚 세계적으로

- The movie received **worldwide** attention.
  그 영화는 **세계적인** 관심을 받았다.

- The video widely spread and became popular **worldwide**.
  그 영상은 널리 퍼져서 **세계적으로** 인기를 얻었다.

0812 **reality**
[ri(ː)ǽləti]

톙 현실

- Remember that SNS doesn't always reflect the **reality**.
  SNS가 항상 **현실**을 반영하지 않는다는 것을 기억해라.

0813 **post**
[poust]
posted – posted

톙 1. 우편   2. 게시물   톚 올리다, 게시하다

- He opened the **post** as soon as it arrived.
  그는 **우편**이 도착하자마자 열어보았다.

- Did you see his latest **post**?
  그의 최근 **게시물**을 봤니?

- She will **post** the event details on the school blog.
  그녀는 학교 블로그에 행사 세부 내용을 **올릴** 것이다.

0814 **upload**
[ʌplòud]
uploaded – uploaded

톚 (데이터 등을) 올리다, 업로드하다

- The file is too big to **upload**.
  그 파일은 너무 커서 **올릴** 수 없다.

⊕ download 톚 내려받다, 다운로드하다

🔧 **비교 Point**   post vs. upload

post는 여러 사람이 볼 수 있도록 게시하는 것을 말해요.
- **post** the announcement   공고를 게시하다

upload는 자료를 어느 한 곳에서 다른 곳으로 보내는 것을 말해요.
- **upload** the data   자료를 올리다

0815 communication
[kəmjùːnəkéiʃən]

명 1. 의사소통   2. 통신 (수단)

· **Communication** on social media often causes misunderstanding.
소셜 미디어에서의 **의사소통**은 종종 오해를 야기한다.

· **communication** systems
통신 체제

0816 privacy
[práivəsi]

명 사생활, 개인적 자유

· Users can change the settings to protect their online **privacy**.
사용자는 온라인상의 **사생활**을 보호하기 위해 설정을 변경할 수 있다.

0817 instant
[ínstənt]

형 1. 즉각적인   2. 즉석의   명 순간, 아주 짧은 동안

· He couldn't give an **instant** answer to the question.
그는 그 질문에 **즉각적인** 답변을 하지 못했다.

· **instant** food
즉석식품

· At that **instant**, the alarm went off.
그 **순간**, 알람이 울렸다.

➕ instantly 부 즉시, 곧바로로

0818 function
[fʌ́ŋkʃən]
functioned – functioned

명 기능   동 기능하다, 작용하다

· The "Like" **function** is used to give positive feedback.
'좋아요' **기능**은 긍정적인 피드백을 주기 위해 사용된다.

· The computer network **is** fully **functioning**.
컴퓨터 네트워크가 제대로 **기능하고 있다**.

0819 distract
[distrǽkt]
distracted – distracted

동 집중이 안 되게 하다, 산만하게 하다

· SNS can **distract** students from studying.
SNS는 학생들이 공부에 **집중이 안 되게 할** 수 있다.

0820 addict
명사 [ǽdikt]
동사 [ədíkt]
addicted – addicted

명 중독자   동 중독시키다

· Many teenagers are smartphone **addicts** these days.
요즘 많은 십 대들은 스마트폰 **중독자**이다.

· She **is addicted** to computer games.
그녀는 컴퓨터 게임에 **중독되었다**.

➕ addiction 명 중독

0821 access
[ǽkses]
accessed – accessed

명 접근, 출입 동 접근하다
• have **access** to the internet
인터넷에 **접근하다**[접속하다]
• Only the members can **access** the website.
오직 회원들만 그 웹사이트에 **접근할** 수 있다.
➕ accessible 형 접근[이용] 가능한

0822 adapt
[ədǽpt]
adapted – adapted

동 적응하다
• The young tend to **adapt** to new media quickly.
젊은 사람들은 새로운 미디어에 빠르게 **적응하는** 경향이 있다.

0823 install
[ínstəl]
installed – installed

동 설치하다
• You should **install** the app to chat with your friends.
친구들과 채팅하려면 그 앱을 **설치해야** 한다.

0824 constant
[kɑ́nstənt]

형 끊임없는, 거듭되는
• The **constant** noise kept me awake.
끊임없는 소음 때문에 나는 잠을 이루지 못했다.
➕ constantly 부 끊임없이

교과서 빈출 표현

0825 focus on
focused – focused

~에 집중하다, ~에 초점을 맞추다
• Public figures often **focus on** maintaining a positive image on social media.
유명 인사들은 종종 소셜 미디어에서 긍정적인 이미지를 유지하는 데 **집중한다.**

VOCA Exercise

정답 p.383

A 빈칸에 알맞은 말을 넣어 어구를 완성하세요.

1 현실을 직시하다   face _____

2 즉각적인 성공   an _____ success

3 컴퓨터 오류   a computer _____

4 경찰 수색   a police _____

5 범주에 들다   fall into a _____

6 기능을 수행하다   perform a _____

7 쇼핑 중독자   a shopping _____

8 온라인 뱅킹   _____ banking

PART 6
Day 33

B 빈칸 (a)와 (b)에 공통으로 들어갈 단어를 쓰세요.

1 (a) Please _____ your email address.

이메일 주소를 입력해 주세요.

(b) What _____ of content does he create?

그는 어떤 종류의 콘텐츠를 만드니?

2 (a) I'll send it to you by _____.

너에게 그것을 우편으로 보낼게.

(b) She is going to _____ her pictures after her travels.

그녀는 여행 후에 사진을 게시할 것이다.

VOCA Exercise

C 다음 괄호 안에서 문맥상 알맞은 말을 고르세요.

1 [Tool / Access] to the building is denied.

2 Can you send me a [communication / link] to the video?

3 Don't [install / distract] me. I'm trying to concentrate.

4 We can [reach / upload] people all over the world with the internet.

D 밑줄 친 부분을 유의하여 우리말 해석을 완성하세요.

1 The news spread <u>worldwide</u> within minutes.

  → 그 소식은 몇 분 만에 _____ 퍼져나갔다.

2 You need to <u>update</u> your software regularly.

  → 소프트웨어를 정기적으로 _____ 해야 합니다.

3 Use a strong password to protect your <u>privacy</u>.

  → _____ 보호를 위해 강력한 비밀번호를 사용하세요.

4 Some people feel it is difficult to <u>adapt</u> to the new system.

  → 어떤 사람들은 새로운 시스템에 _____ 것이 어렵다고 느낀다.

5 She receives <u>constant</u> "likes" on her photos from her followers.

  → 그녀는 팔로워들로부터 사진에 대해 _____ '좋아요'를 받는다.

A 주어진 단어를 각각 빈칸에 채워 문장을 완성하세요.

924 Click on the _____ to _____ the internet. (link, access)

925 The _____ has multiple _____. (layers, atmosphere)

926 This _____ can _____ gas leaks and alert people.
(device, detect)

927 _____ the data to _____ your findings. (prove, analyze)

928 The _____ system includes the sun and other _____.
(planets, solar)

B <보기>에서 알맞은 단어를 골라 문장을 완성하세요.

<보기>	focus	prevent	advances	privacy
	search	errors	tools	online
	vaccine	lab		

929 The _____ has _____ used for experiments.

930 Researchers _____ on the details to avoid _____.

931 _____ concerns arise with the tracking of _____ activities.

932 _____ can _____ the disease from spreading.

933 Technological _____ changed how to _____ for information.

주어진 우리말에 맞게 다음 빈칸에 알맞은 단어를 쓰세요. (필요시 형태 바꿀 것)

934 _____ weather patterns involves multiple _____.

기후 패턴을 예측하는 것은 다양한 요소들을 포함한다.

935 Some forces, like _____, are _____ but very powerful.

중력과 같은 힘은 보이지 않지만 매우 강력하다.

936 Online communication tools include _____ messaging and status _____.

온라인 소통 도구는 즉각적인 대화와 상태 갱신을[실시간 대화와 상태 업데이트를] 포함한다.

937 The _____ are trained to explore the _____.

우주비행사들은 알려지지 않은 곳을 탐험하기 위해 훈련받는다.

938 The _____ of light from a star may take centuries to _____ us.

하나의 별에서 나오는 빛줄기는 우리에게 도달하는 데 몇 세기가 걸릴지도 모른다.

939 What _____ you the most from _____ on work?

무엇이 너를 일에 가장 집중이 안 되게 하니?

940 Security cameras are _____ to _____ activities for public safety.

보안 카메라는 공공의 안전을 위해 활동을 감시하는 목적으로 설치된다.

941 _____ a spaceship requires _____ calculations.

우주선을 발사하는 것은 정확한 계산이 필요하다.

942 Scientists aim to _____ _____ more about the origins of the _____.

과학자들은 우주의 기원에 대해 더 알아내는 것을 목표로 한다.

943 It's _____ to _____ to changing market conditions to succeed.

성공하기 위해서는 변화하는 시장 상황에 적응하는 것이 필수적이다.

DAY
34

법, 질서

- [ ] legal
- [ ] arrest
- [ ] criminal
- [ ] contract
- [ ] settle
- [ ] trace
- [ ] guilty
- [ ] rob
- [ ] obey
- [ ] commit
- [ ] suspect
- [ ] punish
- [ ] claim
- [ ] violent
- [ ] evidence
- [ ] accuse
- [ ] policy
- [ ] permit
- [ ] principle
- [ ] investigate
- [ ] approve
- [ ] appeal
- [ ] offend
- [ ] guarantee
- [ ] break into

중등 기본

0826 **legal**
[líːgəl]

형 1. 법률의 2. 합법의

- She asked her lawyer for **legal** advice.
  그녀는 변호사에게 **법률적** 조언을 구했다.

- The **legal** age for driving is 18 in Korea.
  한국에서 운전할 수 있는 **합법적** 연령은 18세이다.

⊕ illegal 형 1. 불법의 2. 위법의
⊕ legally 부 1. 법률상으로, 법적으로 2. 합법적으로

0827 **arrest**
[ərést]
arrested – arrested

동 체포하다 명 체포

- The police officer **arrested** the man for stealing.
  그 경찰관은 그 남자를 절도죄로 **체포했다**.

- put[place] ~ under **arrest**
  ~을 **체포**하다, 구금하다

0828 **criminal**
[krímənl]

형 범죄의 명 범죄자, 범인

- **Criminal** activities are increasing in our area.
  우리 지역에 **범죄** 행위가 증가하고 있다.

- a dangerous **criminal**
  위험한 **범죄자**

⊕ crime 명 범죄

0829 **contract**
명사 [káːntrækt]
동사 [kəntrækt]
contracted – contracted

명 계약서 동 수축하다

- Sign your name at the bottom of the **contract**.
  계약서 하단에 서명하세요.

- Muscles **contract** and relax when we move.
  우리가 움직일 때 근육이 **수축하고** 이완된다.

0830 **settle**
[sétl]
settled – settled

동 1. 정착하다 2. 해결하다, 합의를 보다

- He **settled** in the country after retirement.
  그는 은퇴 후에 시골에 **정착했다**.

- They **settled** the matter out of court.
  그들은 법정 밖에서[재판 없이] 문제를 **해결했다**.

0831 trace
[treis]

图 흔적, 자취

• The police couldn't find any **trace** of the missing boy.
경찰은 실종된 남자아이의 어떠한 **흔적**도 찾지 못했다.

0832 guilty
[gílti]

图 1. 유죄의   2. 죄책감이 드는, 가책을 느끼는

• The judge found her **guilty** of the case.
판사는 그 사건에 대해 그녀에게 **유죄**로 판결을 내렸다.

• She felt **guilty** for cheating on the exams.
그녀는 시험에서 부정행위를 한 것에 대해 **가책을 느꼈다**.

⊕ innocent 图 1. 무죄의 2. 순진한
⊕ guilt 图 1. 유죄, 죄가 있음 2. 죄책감

0833 rob
[rɑb]
robbed – robbed

图 강탈하다*, 약탈하다**

쉬운동 *남의 것을 강제로 빼앗다
**폭력을 써서 남의 것을 억지로 빼앗다

• They **robbed** the bank.
그들은 그 은행을 **강탈했다**.

• Someone tried to **rob** me, but I fought back.
누군가 날 **약탈하려** 했지만, 난 반격했다.

⊕ robber 图 강도, 도둑
⊕ robbery 图 강도 (사건)

0834 obey
[oubéi]
obeyed – obeyed

图 (명령·법 등을) 따르다, 지키다, 복종하다

• **obey** the laws/rules/orders
법/규칙/명령을 **따르다**

• Drivers must **obey** speed limits for road safety.
운전자들은 도로 안전을 위해 제한 속도를 **따라야** 한다.

⊕ disobey 图 따르지 않다, 불복종하다

0835 commit
[kəmít]
committed – committed

图 (범죄를) 저지르다

• She **committed** a crime and went to prison.
그녀는 범죄를 **저질러서** 감옥에 갔다.

0836 **suspect**

동사 [səspékt]
명사 [sʌ́spekt]
suspected – suspected

동 의심하다, 혐의를 두다   명 용의자

- He **is suspected** of the crime.
  그는 그 범죄의 **혐의**를 받고 있다.

- The police arrested the **suspect** after a long chase.
  경찰은 긴 추격 끝에 **용의자**를 체포했다.

0837 **punish**

[pʌ́niʃ]
punished – punished

동 처벌하다, 벌을 주다

- It's illegal to **punish** people by death in some countries.
  일부 국가에서는 사람을 사형으로 **처벌하는** 것이 불법이다.

- My parents **punished** me for lying.
  부모님은 내가 거짓말한 것에 대해 **벌을 주셨다**.

➕ punishment 명 처벌, 벌

0838 **claim**

[kleim]
claimed – claimed

동 1. 주장하다   2. 요구하다, 청구하다   명 1. 주장   2. 청구

- The witness **claimed** that the man was at the scene.
  목격자는 그 남자가 현장에 있었다고 **주장했다**.

- **claim** damages
  손해 배상을 **청구하다**

- She made false **claims** about her job.
  그녀는 자신의 직업에 대해 거짓 **주장**을 했다.

- a **claim** form
  청구서

0839 **violent**

[váiələnt]

형 1. 폭력적인, 난폭한   2. 격렬한

- **Violent** crimes are increasing in the city.
  그 도시에는 **폭력적인** 범죄가 증가하고 있다.

- The **violent** typhoon broke the window glass.
  격렬한 태풍이 유리창을 깼다.

➕ violently 부 1. 난폭하게 2. 격렬하게
➕ violence 명 폭력

0840 **evidence**

[évidəns]

명 증거

- The **evidence** was not enough to prove his crime.
  그의 범죄를 입증하기에 **증거**가 부족했다.

0841 accuse

[əkjúːz]

accused – accused

동 1. 비난하다 (of)　2. 고발하다, 기소하다 (of)

- It's unfair to **accuse** him **of** cheating without proof.
  증거도 없이 그가 부정행위를 했다고 **비난하는** 것은 부당하다.

- The artist **was accused of** copying another artist's work.　그 예술가는 다른 이의 작품을 베껴서 **고발되었다.**

0842 policy

[pɑ́lisi]

명 정책, 방침*

수능뜻 *앞으로 일을 처리해 나갈 방향이나 계획

- the government's housing **policy**
  정부의 주택**정책**

- The new **policy** will go into effect next month.
  새 **정책**은 다음 달에 시행될 것이다.

0843 permit

[pərmít]

permitted – permitted

동 1. 허가하다, 허락하다　2. 가능하게 하다

- The use of cell phones **is not permitted** on the plane.
  기내에서 휴대전화 사용은 **허용되지 않습니다.**

- When time **permits**, I'll fix the computer.
  시간이 **가능하게 하면**[시간이 되면], 내가 컴퓨터를 고칠게.

➕ permission 명 허가, 허락

0844 principle

[prínsəpl]

명 원칙, 원리

- go against **principle**
  원칙에 반하다

0845 investigate

[invéstəgèit]

investigated – investigated

동 수사하다

- The police **are investigating** the crime scene.
  경찰은 범죄 현장을 **수사하고 있다.**

➕ investigation 명 수사

0846 approve

[əprúːv]

approved – approved

동 1. 찬성하다　2. 승인하다

- All members in the club **approved** his suggestion.
  동아리 내 모든 회원이 그의 제안에 **찬성했다.**

- The court **approved** the company's request.
  법원은 그 회사의 요청을 **승인했다.**

0847 **appeal**

[əpíːl]

appealed – appealed

[동] 1. 애원하다, 호소하다　2. 《법률》 항소하다*
[명] 1. 애원, 호소　2. 《법률》 항소

유의어 *법원의 판결을 인정하지 않고 새심을 요구하다

- **appeal** to public opinion
  여론에 **호소하다**

- The lawyer will **appeal** the court's decision.
  변호사는 법정의 결정에 **항소할** 것이다.

- make an **appeal**
  호소하다

- a court of **appeal**
  항소 법원

0848 **offend**

[əfénd]

offended – offended

[동] 1. 감정을 상하게 하다　2. 범죄를 저지르다

- I didn't mean to **offend** anyone with the joke.
  나는 그 농담으로 누군가의 **감정을 상하게 할** 생각은 없었어.

- Many criminals have a high chance to **offend** again.
  많은 범죄자들은 다시 **범죄를 저지를** 확률이 높다.

0849 **guarantee**

[ɡærəntíː]

guaranteed – guaranteed

[동] 1. 품질을 보증하다　2. 보장하다
[명] (제품의) 품질 보증서

- The company **guarantees** their products for 5 years.
  그 회사는 그들의 제품의 품질을 5년 동안 **보증한다**.

- The airline can't **guarantee** there won't be any delays.
  항공사는 지연이 없을 거라고 **보장할** 수 없다.

- a money-back **guarantee**
  환불 보증서

교과서 빈출 표현

0850 **break into**

broke – broken

침입하다

- A robber **broke into** the bank and stole money.
  강도가 은행에 **침입해서** 돈을 훔쳤다.

VOCA Exercise

정답 p.384

A 빈칸에 알맞은 말을 넣어 어구를 완성하세요.

1 외교 정책   foreign _____

2 증거를 감추다   hide _____

3 계약서에 동의하다   agree to the _____

4 용의자를 알아보다   identify the _____

5 범죄 행동   _____ behavior

6 논쟁을 해결하다   _____ an argument

7 범죄를 수사하다   _____ a crime

8 흔적도 없이 사라지다   disappear without a _____

B 다음 빈칸에 알맞은 단어를 쓰세요.

1 obey : _____   = 따르다, 복종하다 : 따르지 않다, 불복종하다

2 legal : _____   = 합법의 : 불법의

3 innocent : _____   = 무죄의 : 유죄의

4 rob : _____   = 강탈하다, 약탈하다 : 강도 사건

5 _____ : violence   = 폭력적인, 난폭한 : 폭력

6 punish : _____   = 처벌하다, 벌을 주다 : 처벌, 벌

VOCA Exercise

C 다음 영영풀이에 해당하는 단어를 <보기>에서 골라 쓰세요.

<보기>   permit   principle   commit   offend

1 to do something illegal or harmful _____

2 to allow someone to do or have something _____

3 to make someone angry or upset _____

4 a rule or belief about what is right and wrong _____

D 주어진 우리말에 맞게 빈칸에 알맞은 단어를 채워 문장을 완성하세요. (필요시 형태 바꿀 것)

1 그 나라는 도움을 호소했다.

→ The country made an _____ for help.

2 그녀는 강도 혐의로 체포된 상태였다.

→ She was under _____ for robbery.

3 그 남자는 자신이 결백하다고 주장한다.

→ The man _____ that he is innocent.

4 추운 날에는 타이어 내부의 공기가 수축한다.

→ The air inside a tire _____ during cold days.

5 누군가 어젯밤 내 집에 침입했다.

→ Someone _____ _____ my house last night.

DAY 35

역사, 종교

- ☐ slave
- ☐ loyal
- ☐ holy
- ☐ weapon
- ☐ fate
- ☐ ancient
- ☐ military
- ☐ greed
- ☐ symbolize
- ☐ secure
- ☐ possess
- ☐ defense
- ☐ invade
- ☐ defeat
- ☐ liberty
- ☐ independence
- ☐ devote
- ☐ reflect
- ☐ desperate
- ☐ resist
- ☐ scholar
- ☐ biography
- ☐ revolution
- ☐ republic
- ☐ break out

역사, 종교

 중등 기본

0851 slave
[sleiv]

명 노예

- **Slaves** had to work long hours for their owners.
노예들은 그들의 주인을 위해 장시간 일을 해야 했다.

0852 loyal
[lɔ́iəl]

형 충성스러운, 충실한

- The **loyal** soldiers fought for their country.
그 **충성스러운** 군인들은 조국을 위해 싸웠다.

- a **loyal** customer
충실한 고객

➕ loyalty 명 충성, 충실

0853 holy
[hóuli]

형 신성한, 성스러운

- Please take off your hat in this **holy** place.
이 **신성한** 장소에서는 모자를 벗어주세요.

0854 weapon
[wépən]

명 무기

- chemical **weapons**
화학 **무기**

- She is our secret **weapon** to win the game.
그녀는 우리가 경기에서 이길 수 있는 비밀 **무기**이다.

0855 fate
[feit]

명 운명, 숙명

- accept one's **fate**
운명을 받아들이다

- Now the rest is up to **fate**.
이제 나머지는 **운명**에 달려있다.

0856 ancient
[éinʃənt]

형 1. 고대의   2. 아주 오래된

· **ancient** history
고대 역사

· **Ancient** traditions still exist in some cultures today.
고대 전통은 오늘날에도 일부 문화권에 존재한다.

⊕ modern 형 현대의, 현대적인

0857 military
[mílitèri]

형 군사의, 군대의   명 군대

· **military** force
군사력

· How long did he serve in the **military**?
그는 얼마나 오래 **군대**에서 복무했니?

● **More** military vs. army

military는 육군, 해군, 공군 등 다양한 형태의 군대를 가리킬 수 있어요.
army는 지상에서 전투하기 위해 조직한 군대를 의미하므로, 특히 육군을 가리키는 경우가 많아요.

0858 greed
[griːd]

명 탐욕, 욕심

· He didn't hide his **greed** for money and power.
그는 돈과 권력에 대한 **욕심**을 숨기지 않았다.

⊕ greedy 형 탐욕스러운, 욕심 많은

0859 symbolize
[símbəlàiz]
symbolized – symbolized

동 상징하다

· Red roses often **symbolize** love and passion.
빨간 장미는 종종 사랑과 열정을 **상징한다**.

0860 secure
[səkjúər]
secured – secured

형 1. 안심하는   2. 안전한, 안정된   동 안전하게 하다

· Children feel **secure** with their parents.
아이들은 부모와 있을 때 **안심한다**.

· a **secure** job
안정적인 직업

· They **secure** the country's border.
그들은 나라의 국경을 **안전하게 한다**.

⊕ insecure 형 불안정한, 안전하지 못한
⊕ security 명 보안, 경비, 안보

0861 possess

[pəzés]

possessed – possessed

동 소유하다, 가지다

· **Possessing** guns is illegal in Korea.
총을 소지하는 것은 한국에선 불법이다.

➕ possession 명 소유(물), 소지품

0862 defense

[diféns]

명 방어, 수비

· The army tried to break the enemy's **defense**.
군대는 적진의 **수비**를 깨려고 노력했다.

➕ defend 동 방어하다
➕ defendant 명 피고(인) 형 피고의

0863 invade

[invéid]

invaded – invaded

동 침입하다, 침략하다

· The Imjin War started as Japan first **invaded** Joseon in 1592.
임진왜란은 일본이 1592년에 처음으로 조선을 **침략하면서** 시작되었다.

➕ invader 명 침입자, 침략자
➕ invasion 명 침입, 침략

0864 defeat

[difíːt]

defeated – defeated

동 패배시키다, 물리치다 명 패배

· They were prepared to **defeat** their enemies in the battle. 그들은 전투에서 적을 **물리칠** 준비가 되어 있었다.

· She **defeated** me in badminton.
그녀는 배드민턴에서 나를 **패배시켰다**[이겼다].

· admit **defeat**
패배를 인정하다

0865 liberty

[líbərti]

명 자유

· the Statue of **Liberty**
자유의 여신상

· India fought for **liberty** from England.
인도는 영국으로부터의 **자유**를 위해 싸웠다.

More liberty vs. freedom

liberty는 지배나 권위 등으로부터 억압되지 않고 사회 내에서 자유로운 상태를 의미할 때 쓰여요.

· fight for justice and **liberty** 정의와 자유를 위해 싸우다

freedom은 어떤 외력에도 방해받지 않고 원하는 대로 생각 또는 행동할 수 있는 자유를 의미하며 개인의 행복, 관심사 또는 경제, 문화 등에서 폭넓게 사용돼요.

· **freedom** of speech 언론의 자유   · **freedom** of expression 표현의 자유

0866 independence

[indipéndəns]

명 독립

· South Korea celebrates its **independence** on August 15th. 한국은 8월 15일에 **독립**을 기념한다.

➕ independent 형 독립적인

0867 devote

[divóut]

devoted – devoted

동 (시간·노력 등을) 바치다, 쏟다 (to)

· Mother Theresa **devoted** her life **to** helping the sick and poor.
테레사 수녀는 병들고 가난한 사람들을 돕는 데 일생을 **바쳤다**.

0868 reflect

[riflékt]

reflected – reflected

동 1. 반사하다, 반영하다   2. 깊이 생각하다, 반성하다

· Mirrors **reflect** light and images.
거울은 빛과 이미지를 **반사한다**.

· I need time to **reflect**.
나는 **깊이 생각할** 시간이 필요해.

0869 desperate

[déspərət]

형 1. 필사적인   2. 절망적인   3. 간절히 원하는

· make a **desperate** attempt
필사적인 시도를 하다

· As the food ran out, people became **desperate**.
음식이 떨어지자, 사람들은 **절망했다**.

· He was **desperate** for a glass of water.
그는 물 한 잔을 **간절히 원했다**.

0870 resist

[rizíst]

resisted – resisted

동 1. 저항하다, 반대하다   2. (손상 등에) 잘 견디다, 강하다   3. 참다, 견디다

· **resist** change
변화에 **저항하다**

· This material **resists** water.
이 소재는 물에 **강하다**.

· I can't **resist** chocolate.
나는 초콜릿을 **참을** 수 없다.

➕ resistance 명 저항, 반대

0871 scholar

[skálər]

명 학자, 인문학자

· Yi Hwang was one of the greatest **scholars** in Korean history.
퇴계 이황은 한국 역사상 가장 위대한 **학자** 중 한 명이었다.

0872 biography

[baiágrəfi]

명 전기, 일대기

• I have to read the **biography** of Abraham Lincoln for my history class.
나는 역사 수업 때문에 에이브러햄 링컨의 **전기**를 읽어야 한다.

0873 revolution

[rèvəlú:ʃən]

명 혁명

• The French **Revolution** brought many changes to the country.
프랑스 **혁명**은 나라에 많은 변화를 불러왔다.

0874 republic

[ripʌ́blik]

명 공화국

• Cape Town is the capital of the **Republic** of South Africa.
케이프타운은 남아프리카 **공화국**의 수도이다.

Voca Plus Republic을 포함한 나라명

공화국은 국민이 직접 또는 간접 선거에 의하여 일정한 임기를 가진 국가원수(국가 최고 지도자)를 뽑는 국가의 형태를 말해요.

• the Czech **Republic** 체코 **공화국**
• People's **Republic** of China 중화인민**공화국**
• the **Republic** of Korea 대한**민국**
• the **Republic** of Turkey 튀르키예 **공화국**

교과서 빈출 표현

0875 break out

broke – broken

발발하다*, 발생하다   쉬운뜻 *전쟁 혹은 큰 사건이 갑자기 일어나다

• The Korean War **broke out** on June 25, 1950.
한국전쟁은 1950년 6월 25일에 **발발했다**.

VOCA Exercise

정답 p.384

A 빈칸에 알맞은 말을 넣어 어구를 완성하세요.

1 큰 패배   a big _____

2 핵무기   a nuclear _____

3 방어 시스템   a _____ system

4 필사적인 노력   a _____ effort

5 충실한 지지자   a _____ supporter

6 자유를 위해 싸우다   fight for _____

7 시간을 쏟다   _____ time

8 운명을 결정짓다   decide one's _____

B 다음 빈칸에 알맞은 단어를 쓰세요.

1 _____ : invasion   = 침입하다 : 침입

2 possess : _____   = 소유하다 : 소유(물), 소지품

3 greed : _____   = 탐욕, 욕심 : 탐욕스러운, 욕심 많은

4 _____ : independent   = 독립 : 독립적인

5 _____ : modern   = 고대의 : 현대의, 현대적인

6 secure : _____   = 안전한, 안정된 : 불안정한, 안전하지 못한

7 resist : _____   = 저항하다 : 저항

VOCA Exercise

C <보기>에서 알맞은 단어를 골라 문장을 완성하세요. (필요시 형태 바꿀 것)

> <보기>　holy　　　biography　　　scholar　　　symbolize

1 Our national flag _____ our country's values.

2 The school invited a famous _____ to give a lecture.

3 The ancient temple is considered a _____ place by the villagers.

4 The library has a huge collection of _____ on historical figures.

D 주어진 우리말에 맞게 빈칸에 알맞은 단어를 채워 문장을 완성하세요. (필요시 형태 바꿀 것)

1 디지털 혁명은 우리가 사는 방식을 변화시켰다.

→ The digital _____ has changed how we live.

2 사람들은 그들의 나라를 위해 군대에 입대한다.

→ People join the _____ to serve their country.

3 튀르키예 공화국은 1923년에 설립되었다.

→ The _____ of Turkey was established in 1923.

4 역사에서 배운 교훈을 반영하는 것은 중요하다.

→ It's important to _____ on lessons learned in history.

5 그들은 전쟁이 발발하기 전에 미국으로 도망쳤다.

→ They escaped to America before war _____

_____.

DAY

36

정치, 경제

- ☐ wealth
- ☐ rate
- ☐ invest
- ☐ elect
- ☐ target
- ☐ government
- ☐ maximum
- ☐ economy
- ☐ export
- ☐ official
- ☐ politics
- ☐ decline
- ☐ potential
- ☐ profit
- ☐ fund
- ☐ expense
- ☐ rapid
- ☐ steady
- ☐ strategy
- ☐ promote
- ☐ property
- ☐ candidate
- ☐ estimate
- ☐ deal with
- ☐ run for

정치, 경제

 중등 기본

0876 wealth
[welθ]

명 부*, 재산 　　　　　　　　　쉬운뜻 *가진 재산의 전체

• the **wealth** of a nation
　국가의 부

• He gave back his **wealth** to society.
　그는 자기 **재산**을 사회에 환원했다.

➕ **wealthy** 형 부유한

0877 rate
[reit]
rated – rated

명 비율, 속도　　동 평가하다

• the exchange **rate**
　환율

• The survey allows employees to **rate** their workplaces without leaving their names.
　그 설문조사는 직원들이 이름을 남기지 않고[익명으로] 자기 직장을 **평가하도록** 한다.

0878 invest
[invést]
invested – invested

동 투자하다

• He **invested** a lot of money in a start-up company.
　그는 신생 회사에 많은 돈을 **투자하였다**.

➕ **investment** 명 투자, 투자액

0879 elect
[ilékt]
elected – elected

동 선거하다, 선출하다*　　　쉬운뜻 *투표 등의 방법으로 여럿 중에서 뽑다

• Voters have the power to **elect** their new leader.
　유권자들은 지도자를 **선출할** 힘이 있다.

• She **was elected** as a member of the city council.
　그녀는 시의회 의원으로 **선출되었다**.

➕ **election** 명 선거

0880 target
[tá:rgit]

명 1. 목표, 대상　 2. 표적, 과녁

• The company couldn't reach its sales **target**.
　그 회사는 판매 **목표치**를 달성하지 못했다.

• An arrow hit the **target** in the center.
　화살은 **과녁**의 중앙을 맞혔다.

0881 government
[gʌ́vərnmənt]

명 정부, 정권

- The **government** works for people in the country.
  정부는 국민들을 위해 일한다.

➕ govern 동 (나라, 국민을) 다스리다, 통치하다

0882 maximum
[mǽksəməm]

형 최대의, 최고의　명 최대, 최고

- The credit card has a **maximum** limit of $2,000.
  그 신용카드는 2,000달러의 **최대** 지출 한도가 있다.

- Keep the room temperature at a **maximum** of 25 degrees.
  방 온도를 **최대** 25도로 유지해라.

➕ minimum 형 최소의, 최저의　명 최소, 최저

0883 economy
[ikánəmi]

명 경제

- The **economy** has been growing for the last two years.
  경제는 지난 2년간 성장해 오고 있다.

➕ economic 형 경제의
➕ economics 명 경제학

0884 export
동사 [ikspɔ́:rt]
명사 [ékspɔ:rt]
exported – exported

동 수출하다　명 수출(품)

- They **export** electronic devices and batteries.
  그들은 전자 기기와 배터리를 수출한다.

- What is the country's main **export**?
  그 나라의 주요 **수출품**은 무엇인가요?

➕ import 동 수입하다　명 수입(품)

0885 official
[əfíʃəl]

형 공무상의, 공식적인　명 공무원, 관리

- The country's **official** language is French.
  그 나라의 **공식적인** 언어는 프랑스어이다.

- a city **official**
  시 **공무원**

➕ officially 부 공식적으로

0886 politics
[pálətiks]

명 정치, 정치학

- Voting is a way to participate in **politics**.
  투표는 **정치**에 참여하는 한 가지 방법이다.

- People can have different opinions about **politics**.
  사람들은 **정치**에 대해 서로 다른 의견을 가질 수 있다.

➕ **political** 형 정치의, 정치적인
➕ **politically** 부 정치적으로
➕ **politician** 명 정치인

0887 decline
[dikláin]
declined – declined

동 1. 감소하다 2. 거절하다, 사양하다 명 감소

- The birth rate **is declining** all over the world.
  전 세계적으로 출산율이 **감소**하고 있다.

- **decline** an offer
  제안을 **거절하다**

- The economy is experiencing a **decline** in growth for many reasons.
  경제는 여러 가지 이유로 성장이 **감소**하고 있다.

0888 potential
[pəténʃəl]

형 가능성이 있는, 잠재적인 명 가능성, 잠재력

- a **potential** customer
  잠재적 고객

- The company certainly has the **potential** for growth.
  그 회사는 확실히 성장 **가능성**이 있다.

0889 profit
[práfit]

명 (금전적인) 이익* 쉬운뜻 *수입에서 비용을 뺀 차액, 수익

- The airline made a huge **profit** during the holidays.
  그 여행사는 명절 동안 막대한 **이익**을 얻었다.

➖ **loss** 명 1. 손실, 분실 2. (금전적) 손해

0890 fund
[fʌnd]

명 1. (특정 목적을 위한) 기금 2. (-s) (이용 가능한) 돈, 자금

- a relief **fund**
  구제 **기금**

- The school has enough **funds** to build a new gym.
  그 학교는 새 체육관을 지을 충분한 **자금**이 있다.

Voca Plus 돈과 관련된 단어
- **income** 소득, 수입 - **budget** 예산 - **finance** 1. 재정, 금융 2. 자금 - **duty** 1. 의무 2. 직무 3. 세금, 관세

0891 expense
[ikspéns]

명 1. (어떤 일에 드는) 돈, 비용   2. (-s) (소요) 경비, 비용

- The city's libraries are maintained at public **expense**.
  도시의 도서관들은 공적 **경비**로 유지된다.

- The living **expenses** have increased since last year.
  작년부터 생활**비**가 늘었다.

➕ at one's expense ~의 돈[비용]으로

0892 rapid
[rǽpid]

형 빠른, 신속한

- Korea experienced **rapid** growth in technology.
  한국은 기술의 **빠른** 성장을 겪었다.

➕ rapidly 부 빠르게

0893 steady
[stédi]

형 1. 꾸준한   2. 변함없는, 고정적인   3. 안정된

- There has been a **steady** increase in prices.
  가격이 **꾸준히** 상승하고 있다.

- a **steady** heart rate
  고정적인 심박수

- Hold the camera **steady** while you take a picture.
  사진을 찍는 동안 카메라를 **안정된** 상태로 유지해라.

0894 strategy
[strǽtidʒi]

명 (특정 목표를 위한) 전략[계획]

- marketing **strategy**
  마케팅 **전략**

- What's your **strategy** for winning the game?
  경기에서 이기기 위한 당신의 **전략**은 무엇인가요?

0895 promote
[prəmóut]
promoted – promoted

동 홍보하다, 촉진하다

- The company will **promote** its new product.
  그 회사는 새로운 제품을 **홍보할** 것이다.

0896 property
[prápərti]

명 1. 재산, 소유물   2. 부동산, 소유지

- The national park is public **property**.
  국립공원은 공공**재산**이다. '

- a **property** developer
  부동산 개발업자

0897 candidate
[kǽndidèit]

명 (선거의) 입후보자, 출마자, 후보자

- a strong **candidate**
  강력한[유망한] **후보자**
- The **candidate**'s campaign focuses on education.
  그 **후보**의 선거 운동은 교육에 초점을 둔다.

0898 estimate
명사 [éstimət]
동사 [éstimèit]
estimated – estimated

명 추정(치)
동 추정하다, 견적하다*

쉬운뜻 *필요한 비용 등을 어림잡아 계산하다

- a rough **estimate**
  대략적인 **추정치**
- It's essential to **estimate** the demand for a new product.
  신제품의 수요를 **추정하는** 것은 필수이다.

교과서 빈출 표현

0899 deal with

dealt – dealt

~을 다루다, 처리하다
- The leaders will **deal with** the trade issues.
  지도자들은 무역 문제에 대해 **다룰 것이다.**

➕ **deal** 동 나누다 명 거래(서), 합의

0900 run for

ran – run

~에 입후보하다, 출마하다
- He is going to **run for** mayor.
  그는 시장 선거**에 출마할** 것이다.

VOCA Exercise

정답 p.384

A 빈칸에 알맞은 말을 넣어 어구를 완성하세요.

1 목표를 세우다   set a _____

2 성공률   success _____

3 급격한 감소   a sharp _____

4 투자 기금   investment _____

5 꾸준한 진보   _____ progress

6 잠재적 이득   _____ benefit

7 사업 전략   a business _____

8 큰 비용으로   at great _____

PART 6

Day 36

B 주어진 단어를 알맞은 형태로 바꿔 문장을 완성하세요.

1 Global situations are changing (rapid) _____.

2 A (politics) _____ often receives public criticism.

3 There will be an (elect) _____ at the end of the year.

4 The (govern) _____ promised to pay for the damage.

5 (wealth) _____ countries play important roles in the global economy.

VOCA Exercise

C 다음 영영풀이에 해당하는 단어를 <보기>에서 골라 쓰세요.

> <보기>   profit   candidate   estimate   property

1 something owned by a person   _____

2 a person who is trying to be elected   _____

3 money that you gain by doing business   _____

4 to make a guess about the amount or size   _____

D 주어진 우리말에 맞게 빈칸에 알맞은 단어를 채워 문장을 완성하세요.

1 나는 내 돈의 적은 일부분을 투자하기로 했다.

→ I decided to _____ a small part of my money.

2 소셜 미디어는 새로운 무언가를 홍보하는 데 사용될 수 있다.

→ Social media can be used to _____ something new.

3 회사는 신제품을 유럽에 먼저 수출할 예정이다.

→ The company will _____ its latest product to Europe first.

4 K-pop 문화는 국가 경제가 빠르게 성장하는 데 도움이 되었다.

→ K-pop culture has helped the national _____ grow fast.

5 나는 내년에 학교장 선거에 출마할 것이다.

→ I will _____ _____ school president next year.

A 주어진 단어를 각각 빈칸에 채워 문장을 완성하세요.

944 _____ others is a _____ act. (criminal, robbing)

945 The police put the _____ under _____.
(arrest, suspect)

946 The _____ were _____ for freedom. (slaves, desperate)

947 The law _____ those who _____ a crime.
(commit, punishes)

B <보기>에서 알맞은 단어를 골라 문장을 완성하세요.

<보기>	defense	military	candidates	rapid
	accused	decline	run	ancient
	funds	claims		

948 He was _____ of making false _____.

949 The _____ city's walls were constructed in _____.

950 The country doesn't have enough _____ to support the
_____.

951 _____ economic _____ can cause many
job losses.

952 Three _____ will _____ for president.

주어진 우리말에 맞게 다음 빈칸에 알맞은 단어를 쓰세요. (필요시 형태 바꿀 것)

953 She decided to _____ in the _____ market.

그녀는 부동산 시장에 투자하기로 결심했다.

954 The _____ shows that the man is not _____.

증거는 그 남자가 유죄가 아니라는 것을 보여준다.

955 In the past, people fought for _____ and _____.

과거에 사람들은 자유와 독립을 위해 싸웠다.

956 We need strict punishment for _____ _____.

우리는 난폭한 범죄자들에 대한 강력한 처벌이 필요하다.

957 The industrial _____ transformed _____.

산업 혁명은 경제들을 완전히 바꿨다.

958 You have the right to _____ if the _____ process was unfair.

법률 과정이 공평하지 않았다면 항소할 권리가 있다.

959 To _____ public health, smoking is not _____ in public places.

공공 보건을 촉진하기 위해 공공장소에서의 흡연은 허락되지 않는다[금지되어 있다].

960 World War II _____ _____ when Germany _____ Poland.

제 2차 세계대전은 독일이 폴란드를 침략했을 때 발발했다.

961 There is a need for a _____ _____ to increase the birth rate.

출산율을 올리기 위한 정부 정책이 필요하다.

962 The company came up with a _____ to satisfy their _____ customers.

그 회사는 충실한 고객[단골]을 만족시킬 전략을 생각해 냈다.

DAY

37

사물 묘사

- ☐ double
- ☐ angle
- ☐ smooth
- ☐ sheet
- ☐ odd
- ☐ dull
- ☐ sort
- ☐ billion
- ☐ primary
- ☐ mass
- ☐ equal
- ☐ genuine
- ☐ precise
- ☐ numerous
- ☐ enormous
- ☐ lack
- ☐ excess
- ☐ feature
- ☐ bunch
- ☐ intense
- ☐ slight
- ☐ delicate
- ☐ approximate
- ☐ be filled with
- ☐ be covered with

 중등 기본

0901 **double**
[dʌ́bl]
doubled – doubled

형 1. 두 배의   2. 2인용의   동 두 배로 되다[만들다]

· a **double** cheeseburger
더블 치즈버거(고기 패티와 치즈가 두 배로 들어간 햄버거)

· Would you like a single or **double** room?
1인실로 하시겠어요, 아니면 **2인실**로 하시겠어요?

· The business **doubled** its profits within one year.
그 사업은 1년 안에 이익을 **두 배로 만들었다**.

0902 **angle**
[ǽŋgl]

명 1. 각, 각도   2. (사물을 보는) 각도, 관점

· Every triangle has three **angles**.
모든 삼각형은 세 개의 **각**이 있다.

· This issue can be seen from different **angles**.
이 쟁점은 여러 **관점**에서 보여질 수 있다.

0903 **smooth**
[smuːð]

형 1. 매끈한, 매끄러운   2. (덩어리 없이) 고루 잘 섞인

· She has soft and **smooth** skin.
그녀는 부드럽고 **매끈한** 피부를 가지고 있다.

· Stir the sauce until it's **smooth**.
소스가 **고루 잘 섞일** 때까지 저어주세요.

0904 **sheet**
[ʃiːt]

명 1. (침대) 시트   2. (종이) 한 장

· He asked the manager to change the **sheets**.
그는 매니저에게 **침대 시트**를 갈아 달라고 요청했다.

· I need a pen and a **sheet** of paper.
나는 펜과 종이 **한 장**이 필요하다.

➕ a sheet of 한 장의 ~

0905 **odd**
[ɑd]

[형] 1. 이상한, 특이한 2. 한 짝만 있는, 짝이 안 맞는 3. 홀수의

· There is an **odd** smell in the room.
그 방에서 **이상한** 냄새가 난다.

· You are wearing **odd** socks!
너 양말을 **짝이 안 맞게**[짝짝이로] 신었어!

· You cannot use any **odd** numbers like 3 and 5.
당신은 3과 5와 같은 **홀수**를 사용할 수 없다.

0906 **dull**
[dʌl]

[형] 따분한, 재미없는

· His jokes were **dull** and no one in the room laughed.
그의 농담은 **재미가 없어서** 방에 있는 아무도 웃지 않았다.

0907 **sort**
[sɔːrt]
sorted – sorted

[명] 종류, 부류 [동] 분류하다 (out)

· What **sort** of movies do you watch?
너는 어떤 **종류**의 영화를 보니?

· The librarian **sorted** the books **out** by topics.
사서는 그 책들을 주제에 따라 **분류했다**.

0908 **billion**
[bíljən]

[명] 십억, 10억

· The ocean is home to **billions** of sea creatures.
바다는 **수십억** 바다 생물들의 서식지이다.

Voca Plus 영어의 수를 세는 단위

· **hundred** 백, 100   · **thousand** 천, 1000   · **million** 백만, 100만

 중등 필수

0909 **primary**
[práiməri]

[형] 1. 주된, 주요한 (= prime) 2. 최초의, 초기의

· Our **primary** objective is to improve quality.
우리의 **주된** 목표는 질을 향상시키는 것이다.

· The **primary** step is to identify the problem.
초기 단계는 문제점을 찾는 것이다.

➕ primarily [부] 주로

0910 mass

[mæs]

명 1. 큰 덩어리　2. 다량, 다수 (of)　형 대규모의, 대중적인

- rock **mass**
  돌덩어리[암반]
- His job is to analyze a huge **mass of** data.
  그의 업무는 엄청나게 **많은 양**의 데이터를 분석하는 것이다.
- **mass** production/media
  대규모 생산/**대중** 매체

0911 equal

[íːkwəl]

형 같은, 동등한

- He cut the pizza in **equal** sizes.
  그는 **같은** 크기로 피자를 잘랐다.
- They fought for **equal** rights of workers.
  그들은 노동자들의 **동등한** 권리를 위해 싸웠다.

➕ equally 부 같게, 동등하게

0912 genuine

[dʒénjuin]

형 진짜의, 진품의

- **genuine** leather
  진짜 가죽
- Is this painting a **genuine** Picasso?
  이 그림은 피카소 **진품**인가요[진짜 피카소의 그림인가요]?

0913 precise

[prisáis]

형 정확한, 정밀한

- She took **precise** measurements to make a dress.
  그녀는 드레스를 만들기 위해 **정확한** 치수를 쟀다.

➕ precisely 부 정확하게, 정밀하게

0914 numerous

[njúːmərəs]

형 많은

- AI technology is used in **numerous** ways today.
  오늘날 인공지능 기술은 **많은** 방법으로 사용된다.

0915 enormous

[inɔ́ːrməs]

형 거대한

- The **enormous** whale weighs three tons.
  그 **거대한** 고래는 무게가 3톤이 나간다.

0916 lack

[læk]

명 부족, 결핍

- **Lack** of sleep can make you anxious.
  수면 **부족**은 당신을 불안하게 만들 수 있다.

0917 excess

[iksés]

명 초과, 과잉 형 초과한, 여분의

- Consuming caffeine **in excess** can be bad for you.
  카페인을 **과도하게** 섭취하는 것은 네게 좋지 않을 수 있다.

- **excess** baggage
  초과 수하물

➕ **in excess** 초과하여, 과도하게

0918 feature

[fíːtʃər]

featured – featured

명 1. 특징, 특색 2. (-s) 이목구비, 얼굴 생김새 3. 특집 (기사)
동 특징을 이루다, 특별히 포함하다

- The main **feature** of the new smartphone is its camera.
  새 스마트폰의 주요 **특징**은 카메라이다.

- handsome **features**
  잘생긴 **이목구비**

- Climate change was the **feature** in today's newspaper.
  기후변화가 오늘 신문의 **특집 기사**였다.

- The new menu **features** a variety of appetizers.
  신메뉴는 다양한 식전 음식을 **특별히 포함한다**.

0919 bunch

[bʌntʃ]

명 다발, 송이, 묶음

- He gave her a **bunch** of roses.
  그는 그녀에게 장미꽃 한 **다발**을 주었다.

0920 intense

[inténs]

형 극심한, 강렬한, 격렬한

- **intense** heat
  극심한 더위[폭염]

- The coach planned an **intense** training for the team.
  감독은 그 팀의 **격렬한**[집중] 훈련을 계획했다.

0921 slight
[slait]

형 약간의, 조금의

- I made a **slight** change in my daily routine.
  나는 내 일과에 **약간의** 변화를 주었다.

➕ slightly 분 약간, 조금

0922 delicate
[délikət]

형 1. 부서지기 쉬운, 연약한   2. 섬세한   3. 미묘한, 까다로운

- The china plates are **delicate**, so handle them with care.
  그 도자기 접시들은 **부서지기 쉬우니** 조심해서 다뤄라.

- The curtains have **delicate** lace at the end.
  그 커튼은 끝에 **섬세한** 레이스가 달려 있다.

- This is a **delicate** situation to handle.
  이건 다루기 **미묘한** 상황이다.

0923 approximate
[əpráksimeit]

형 거의 정확한, 대략의

- What is the **approximate** cost for the repair?
  수리 비용이 **대략** 얼마나 됩니까?

➕ approximately 분 거의, 대략

교과서 빈출 표현

0924 be filled with

was[were] – been

~로 가득 차다

- The basket **is filled with** fresh fruit.
  그 바구니는 신선한 과일로 **가득 차** 있다.

0925 be covered with

was[were] – been

~로 뒤덮여 있다

- The car **is covered with** mud.
  그 차는 진흙으로 **뒤덮여 있다**.

- The counter **was covered with** flour from baking.
  카운터는 제빵으로 인해 밀가루로 **뒤덮여 있었다**.

VOCA Exercise

정답 p.385

A 빈칸에 알맞은 말을 넣어 어구를 완성하세요.

1 새로운 관점   a new _____

2 면 시트   a cotton _____

3 진필 서명   a _____ signature

4 따분한 순간   a _____ moment

5 거대한 나무   an _____ tree

6 이상한 기분   an _____ feeling

7 극심한 추위[혹한]   the _____ cold

8 많은 예시들   _____ examples

B 빈칸 (a)와 (b)에 공통으로 들어갈 단어를 쓰세요.

1 (a) I'd like to book a room with a _____ bed.

     2인용 침대가 있는 방을 예약하려고 합니다.

   (b) The price of the item will _____ during the holiday season.

     물건 가격은 연휴 동안 두 배로 될 것이다.

2 (a) A famous _____ of the city is the traditional market.

     그 도시의 유명한 특징은 전통 시장이다.

   (b) I'm reading a _____ article about global warming.

     나는 지구 온난화에 대한 특집 기사를 읽고 있다.

VOCA Exercise

C

다음 영영풀이에 해당하는 단어를 <보기>에서 골라 쓰세요.

> <보기>　　equal　　　　excess　　　　precise　　　　lack

1 clear and accurate _____

2 more than is necessary _____

3 not having enough of something _____

4 the same in size, quantity, value, etc. _____

D

주어진 우리말에 맞게 빈칸에 알맞은 단어를 채워 문장을 완성하세요. (필요시 형태 바꿀 것)

1 아기는 매우 연약한 피부를 가지고 있다.

→ Babies have very _____ skin.

2 나는 이 방의 대략적인 크기가 얼마인지 궁금하다.

→ I wonder the _____ size of this room.

3 수십억 달러가 그 광고에 쓰였다.

→ _____ of dollars were spent on the advertisement.

4 새 경기장은 수백 명의 농구 팬들로 가득 찼었다.

→ The new stadium _____ _____

_____ hundreds of basketball fans.

5 그 길거리는 낙엽으로 뒤덮여 있다.

→ The street _____ _____ _____

fallen leaves.

DAY

38

상황 묘사

- ☐ pretty
- ☐ terrific
- ☐ awful
- ☐ mostly
- ☐ nearly
- ☐ exactly
- ☐ likely
- ☐ pardon
- ☐ fortunately
- ☐ confusion
- ☐ ideal
- ☐ awkward
- ☐ incredible
- ☐ consistent
- ☐ persistent
- ☐ absolutely
- ☐ eventually
- ☐ immediately
- ☐ properly
- ☐ disgust
- ☐ somewhat
- ☐ indeed
- ☐ nevertheless
- ☐ not ~ at all
- ☐ regardless of

 중등 기본

0926 **pretty**
[príti]

형 예쁜 부 1. 꽤 2. 아주, 매우

- It took a **pretty** long time to arrive home.
집에 도착하기까지 **꽤** 오랜 시간이 걸렸다.

- The performance was **pretty** interesting.
그 공연은 **매우** 재미있었다.

0927 **terrific**
[tərífik]

형 훌륭한, 아주 좋은

- We had a **terrific** time at the beach.
우리는 그 해변에서 **아주 좋은** 시간을 보냈다.

0928 **awful**
[ɔ́:fəl]

형 끔찍한, 지독한

- The weather is **awful** today.
오늘 날씨가 **끔찍하다**.

- I had an **awful** day at school.
학교에서 **끔찍한** 하루를 보냈어.

0929 **mostly**
[móustli]

부 1. 대부분, 대개 2. 주로

- The party guests were **mostly** friends and family members.
파티 손님들은 **대부분** 친구와 가족들이었다.

- I **mostly** watch TV on weekends.
나는 **주로** 주말에 TV를 본다.

0930 **nearly**
[níərli]

부 거의, 하마터면 (~할 뻔하여)

- **Nearly** 200 people came to the wedding.
거의 200명이 그 결혼식에 왔다.

- We **nearly** missed the flight.
우리는 비행기를 **하마터면** 놓칠 **뻔했다**.

0931 exactly
[igzǽktli]

분 정확히, 틀림없이

· I want to know **exactly** what happened.
나는 무슨 일이 일어났는지 **정확히** 알고 싶다.

· The deadline is **exactly** one week from today.
기한은 오늘로부터 **정확히** 일주일이다.

➕ exact 형 정확한

0932 likely
[láikli]

형 ~할 것 같은, ~할 것으로 예상되는

· It is **likely** that he will win the contest.
그가 경연에서 우승**할 것 같다**.

· It's **likely** to rain later in the afternoon.
오후 늦게 비가 올 **것으로 예상됩니다**.

PART 7

Day
38

0933 pardon
[páːrdn]
pardoned – pardoned

명 용서   동 용서하다

· I beg your **pardon**, I thought the bag was mine.
용서해 주세요[죄송해요], 저는 그 가방이 제 것인 줄 알았어요.

· **Pardon** me for my rudeness.
저의 무례를 **용서해 주세요**.

· **Pardon me**? I didn't hear you.
뭐라고요? 못 들었어요.

➕ pardon (me) 뭐라고요 (다시 말해 달라는 뜻으로 하는 말)

🐳 중등 필수

0934 fortunately
[fɔ́ːrtʃənətli]

분 다행스럽게도, 운이 좋게도

· **Fortunately**, no one was injured in the accident.
다행스럽게도 그 사고에서 아무도 다치지 않았다.

➕ unfortunately 분 불행하게도
➕ fortunate 형 운이 좋은, 다행한
➕ fortune 명 1. 운 2. 재산

0935 confusion
[kənfjúːʒən]

명 혼란, 혼동

· Unclear explanations will only cause **confusion**.
분명하지 않은 설명은 오직 **혼란**을 일으킬 것이다.

· I'm sorry for the **confusion**.
혼동을 드려[헷갈리게 해서] 죄송합니다.

➕ confuse 동 1. 혼란시키다 2. 혼동하다

0936 ideal
[aidíːəl]

형 이상적인*

쉬운뜻 *가장 완전하거나 완벽하다고 여겨지는

- Jeju island is an **ideal** place for a vacation.
제주도는 휴가에 **이상적인** 곳이다.

➕ ideally 부 이상적으로

0937 awkward
[ɔ́ːkwərd]

형 1. 어색한 2. 곤란한

- There was an **awkward** silence between them.
그들 사이에 **어색한** 침묵이 흘렀다.

- The reporter's **awkward** question made her embarrassed.
그 기자의 **곤란한** 질문이 그녀를 당황시켰다.

0938 incredible
[inkrédəbl]

형 1. 놀라운, (믿기 어려울 만큼) 훌륭한 2. 믿어지지 않는

- Her painting skill is **incredible**.
그녀의 그림 실력은 **놀랍다**.

- He told us an **incredible** story of survival in the jungle.
그는 우리에게 **믿어지지 않는** 정글에서의 생존 이야기를 해주었다.

➕ incredibly 부 믿을 수 없을 정도로

0939 consistent
[kənsístənt]

형 1. 한결같은, 일관된 2. ~와 일치하는 (with)

- She read the book in a **consistent** tone of voice.
그녀는 **일관된** 어조의 목소리로 책을 읽었다.

- Her story is **consistent with** what we saw.
그녀의 이야기는 우리가 본 것**과 일치한다**.

➕ consist 동 1. 구성되다 2. 일치하다

0940 persistent
[pərsístənt]

형 1. 끈질긴, 집요한 2. 끊임없는, 계속되는

- He was so **persistent** that I couldn't say no.
그가 너무 **집요해서** 나는 거절할 수 없었다.

- a **persistent** rumor
끊임없는 소문

➕ persist 동 1. 고집하다, 주장하다 2. 지속하다

More 형용사를 만드는 접미사 -ent

접미사 -ent는 동사 뒤에 붙어 형용사의 의미를 나타내어 주로 '~한, ~하는'으로 해석해요.

- differ(다르다) + -ent = **different** 다른
- excel(뛰어나다) + -ent = **excellent** 훌륭한, 탁월한
- reside(거주하다) + -ent = **resident** 거주하는
- depend(의지하다) + -ent = **dependent** 의지하는

0941 absolutely
[ǽbsəlùːtli]

囝 1. 완전히　2. 물론이지

- Are you **absolutely** sure about your decision?
  너는 네 결정에 **완전히** 확신이 있니?

- A: Can you come to the party tomorrow?
  B: **Absolutely**, I'll be there.
  A: 너 내일 파티에 올 수 있니?　B: **물론이지**, 갈게.

➕ absolute 휑 완전한

0942 eventually
[ivéntʃuəli]

囝 결국

- The ugly duckling **eventually** became a beautiful swan.
  미운 오리 새끼는 **결국** 아름다운 백조가 되었다.

- We're sure that we'll **eventually** win the finals.
  우리는 **결국** 결승전에서 이길 것이라고 확신한다.

0943 immediately
[imíːdiətli]

囝 즉시, 즉각

- You need to come home **immediately**.
  즉시 집으로 오셔야 합니다.

- In case of an emergency, call 911 **immediately**.
  비상시에 **즉시** 119에 전화해라.

0944 properly
[prápərli]

囝 적절히, 제대로

- You should learn how to spend money **properly**.
  너는 돈을 **적절하게** 쓰는 법을 배워야 한다.

- This computer isn't working **properly**.
  이 컴퓨터는 **제대로** 작동이 안 된다.

➕ proper 휑 적절한, 적당한

0945 disgust
[disɡʌ́st]
disgusted – disgusted

몡 혐오감, 역겨움, 넌더리*
똥 역겹게 하다

허운똥 *지긋지긋하게 몹시 싫은 생각

- The terrible smell filled me with **disgust**.
  지독한 악취는 나를 **역겹게** 만들었다.

- The thought of eating bugs **disgusts** me.
  벌레를 먹는 생각은 나를 **역겹게 한다**.

➕ disgusting 휑 혐오스러운, 역겨운

0946 **somewhat**
[sʌ́mwʌ̀t]

⟨부⟩ 어느 정도, 다소

· His explanation was **somewhat** unclear.
그의 설명은 **다소** 분명하지 않았다.

· The situation changed **somewhat** after we met.
상황은 우리가 만난 후로 **어느 정도** 바뀌었다.

0947 **indeed**
[indíːd]

⟨부⟩ 참으로, 실제로, 정말로

· This is a very nice house **indeed**.
이건 **실제로** 너무 좋은 집이다.

· **Indeed**, I'd like to meet him in person.
정말로 그를 직접 만나고 싶어요.

0948 **nevertheless**
[nèvərðəlés]

⟨부⟩ 그럼에도 불구하고

· The test was difficult, but **nevertheless** he passed it.
그 시험은 어려웠지만 **그럼에도 불구하고** 그는 합격했다.

교과서 빈출 표현

0949 **not ~ at all**

전혀 ~ 아닌

· She did**n't** look surprised **at all**.
그녀는 **전혀** 놀라 보이지 **않았다**.

· The movie was**n't** funny **at all**.
그 영화는 **전혀** 웃기지 **않았다**.

0950 **regardless of**

~에 상관없이

· **Regardless of** the weather conditions, the outdoor event will take place.
날씨 상태**에 상관없이**, 야외 행사는 개최될 것이다.

· We treat everyone with respect **regardless of** their age.
우리는 나이**에 상관없이** 모두를 정중히 대한다.

VOCA Exercise

정답 p.385

A 빈칸에 알맞은 말을 넣어 어구를 완성하세요.

1 아주 좋은 생각   a _____ idea

2 꽤나 큰 집   a _____ big house

3 한결같은 태도   a _____ attitude

4 이상적인 기회   an _____ opportunity

5 어색한 순간   an _____ moment

6 끔찍한 날씨   _____ weather

7 거의 비어 있는   _____ empty

8 용서를 구하다   ask for _____

PART 7

Day
38

B 다음 빈칸에 알맞은 단어를 쓰세요.

1 exact : _____   = 정확한 : 정확히

2 incredible : _____   = 믿어지지 않는 : 믿을 수 없을 정도로

3 proper : _____   = 적절한, 적당한 : 적절히, 제대로

4 absolute : _____   = 완전한 : 완전히

5 disgust : _____   = 혐오감, 역겨움 : 혐오스러운, 역겨운

6 persist : _____   = 고집하다, 주장하다 : 끈질긴, 집요한

VOCA Exercise

다음 영영풀이에 해당하는 단어를 <보기>에서 골라 쓰세요.

> <보기>   mostly   likely   eventually   immediately

1   without delay; right away   _____

2   seeming to probably happen   _____

3   almost all or almost completely   _____

4   in the end; at some later time   _____

D   주어진 우리말에 맞게 빈칸에 알맞은 단어를 채워 문장을 완성하세요.

1   그 문제는 참으로 아주 심각하다.

    → The problem is very serious _____.

2   다행스럽게도 그 비행기는 공항에 안전하게 착륙했다.

    → _____, the plane landed at the airport safely.

3   그는 자신의 친구를 전혀 이해할 수 없었다.

    → He couldn't understand his friend _____ _____.

4   그녀는 아버지를 돌보았지만, 그럼에도 그는 나아지지 않았다.

    → She cared for her father, but _____ he didn't get better.

5   나이에 상관없이 누구나 그 체스 동호회에 가입할 수 있다.

    → Anyone can join the chess club _____ _____ age.

A   주어진 단어를 각각 빈칸에 채워 문장을 완성하세요.

963 We _____ out the _____ by colors. (sorted, sheets)

964 You don't look _____ at _____. (odd, all)

965 It was an _____ _____ moment for us.
(awkward, absolutely)

966 _____ of clear guidelines leads to _____.
(confusion, lack)

967 The Christmas tree was _____ _____.
(pretty, enormous)

B   <보기>에서 알맞은 단어를 골라 문장을 완성하세요.

<보기>	feature	covered	genuine	mostly
	filled	likely	bunch	ideal
	equal	numerous		

968 He went to _____ shops to find a _____ antique.

969 He was _____ _____ with dust after cleaning.

970 The show is _____ to _____ the latest trends in clothing.

971 _____ opportunities for everyone would be _____.

972 The room was _____ with a _____ of balloons.

주어진 우리말에 맞게 다음 빈칸에 알맞은 단어를 쓰세요. (필요시 형태 바꿀 것)

973 His comment caused a _____ look of _____.

그의 논평은 약간의 혐오스러운 눈빛을 일으켰다.

974 The _____ lecture _____ made me fall asleep.

따분한 강의는 나를 결국 잠이 들게 했다.

975 She gave me _____ clear and _____ directions.

그녀는 나에게 다소 명확하고 정확한 방향을 알려주었다.

976 The _____ fabric of the dress felt _____

against her skin.

그 드레스의 섬세한 천은 그녀의 피부에 매끄럽게 느껴졌다.

977 His _____ task is to _____ handle conflicts

between employees.

그의 주업무는 직원들 사이의 분쟁을 제대로 처리하는 것이다.

978 The _____ media has an _____ power to

influence people.

대중 매체는 사람들에게 영향을 미칠 수 있는 놀라운 힘을 가지고 있다.

979 The _____ population of the world is over seven

_____.

세계의 대략적인 인구는 70억이 넘는다.

980 The _____ rain created _____ flooding in low areas.

계속되는 비는 낮은 지역[저지대]에 극심한 홍수를 일으켰다.

981 After the marketing campaign, sales _____ _____.

마케팅 캠페인 이후 매출은 거의 두 배가 되었다.

982 _____, she showed _____ improvement in

her performance.

실제로, 그녀는 실적에 있어 일관된 성장을 보였다.

DAY

39

의미를 더해주는 어휘

- [ ] whether
- [ ] although
- [ ] except
- [ ] expression
- [ ] simply
- [ ] strongly
- [ ] certainly
- [ ] deeply
- [ ] seriously
- [ ] unless
- [ ] despite
- [ ] context
- [ ] possibly
- [ ] generally
- [ ] overall
- [ ] definitely
- [ ] frankly
- [ ] otherwise
- [ ] therefore
- [ ] furthermore
- [ ] moreover
- [ ] sincerely
- [ ] in addition to
- [ ] rather than
- [ ] not only A but (also) B

의미를 더해주는 어휘

 중등 기본

0951 **whether**
[wéðər]

접 ~인지 아닌지

• I asked him **whether** he had breakfast.
나는 그에게 아침을 먹었는**지** 안 먹었는**지** 물어봤다.

0952 **although**
[ɔːlðóu]

접 비록 ~이지만, ~에도 불구하고

• **Although** he was tired, he studied until midnight.
그는 **비록** 피곤**했지만**, 자정까지 공부했다.

0953 **except**
[iksépt]

전 ~을 제외하고, ~ 외에는

• Everyone attended the meeting **except** John.
존을 **제외한** 모두가 회의에 참석했다.

• I cleaned the whole house **except** (**for**) the bathroom.
나는 화장실을 **제외한** 집 전체를 청소했다.

➕ except for ~을 제외하고는, ~이 없으면

More except vs. except for

여럿 중 하나 또는 소수를 제외한다는 의미로 뒤에 명사가 오거나 앞에 all, every, everyone, everything, whole 등과 같은 단어가 등장할 때 except와 except for 둘 다 사용할 수 있어요.

• The mall is open every day **except** (**for**) New Year's day.
그 쇼핑몰은 새해 첫날을 **제외하고** 매일 문을 연다.

• All my friends **except** Kyle came to my birthday party.
내 친구들은 카일을 **제외하고** 모두 내 생일파티에 왔다.

하지만 except for는 앞서 말한 내용이 전적으로 사실이 아니게 만드는 예외 사항을 말할 때 사용해요.

• The weather was perfect for the picnic, **except for** the sudden rain shower.
날씨는 갑자기 내린 소나기만 **제외하고는** 소풍하기에 완벽했다.

0954 **expression**
[ikspréʃən]

명 표현

• She showed no **expression**.
그녀는 어떠한 **표현**도 하지 않았다.

• Her facial **expression** told us everything.
그녀의 얼굴 **표현**[표정]이 우리에게 모든 것을 말해주었다.

➕ express 동 표현하다

0955 simply
[símpli]

부 1. 간단하게   2. 그야말로, 정말로, 그냥

- He explained the recipe very **simply**.
  그는 조리법을 아주 **간단하게** 설명했다.

- The rumor about her is **simply** not true.
  그녀에 관한 그 소문은 **그야말로** 사실이 아니다.

0956 strongly
[strɔ́:ŋli]

부 강하게, 강경히*   쉬운뜻 *꿋꿋하게 자신의 뜻을 밀고 나가는 태도로

- I **strongly** disagree with his opinion.
  나는 그의 의견에 **강하게** 반대한다.

0957 certainly
[sə́ːrtnli]

부 1. 확실히, 틀림없이   2. 그럼요, 물론이지요

- These books are **certainly** not mine.
  이 책들은 **확실히** 내 것이 아니다.

- A: Can I borrow a pen?
  B: **Certainly**. Here you are.
  A: 저 펜 하나만 빌려도 될까요? B: **그럼요**. 여기 있어요.

0958 deeply
[díːpli]

부 1. 깊이   2. 몹시, 매우

- They dug **deeply** into the ground to find the treasure.
  그들은 보물을 찾기 위해 땅을 **깊이** 팠다.

- He fell **deeply** in love with her.
  그는 그녀와 **매우 깊이** 사랑에 빠졌다.

 중등 필수

0959 seriously
[síriəsli]

부 진지하게, 심각하게

- You don't need to take her words **seriously**.
  너는 그녀의 말을 **진지하게** 받아들이지 않아도 돼.

- The city was **seriously** damaged by the earthquake.
  그 도시는 지진으로 인해 **심각한** 피해를 입었다.

➕ serious 형 1. 진지한 2. 심각한, 나쁜

0960 unless
[ənlés]

㉒ ~하지 않는 한

- You will miss the bus **unless** you run.
  너는 뛰**지 않으면** 버스를 놓칠 거야.

0961 despite
[dispáit]

㉓ ~에도 불구하고

- **Despite** the cold weather, we went camping.
  추운 날씨**에도 불구하고** 우리는 캠핑하러 갔다.

0962 context
[kántekst]

㉙ 맥락, 문맥

- The meaning of "hit" depends on its **context**.
  'hit'의 의미는 그 **문맥**에 따라 결정된다.

0963 possibly
[pásəbli]

㉟ 설마, 아마 (= perhaps)

- The flight will be delayed, **possibly** for one hour.
  비행기가 **아마** 한 시간 정도 지연되겠습니다.

➕ possibility ㉙ 가능성

0964 generally
[dʒénərəli]

㉟ 보통, 일반적으로

- **Generally**, male birds are more colorful than females.
  일반적으로, 수컷 새들이 암컷들보다 더 형형색색이다.

0965 overall
[òuvərɔ́:l]

㉠ 종합적인, 전체의 ㉟ 전체로, 전반적으로

- His **overall** score was pretty high.
  그의 **종합** 성적은 꽤 높았다.

- The soccer team's performance was **overall** very good.
  그 축구팀의 경기력은 **전반적으로** 매우 좋았다.

0966 definitely
[défənitli]

㈜ 확실히, 분명히

· I **definitely** remember calling her yesterday.
나는 어제 그녀에게 전화를 건 것을 **분명히** 기억한다.

➕ definite ㈜ 확실한, 분명한

0967 frankly
[frǽŋkli]

㈜ 솔직히

· **Frankly** speaking, this movie is terrible.
솔직히 말해서, 이 영화는 엉망이에요.

0968 otherwise
[ʌ́ðərwàiz]

㈜ 그렇지 않으면

· Close the window. **Otherwise**, the rain will get inside.
창문을 닫아. **그렇지 않으면** 비가 안으로 들이칠 거야.

0969 therefore
[ðɛ́ərfɔ̀ːr]

㈜ 그러므로, 그러니

· We might be late. **Therefore**, we should take a taxi.
우리는 늦을지도 몰라. **그러므로** 우리는 택시를 타야 해.

0970 furthermore
[fə́ːrðərmɔ̀ːr]

㈜ 뿐만 아니라, 더욱이

· She's an excellent manager. **Furthermore**, she's great with people.
그녀는 우수한 관리자이다. **뿐만 아니라**, 그녀는 사람들과도 잘 지낸다.

0971 moreover
[mɔːróuvər]

㈜ 게다가, 더욱이 (= in addition)

· It was windy yesterday, and **moreover** it was raining.
어제는 바람이 불었고, **게다가** 비까지 왔다.

⚡비교 Point furthermore vs. moreover

두 단어의 의미는 우리말과 비슷하지만 쓰임과 뉘앙스가 달라요.

furthermore는 앞서 말한 것에 하나 더 추가할 때 사용해요.

· I enjoy playing soccer; **furthermore**, it helps me stay fit.
나는 축구하는 것을 좋아할 **뿐만 아니라** 그것은 내가 건강을 유지하는 데 도움이 된다.

moreover는 앞서 말한 내용과 다른 내용을 추가할 때 사용해요.

· I don't want to go skating; **moreover**, the ice is too thin.
나는 스케이트 타러 가고 싶지 않아, **게다가** 얼음이 너무 얇아.

0972 sincerely
[sinsíərli]

㊝ 진심으로

• We **sincerely** apologize for the inconvenience.
불편을 끼쳐 **진심으로** 사과드립니다.

교과서 빈출 표현

0973 in addition to

~에 더하여, ~외에도

• **In addition to** English, I want to study French.
영어 **외에도**, 나는 프랑스어를 공부하고 싶다.

0974 rather than

~ 보다는, 대신에

• I prefer to walk to school **rather than** take the bus.
나는 학교에 버스를 타는 것**보다는** 걸어가는 것을 선호한다.

0975 not only A but (also) B

A뿐만 아니라 B도 (= B as well as A)

• I like **not only** reading books **but also** playing sports.
나는 책을 읽는 것**뿐만 아니라** 운동을 하는 것도 좋아한다.

• **More** <not only A but (also) B> 표현은 A와 B 둘 다 사실임을 강조할 때 사용해요.
이때 A와 B에는 동일한 품사와 문장 성분이 쓰여야 해요.

• He is **not only** a singer **but also** a music producer. 그는 가수일 **뿐만 아니라** 음악 프로듀서이다.
　　　　　　명사 <보어>　　　　　　　명사 <보어>

• She is **not only** smart **but also** pretty. 그녀는 똑똑할 **뿐만 아니라** 예쁘다.
　　　　　　형용사 <보어>　　　형용사 <보어>

• **Not only** children **but also** many adults love reading the stories.
　　　　　명사 <주어>　　　　　명사 <주어>
아이들**뿐만 아니라** 많은 어른들**도** 그 이야기를 읽는 걸 좋아한다.

VOCA Exercise

정답 p.386

A 빈칸에 알맞은 말을 넣어 어구를 완성하세요.

1 강하게 제안하다   _____ suggest

2 일반적으로 여겨지는   _____ accepted

3 틀림없이 거짓인   _____ false

4 심각하게 부상을 입은   _____ injured

5 확실히 가치가 있는   _____ worthwhile

6 문맥에서 벗어난   out of _____

7 전체 비용   the _____ cost

8 감정 표현   an _____ of feeling

PART 7

Day 39

B 빈칸 (a)와 (b)에 공통으로 들어갈 단어를 쓰세요.

1 (a) He fell asleep _____ last night.

그는 어젯밤에 깊이 잠들었다.

(b) I was _____ moved by their friendship.

나는 그들의 우정에 몹시 감동하였다.

2 (a) The cake was _____ decorated.

그 케이크는 간단히 장식되어 있었다.

(b) You _____ must go to the singer's concert.

너는 정말로 그 가수의 콘서트에 가봐야 해.

VOCA Exercise

C <보기>에서 알맞은 단어를 골라 문장을 완성하세요.

> <보기>   moreover   possibly   otherwise   frankly

1 It may _____ snow in the evening.

2 _____ , I don't enjoy watching baseball games.

3 She is a talented actress. _____ , she is intelligent.

4 Finish your meal. _____ , you won't get any dessert.

D 밑줄 친 부분을 유의하여 우리말 해석을 완성하세요.

1 The house was painted all white <u>except</u> for the kitchen.

→ 그 집은 부엌을 _____ 모두 하얀색으로 페인트칠 되었다.

2 <u>Unless</u> you study hard, you will fail the test.

→ 네가 공부를 열심히 _____ , 시험에서 떨어질 거야.

3 I drink tea <u>rather than</u> coffee in the morning.

→ 나는 아침에 커피 _____ 차를 마신다.

4 <u>Not only</u> my father <u>but also</u> my mother is a teacher.

→ 내 아버지 _____ 어머니도 교사이시다.

5 <u>In addition to</u> the pool, there is a gym and a library in this hotel.

→ 이 호텔에는 수영장 _____ 체육관과 도서관이 있다.

DAY

40

시간, 위치

- ☐ apart
- ☐ indoors
- ☐ within
- ☐ upon
- ☐ northern
- ☐ shortly
- ☐ anywhere
- ☐ recently
- ☐ alongside
- ☐ brief
- ☐ distance
- ☐ meanwhile
- ☐ backward
- ☐ upward
- ☐ afterward
- ☐ internal
- ☐ beyond
- ☐ previous
- ☐ session
- ☐ whenever
- ☐ whereas
- ☐ beneath
- ☐ all the way
- ☐ all of a sudden
- ☐ from now on

 **중등 기본**

0976 **apart**
[əpáːrt]

图 떨어져, 따로

· My family lives **apart** from my grandparents.
내 가족은 조부모님과 **떨어져** 산다.

➕ **far apart** 멀리 떨어져서

0977 **indoors**
[ìndɔ́ːrz]

图 실내에서, 실내로

· We had to stay **indoors** because of the storm.
우리는 폭풍우 때문에 **실내에** 머물러야 했다.

0978 **within**
[wiðín]

전 (시간·거리) ~이내에

· You'll get the results **within** 24 hours.
24시간 **이내로** 결과를 받으실 겁니다.

· I live **within** a mile of the subway station.
나는 그 지하철역에서 1마일 **이내에** 산다.

0979 **upon**
[ʌ́pən]

전 1. ~ 위에 (= on) 2. ~하는 대로, ~하자마자

· He set the dish **upon** the table.
그는 접시를 테이블 **위에** 차렸다.

· We were greeted by the host **upon** arrival.
우리는 도착하**는 대로** 주인에게 환영받았다.

➕ **once upon a time** 옛날 옛날에

0980 **northern**
[nɔ́ːrðərn]

형 북쪽에 있는, 북부의

· The **northern** lights are often called aurora.
북극광은 종종 오로라라고 불린다.

· The **northern** part of the country is cold and dry.
그 나라의 **북부** 지역은 춥고 건조하다.

Voca Plus 방위를 나타내는 단어

· **southern** 남쪽에 있는   · **eastern** 동쪽에 있는   · **western** 서쪽에 있는

0981 shortly
[ʃɔ́:rtli]

图 곧, 직후에

- Our plane will land **shortly**.
  우리 비행기는 곧 착륙합니다.
- The movie will be in theaters **shortly**.
  그 영화는 곧 극장에서 상영될 것이다.

0982 anywhere
[énihwɛ̀ər]

图 1. (부정문에서) 어디에서도 2. 어디든, 아무데나

- I can't find my shoes **anywhere**.
  나는 어디에서도 내 신발을 찾을 수 없다.
- You may go **anywhere** you like.
  가고 싶은 곳 어디든지 가도 된다.

More 장소를 나타내는 부정부사

everywhere 어디에나, 모든 곳에

- Learning opportunities are **everywhere**. 배움의 기회는 모든 곳에 있다.

somewhere 어딘가에, 어딘가로

- I left the key **somewhere** in my house. 나는 열쇠를 내 집 어딘가에 두었다.

nowhere 아무 데도 …없다[않다]

- The missing child was **nowhere** to be found. 실종된 아이는 어디에서도 발견되지 않았다.

 중등 필수

0983 recently
[rí:səntli]

图 최근에

- Her phone number changed **recently**.
  그녀의 핸드폰 번호는 최근에 바뀌었다.

➕ recent 휑 최근의

0984 alongside
[əlɔ́(:)ŋsáid]

전图 (~) 옆에, 나란히

- I walked **alongside** my friend during the parade.
  나는 행진하는 동안 내 친구 옆에서 걸었다.

0985 brief
[bri:f]

휑 1. 잠시 동안의, 짧은 2. 간결한, 간단한

- Let's stop by his house for a **brief** visit.
  그의 집에 짧은 방문을 하러 들르자[잠깐 들르자].
- We wrote a **brief** summary of the article.
  우리는 그 기사에 대한 간결한 요약문을 썼다.

➕ briefly 图 1. 잠시 2. 간단히

0986 **distance**
[dístəns]

명 (공간적·시간적) 거리, 간격

· The **distance** between the park and the station is 1 km.
공원과 그 역 사이의 **거리**는 1km이다.

· The school is a short **distance** from my house.
학교는 내 집에서 가까운 **거리**에 있다.

➕ in the distance 멀리서

0987 **meanwhile**
[mí:nwàil]

부 그 동안에, 그 사이에

· The winner will be announced soon. **Meanwhile**, please remain seated.
우승자가 곧 발표될 것입니다. 그 **동안에** 자리에 앉아 계십시오.

0988 **backward**
[bǽkwərd]

부 1. 뒤쪽으로 (= back)   2. 거꾸로, 반대 방향으로
형 뒤쪽을 향한

· Please take a step **backward** for safety.
안전을 위해 한 걸음 **뒤로** 물러나 주세요.

· We counted **backward** from 10 and shouted, "Happy New Year!"
우리는 10부터 **거꾸로** 센 뒤 "해피 뉴 이어!"라고 외쳤다.

🔄 forward 부 앞으로 형 앞쪽을 향한

0989 **upward**
[ʌ́pwərd]

부 위쪽으로   형 1. 위쪽을 향한   2. (양·가격이) 상승하는

· The arrow is pointing **upward** on the graph.
그 화살표는 그래프에서 **위쪽으로** 향하고 있다.

· an **upward** curve/trend
위쪽을 향하는 곡선/**상승하는** 추세

🔄 downward 부 아래쪽으로 형 하향하는

0990 **afterward**
[ǽftərwərd]

부 나중에, 그 후에

· Let's go for a walk now and eat out **afterward**.
지금 산책하고 그 후에 외식하자.

More -ward는 방향을 나타내는 부사를 만드는 부사형 접미사로 '~을 향하여, 쪽으로'를 의미해요.
영국에서 부사의 의미로만 쓰일 때는 backwards, upwards, afterwards처럼 뒤에 -s로 붙여서 사용해요.

0991 internal
[intə́:rnəl]

형 1. ~ 안의, 내부의   2. 체내의   3. 국내의

- We share files through the **internal** network.
  우리는 **내부** 네트워크를 통해 파일을 공유한다.
- He looked fine but had some **internal** bleeding.
  그는 괜찮아 보였지만 약간의 **내출혈**이 있었다.
- **internal** trade
  국내 거래

➕ external 형 외부의

0992 beyond
[bijánd]

전 1. (장소·시간) ~ 저편에, 지나서   2. ~ 이상으로, 넘어서

- You should not park **beyond** this point.
  이 지점 **너머에** 주차하시면 안 됩니다.
- The plot of the novel is **beyond** my imagination.
  그 소설의 줄거리는 내 상상을 **넘어선다**.

0993 previous
[prí:viəs]

형 (시간·순서) 앞의, 이전의

- How long did you work at your **previous** job?
  당신은 **이전** 직장에서 얼마나 오래 일했나요?

➕ previously 분 이전에, 미리

0994 session
[séʃən]

명 (특정한 활동을 위한) 시간, 기간

- You may ask questions only during the Q&A **session**.
  질의응답 **시간** 동안에만 질문하실 수 있습니다.

0995 whenever
[wenévər]

접 1. ~할 때마다   2. ~할 때는 언제든지

- **Whenever** she comes over, she brings some snacks.
  그녀는 올 **때마다** 간식을 조금 가지고 온다.
- You can call me **whenever** you need my help.
  내 도움이 필요**하면 언제든** 내게 전화해도 돼.

Voca Plus   -ever를 포함한 다양한 단어

- **whatever** 무엇이든지, 어떤 ~라도
- **wherever** 어디에나, 어디든지
- **whoever** 누구나, 누가 ~하더라도
- **however** 1. 어떤 방법으로라도 2. 그러나

0996 **whereas**
[wɛəræz]

[접] 반면에, 그러나
- She likes summer, **whereas** her brother likes winter.
  그녀는 여름을 좋아하는 **반면에** 그녀의 오빠는 겨울을 좋아한다.

0997 **beneath**
[biní:θ]

[전] 아래에, 밑에
- I can swim **beneath** the water for five minutes.
  나는 수면 **아래에서** 5분간 수영할 수 있다.
- We buried the box **beneath** the tree.
  우리는 나무 **밑에** 그 상자를 묻었다.

▶ **More** beneath vs. under

under는 어떤 물체가 대상의 바로 밑에 있다는 것을 의미하며, beneath는 다른 대상보다 더 아래에 있다는 의미로 더 격식 있게 나타낼 때 사용해요. 두 단어를 서로 바꿔 쓸 수 있지만 beneath는 주로 위치나 장소를 나타내는 데만 쓰이고 under는 그 외에 더 다양한 문맥에서 사용돼요.
- There is a cat **under** the desk. 책상 **밑에** 고양이가 한 마리 있다.
- The cabinet is **beneath** the stairs. 그 캐비닛은 계단 **아래에** 있다.

교과서 빈출 표현

0998 **all the way**

내내, 쭉
- He drove **all the way** from Seoul to Incheon.
  그는 서울에서 인천까지 **쭉** 운전했다.

0999 **all of a sudden**

갑자기 (= suddenly)
- **All of a sudden**, the ground started shaking.
  갑자기 땅이 흔들리기 시작했다.

1000 **from now on**

지금부터, 앞으로
- **From now on**, I'll never make the same mistake.
  앞으로, 나는 같은 실수를 절대 하지 않을 것이다.

VOCA Exercise

정답 p.386

A 빈칸에 알맞은 말을 넣어 어구를 완성하세요.

1 공원 어디에나   _____ in the park

2 안전거리에서   from a safe _____

3 7일 이내에   _____ seven days

4 실내로 이동하다   move _____

5 300미터 떨어진   300 meters _____

6 훈련 기간   a training _____

7 캐나다 북부   _____ Canada

8 산 너머에   _____ the mountain

B 다음 빈칸에 알맞은 단어를 쓰세요.

1 forward : _____   = 앞으로 : 뒤쪽으로

2 _____ : downward   = 위쪽으로 : 아래쪽으로

3 external : _____   = 외부의 : 내부의

4 previous : _____   = 이전의 : 이전에, 미리

5 brief : _____   = 잠시 동안의 : 잠시

6 recent : _____   = 최근의 : 최근에

VOCA Exercise

C   <보기>에서 알맞은 단어를 골라 문장을 완성하세요.

> <보기>   whenever   meanwhile   shortly   whereas

1   I prefer tea, _____ my sister enjoys coffee.

2   I go jogging in the park _____ the weather is nice.

3   The meeting will begin _____. Please take your seats.

4   She prepared dinner, _____, her husband set the table.

D   주어진 우리말에 맞게 빈칸에 알맞은 단어를 채워 문장을 완성하세요. (필요시 형태 바꿀 것)

1   그 서류는 선반 아래에 보관되어 있다.

    → The document is kept _____ a shelf.

2   태양이 하늘을 물들이며 수평선 위로 저물었다.

    → The sun set _____ the horizon, painting the sky.

3   갑자기 나는 아무 생각이 안 난다.

    → I can't think of anything _____ _____ _____

    _____.

4   지금부터 저희는 주말에 영업합니다.

    → _____ _____ _____, we are open on

    weekends.

5   우리는 우리 팀을 결승전까지 쭉 응원했다.

    → We cheered for our team _____ _____ _____

    to the final game.

A 주어진 단어를 각각 빈칸에 채워 문장을 완성하세요.

983 The therapy _____ will be over _____. (shortly, session)

984 I _____ took the _____ flight to Jeju. (recently, internal)

985 _____ speaking, I didn't enjoy my _____ job.
(pervious, frankly)

986 I _____ like to eat at home _____ than dine out.
(rather, definitely)

B <보기>에서 알맞은 단어를 골라 문장을 완성하세요.

<보기>	within	overall	except	seriously
	unless	indoors	certainly	despite
	generally	distance		

987 The school is _____ walking _____ of my house.

988 The passengers were _____ injured _____ the driver.

989 The car _____ won't start _____ the battery is charged.

990 _____, it's best to stay _____ during a thunderstorm.

991 _____ the rain, the event was fun _____.

주어진 우리말에 맞게 다음 빈칸에 알맞은 단어를 쓰세요. (필요시 형태 바꿀 것)

992 I _____ regret what I said and _____ apologize.

제가 한 말에 깊이 유감을 표하며, 진심으로 사과드립니다.

993 We walked _____ each other _____ the way.

우리는 나란히 쭉 걸었다.

994 The meeting was _____ only _____ but _____ highly productive.

그 회의는 짧을 뿐만 아니라 매우 생산적이었다.

995 The escalator was moving _____, and all of a _____, it stopped.

에스컬레이터가 위쪽으로 이동하다가 갑자기 멈췄다.

996 The _____ means something else in this _____.

그 표현은 이 문맥에서 다른 것을 의미한다.

997 You'll receive a drink _____ arrival and dinner _____.

당신은 도착하는 대로 음료를 받고 그 후에 저녁 식사를 하게 될 것입니다.

998 The accents can differ _____ in the _____ regions.

억양은 북부 지역 어디든 다를 수 있다.

999 I _____ advise you to take a rest; _____, you won't get any better.

휴식을 취할 것을 강력히 권합니다. 그렇지 않으면 더 나아지지 않을 것입니다.

1000 The concert was d_____ the best.

F_____, it was worth the long wait.

그 콘서트는 분명히 최고였다. 뿐만 아니라 그것은 오랜 기다림의 가치가 있었다.

1001 The scenery was _____ wonderful and m_____, the weather was perfect.

풍경은 정말로 멋졌고, 게다가 날씨도 완벽했다.

ANSWERS

1001 sentences
VOCA

pp.19-20

A
1 chest 2 attitude 3 resemble
4 intelligent 5 sensitive 6 individual
7 temper 8 pride
B
1 female 2 disability 3 courageous
4 strictly 5 physically
6 characteristic
C
1 alike 2 graceful 3 youth
4 modest
D
1 capable 2 ability 3 elegant
4 brilliant 5 look, after

해석

C
1 매우 비슷한; 거의 같은 방식으로
2 부드럽고 아름다운 방식으로 움직이는
3 한 사람의 어렸을 때 시절
4 아주 크거나, 좋거나, 비싸지 않은

DAY 02 pp.27-28

A
1 fascinating 2 eager 3 envy
4 disappoint 5 anxiety
6 depressed 7 regret 8 moved
B
1 horrible 2 mood
C
1 shocked 2 frightened 3 grateful
4 delight
D
1 puzzled 2 embarrass 3 concern
4 annoyed 5 couldn't, help, singing

해석

C
1 매우 놀란
2 무섭거나 두려운
3 타인의 친절에 감사해하는
4 매우 기쁜 감정

DAY 01-02
1001 Sentences Review pp.29-30

A
649 attitude, embarrassed
650 resembles, character
651 physical, abilities
652 shocked, horrible
653 concerned, temper
B
654 frustrated, pride
655 strict, modest
656 ashamed, regret
657 Male, alike
658 individual, personalities
C
659 eager, youth
660 relationship, depressed
661 disappoint, amuse
662 personality, mood
663 grateful, courage
664 capable, anxiety
665 intelligent, sensitive
666 brought, confident
667 puzzled, felt, like
668 delight, moved

해석

649 그의 무례한 태도가 나를 당황스럽게 만들었다.
650 그녀는 성격이 자기 엄마를 닮았다.
651 운동선수들은 훌륭한 신체적 능력을 가지고 있다.
652 모두가 그 끔찍한 참사로 충격을 받았다.
653 우리는 그의 급한 성미가 매우 걱정된다.
654 실패는 그녀를 좌절시켰고 그녀의 자존심을 상하게 했다.
655 부모님의 엄격한 가르침은 그를 겸손하게 만들었다.
656 나는 내가 한 말이 부끄럽다. 그 말을 한 것을 몹시 후회한다.
657 수컷과 암컷 물고기는 비슷해 보일지도 모르지만, 그것들은 크기가 다르다.
658 사람들은 종종 패션으로 자기 개인 성격[성향]을 표현한다.

A 1 ease　　2 lead　　3 motion
　　4 gain　　5 shut　　6 tear
　　7 swallow　8 grab

B 1 gently　　2 breath　　3 behavior
　　4 reaction　5 interaction
　　6 appearance

C 1 sighed　　2 knock　　3 hesitate
　　4 hardly

D 1 approached 2 dragged　3 stared
　　4 bent, down 5 put, up, with

해석

C 1 그는 걱정이 되어서 깊게 한숨 쉬었다.
　　2 문에서 갑작스러운 노크 소리가 났다.
　　3 그녀는 도움을 요청하기를 주저하지 않았다.
　　4 나는 건강을 위해 패스트푸드를 거의 먹지 않는다.

A 1 neutral　　2 desire　　3 doubt
　　4 allow　　5 disagree　6 assume
　　7 thought　8 notice

B 1 bond　　2 forgive　　3 recognize
　　4 suppose　5 identify

C 1 remind　　2 intend　　3 conscious
　　4 appreciate

D 1 무시하는　　2 알고 있다
　　3 기꺼이 낼[지불할] 수 있니　4 떠올랐다
　　5 생각해 냈다

해석

B 1 친구들은 공유된 경험을 통해 유대감을 갖는다.
　　2 약속을 어긴 저를 용서해 주세요.
　　3 나는 전화상에서 목소리를 쉽게 알아볼 수 있다.
　　4 나는 그가 그 일자리 제안을 받아들일 거라고 생각해.
　　5 경찰은 그 범인을 확인하기 위해 지문을 사용했다.

C 1 무언가를 기억하도록 돕다
　　2 마음속에 계획이나 목적을 가지다
　　3 무언가를 알고 있는; 깨어 있는
　　4 무언가의 중요성을 이해하다

A 669 bet, react　　670 intend, ignore
　　671 hardly, recognized
　　672 doubt, notice
　　673 suppose, aware

B 674 knock, gently　675 rely, ease
　　676 disagree, approach
　　677 gain, lead　　678 allows, breathe

C 679 appear, appreciate
　　680 assume, forgive
　　681 grabbed, dragged
　　682 stared, swallowed
　　683 sighed, hesitated
　　684 interact, behave
　　685 conscious, leads
　　686 Bend, down, crawl
　　687 shut, come, up, with
　　688 determine, identify

해석

669 나는 그가 그 소식에 반응하지 않을 것이라 확신한다.
670 나는 네 감정을 무시할 의도가 아니었어.
671 너 많이 변했다. 나는 너를 거의 못 알아볼 뻔했어.
672 네가 여기에 변화를 알아차릴 것인지 의심한다[의문이다].
673 나는 그가 상황을 알지 못한다고 생각한다.
674 문을 살살 노크해 주세요.
675 고통을 덜기 위해 약에 의존하지 마라.
676 나는 그 문제에 대한 네 접근법에 동의하지 않는다.
677 그는 팀 프로젝트를 이끌기 위해 신뢰를 얻어야 했다.
678 이 특별한 장비는 당신이 물속에서 숨을 쉴 수 있게 해 준다.

pp.55-56

A 1 request   2 conversation
   3 tone   4 private   5 beg
   6 deny   7 refuse   8 mention
B 1 explanation 2 description   3 suggestion
   4 argument   5 apology   6 response
   7 objection
C 1 whisper   2 interrupt   3 insist
   4 persuade
D 1 warned   2 objects   3 emphasize
   4 call, out   5 make, sense

해석

C 1 매우 조용히 말하다
   2 누군가를 멈추게 하다
   3 단호하게 말하다; 포기하기를 거부하다
   4 말로 누군가가 무엇을 하게 하다

pp.63-64

A 1 lung   2 therapy   3 vitamin
   4 muscle   5 medical   6 rub
   7 cancer   8 surgery
B 1 recovery   2 illness   3 relief
   4 unstable   5 mental
C 1 ache   2 symptom   3 heal
   4 pale
D 1 bandage   2 sneeze   3 severe
   4 passed, away   5 threw, up

해석

C 1 지속적인 아픔을 느끼다
   2 병이 있다는 징조
   3 다시 건강하게 만들다
   4 아파서 평소보다 더 밝은 색인

A 689 pale, ill
   690 describe, object   691 severe, muscle
   692 refused, apologize
   693 explained, tone
B 694 lung, cancer   695 therapy, mental
   696 called, fainted
   697 symptoms, aches
   698 requested, private
C 699 interrupt, conversation
   700 suggested, bandage
   701 relieve, rub
   702 insisted, surgery
   703 heal, recover
   704 mention, request
   705 emphasized, stable
   706 argue, object
   707 convinced, medical
   708 persuade, make, sense

해석

689 그녀는 창백해 보였고 아팠다.
690 그 물체를 묘사해 줄 수 있니?
691 나는 심한 근육통이 있다.
692 그는 자신이 말한 것에 대해 사과하기를 거부했다.
693 그녀는 또렷한 어조로 상황을 설명했다.
694 흡연은 폐암의 주요 원인이다.
695 약물 치료는 정신적인 문제를 치료하기 위해 종종 사용
    된다.
696 그는 그녀가 갑자기 기절했을 때 소리쳐 도움을 구했
    다.
697 독감 증상은 열과 몸살을 포함한다.
698 그는 계획을 논의하기 위해 개인적인 만남을 요청했다.

A
1 repair	2 habit	3 routine
4 iron	5 regular	6 general
7 matter	8 sweep	

B
1 relaxed	2 storage	3 delivery
4 comfortable		
5 stressful	6 shaven	

C
1 shower	2 situation	3 replace
4 belong		

D
1 skipped	2 tends	3 ran, into
4 take, out	5 ended, up, eating	

해석

C 1 나는 샤워 중에 노래 부르는 것을 좋아한다.
2 나는 이 상황을 혼자 처리할 수 있다.
3 나는 오래된 컴퓨터를 새것으로 교체해야 한다.
4 식료품을 제자리에 치워줄래?

DAY 08 — pp.81-82

A
1 garage	2 ladder	3 toilet
4 bucket	5 mop	6 cupboard
7 drawer	8 tray	

B
1 tank	2 drill

C
1 bin	2 convenient	3 couch
4 microwave		

D
1 leaking	2 furniture	3 household
4 spray	5 get, rid, of	

해석

C 1 쓰레기나 음식물 쓰레기를 담는 통
2 무언가를 쉽게 할 수 있는
3 여러 사람을 위한 길고 편안한 좌석
4 음식을 빠르게 조리하는 오븐의 종류

DAY 07-08
1001 Sentences Review — pp.83-84

A
709 replace, fence
710 belong, garage
711 Store, bin
712 deliver, electronic 713 tend, skip

B
714 microwave, convenient
715 stressful, situation
716 shaves, shower 717 tray, cupboard
718 maintain, toilet

C
719 drawer, locked
720 routine, shower
721 relax, couch 722 ladder, repair
723 furniture, household
724 Sweep, mop 725 hammer, drills
726 bucket, take, out 727 leak, replace
728 ran, into, ended, up

해석

709 우리는 오래된 울타리를 교체해야 한다.
710 이 도구들은 차고가 제자리이다.
711 쓰레기통을 건조하고 시원한 곳에 보관해라.
712 저희는 무료로 전자 제품을 배달합니다.
713 나는 피곤할 때 식사를 거르는 경향이 있다.
714 전자레인지는 빠르게 식사하기에 편리하다.
715 그녀는 스트레스가 많은 상황에서 침착했다.
716 그는 샤워하기 전에 수염을 면도한다.
717 쟁반을 사용해서 이 그릇들을 찬장에 넣어라.
718 화장실을 깨끗하게 유지하는 것은 중요하다.

DAY 09 — pp.91-92

A
1 raw	2 supper	3 peel
4 crisp	5 dip	6 chop
7 crush	8 powder	

B
1 boil	2 spice	3 bitter
4 mix		

C
1 contain	2 recipe	3 stir
4 squeeze		

D
1 ingredient	2 dairy	3 measure
4 grain	5 heat, up	

B 1 먼저 감자 몇 개를 10분간 삶으세요.

2 양념은 음식을 더 맛있게 만들어줄 수 있다.

3 이 약은 입 안에 쓴맛을 남긴다.

4 케이크는 밀가루, 계란, 그리고 버터가 섞인 것이다.

C 1 가지고 있거나 포함하다

2 요리를 만들기 위한 지시 사항의 목록

3 숟가락이나 막대로 섞다

4 손으로 세게 누르다

DAY 10
pp.99-100

A 1 pin　　　2 leather　　3 polish

4 casual　　5 label　　6 thread

7 knit　　　8 stain

B 1 perfectly　2 formal　　3 hang

4 stripes

C 1 tight　　　2 sleeve

3 complement　　　　　4 material

D 1 sneakers　2 alters　　3 caught, eye

4 belongs, to　5 dressed, up

B 1 걱정하지 마. 너는 완전 보기 좋아.

2 그 행사는 격식을 차린 옷[정장] 복장 규정이 있다.

3 나는 옷을 걸어 둘 공간이 더 필요하다.

4 그녀는 다채로운 줄무늬가 있는 셔츠를 입고 있었다.

C 1 몸에 꼭 맞는

2 팔을 덮어주는 옷의 부분

3 다른 것을 더 좋게 만들어주는 것

4 무언가를 짓거나 만드는 데 사용되는 것

A 729 material, leather　730 pinned, alter

731 powder, stir　　　732 Wheat, grain

733 roasted, supper

B 734 cloth, squeeze　　735 contains, dairy

736 Measuring, ingredients

737 thread, fabric

738 dress, cape

C 739 sneakers, belong, to

740 boiling, stove

741 complemented, perfectly

742 dress, up, formal　743 bitter, mix

744 label, contains　　745 peel, stain

746 polished, cloth　　747 sleeves, stripes

748 measured, spice

729 그 소재는 100% 가죽이다.

730 그녀는 옷을 고치려고[수선하려고] 핀으로 꽂았다.

731 제빵 가루[베이킹파우더]를 넣고 잘 저어라.

732 밀은 미국에서 인기 있는 곡물이다.

733 그녀는 저녁 식사로 소고기와 감자를 구웠다.

734 오렌지를 짜내려면 천을 사용해라.

735 이 요리는 견과류와 유제품이 들어 있다.

736 재료를 측정하는 것은 제빵에서 매우 중요하다.

737 원단 색깔과 어울리는 실을 사용해라.

738 아이들은 망토를 두른 슈퍼히어로처럼 변장하는 것을 좋아한다.

DAY 11
pp.109-110

A 1 due　　　　2 figure　　　3 involve

4 encourage　5 task　　　　6 debate

7 grammar　　8 weakness

B 1 memorize　2 multiple

3 responsibility

4 absent　　　5 concentrate

6 accomplishment

C 1 struggle　　2 discourage　3 bully

4 spell

D 1 vocabulary　2 motivates　3 paragraph

4 hang, out　5 showed, off

C 1 무언가를 하기 위해 매우 열심히 노력하다

　2 누군가의 자신감을 누그러뜨리다

　3 약자를 다치게 하거나 겁을 주는 사람

　4 글자를 말하거나 쓰다

DAY 12　　pp.117-118

A 1 basic 　　2 specific 　　3 apply

　4 lecture 　　5 guideline 　　6 principal

　7 register 　　8 elementary

B 1 education 　　2 instruction

　3 introduction 4 counselor 　　5 graduation

　6 applicant 　　7 academic

C 1 institution 　　2 deadline 　　3 consider

　4 assess

D 1 Refer 　　2 professor 　　3 hand, in

　4 looked, up 　5 dropped, out, of

C 1 그는 공공기관에서 일한다.

　2 기한을 맞추기는 가끔 어렵다.

　3 우리는 그를 한국사 전문가라고 여긴다.

　4 정기적으로 학생들을 어떻게 평가합니까?

DAY 13　　pp.125-126

A 1 vision 　　2 salary 　　3 fellow

　4 firm 　　5 employee 　　6 department

　7 manager 　　8 retire

B 1 foundation 2 attached 　　3 information

　4 associated 5 operation

　6 assignment

C 1 occupation 2 corporation 3 colleague

　4 hire

D 1 proposed 　2 insight 　　3 appointed

　4 turned, down

　5 in, charge, of

B 1 어느 프로젝트든 성공은 탄탄한 기반에 달려 있다.

　2 세부 사항들은 첨부된 문서에 있습니다.

　3 그 안내서는 직원들이 필요한 정보를 준다.

　4 급료는 업무 능력과 관련된다[업무 능력에 따라 다르다].

5 그는 발목에 수술을 받았다.

6 모든 구성원은 프로젝트를 완수하기 위한 특정 임무가 있다.

C 1 일이나 직업

　2 큰 사업 또는 회사

　3 함께 일하는 사람

　4 월급의 대가로 일을 주다

DAY 11-13
1001 Sentences Review　pp.127-128

A 749 enrolled, basic

　750 concentrated, lecture

　751 applied, firm 　　752 hired, manager

　753 motivate, employees

B 754 encouraged, involved

　755 corporation, founded

　756 graduated, elementary

　757 get, colleagues

　758 assess, grammar

C 759 considering, retiring

　760 appoint, vision

　761 informed, absent

　762 hand, deadline 　763 Look, spell

　764 vocabulary, task

　765 professor, guidelines

　766 paragraph, introduction

　767 academic, institution

　768 principal, in, charge

749 나는 기초 글쓰기 강의를 등록했다.

750 그녀는 강의 동안에 집중했다.

751 그녀는 법률 회사의 일자리에 지원했다.

752 그들은 새 프로젝트의 관리자를 고용했다.

753 긍정적인 피드백은 직원들에게 동기를 줄 수 있다.

754 그녀는 내가 다양한 활동에 참여하도록 격려했다.

755 그 기업은 1980년대에 설립되었다.

756 나는 해외에서 초등학교를 졸업했다.

757 나는 내 직장동료들과 잘 지낸다.

758 그 시험의 목적은 문법 수준을 측정하는 것이다.

A 1 grand   2 facility   3 destination
4 membership
5 journey   6 baggage   7 attract
8 opportunity

B 1 pleasant   2 spare

C 1 packing   2 offers   3 departed
4 amazes

D 1 agency   2 antique   3 wander
4 is, supposed, to
5 looking, forward, to

해석

C 1 너 여행 가방 다 쌌니?
2 그 가게는 반품된 상품들에 할인을 제공한다.
3 기차는 5분 전에 역을 떠났다.
4 그 예술가는 그의 창의성으로 관객들을 늘 놀라게 한다.

A 1 rare   2 precious   3 insert
4 reserve   5 separate   6 purchase
7 signature   8 calculate

B 1 quality   2 particular

C 1 cart   2 appetizer   3 additional
4 split

D 1 available   2 cashier   3 afford
4 ate, out   5 sold, out

해석

C 1 식료품을 담는 바퀴가 달린 바구니
2 주요리 전에 나오는 음식이나 음료
3 예상된 것보다 더한; 추가의
4 다른 부분들로 나누다

A 769 passion, amazes   770 antique, rare
771 reserve, separate   772 agency, offers
773 charmed, grand

B 774 afford, quality
775 satisfied, pleasant
776 precious, wandering
777 destination, journey
778 additional, baggage

C 779 receipt, purchase
780 signature, membership
781 confirms, pack   782 dined, split
783 work, out, facilities
784 is, supposed, to, depart
785 eat, appetizer
786 inserted, cashier
787 available, sell, out
788 look, forward, to, opportunity

해석

769 그녀의 예술을 향한 열정은 나를 매우 놀라게 한다.
770 그 골동품 가게는 희귀한 물품들로 가득하다.
771 우리가 쓸 두 방을 따로 예약하자.
772 그 여행 대리점은 많은 패키지여행 상품을 제공한다.
773 나는 바다의 웅장한 풍경에 매료되었다.
774 나는 지금 높은 품질의 스마트폰을 살 여유가 없다.
775 우리는 그 상냥한 호텔 직원에 만족했다.
776 네 소중한 시간을 돌아다니는 데 낭비하지 마.
777 우리는 긴 여정 끝에 목적지에 도착했다.
778 추가 수하물에 소액의 요금이 청구됩니다.

A 1 extreme   2 glory   3 marathon
4 sled   5 pace   6 athlete
7 challenging   8 trophy

B 1 struck   2 chance

C 1 unbelievable
2 twist   3 rival   4 league

D 1 dare   2 swung   3 tournament
4 bounced   5 put, off

해석

C 1 매우 믿기 어려운
2 몸을 돌려서 자세를 바꾸다
3 맞서 경쟁하는 사람
4 서로 경기를 하는 스포츠팀들의 그룹

DAY 17
pp.161-162

A 1 receive   2 attend   3 decorate
4 contact   5 annual   6 admission
7 ceremony   8 announcement

B 1 present   2 captured

C 1 unusual   2 speechless   3 organize
4 birth

D 1 divided   2 laughter   3 mark
4 variety   5 call, off

해석

C 1 이 장소에는 특이한 무언가가 있다.
2 호수의 아주 멋진 풍경은 내 말문을 막히게 했다.
3 그의 일은 행사를 기획하고 조직하는 것이다.
4 그 아기의 탄생은 가족 전체에게 기쁨을 가져다주었다.

DAY 16-17
1001 Sentences Review pp.163-164

A 789 dare, dive
790 received, presents
791 trophy, tournament
792 capture, occasion
793 speechless, called

B 794 swung, struck
795 unbelievable, league
796 decorated, theme
797 attended, funeral
798 Contact, admission

C 799 organizing, ceremony
800 extreme, challenging
801 received, birth
802 athlete, compete
803 glory, rival
804 gave, up, mastering
805 chance, put, off
806 picks out, annual
807 divided, variety

해석

789 그녀는 수영장에 다이빙할 용기가 없었다.
790 나는 생일 선물을 많이 받았다.
791 그는 테니스 토너먼트에서 트로피를 수상했다.
792 이 특별한 때를 사진으로 담아내자.
793 우리는 경기가 취소되었을 때 말문이 막혔다.
794 그는 배트를 휘둘러서 공을 쳤다.
795 그 팀이 리그를 우승한 것은 믿기 어려웠다.
798 우리는 파티 주제에 맞춰 집을 장식했다.
797 그들은 장례식에 참석하여 존경을 표했다.
798 입장료에 관해 문의하려면 사무실에 연락하세요.

DAY 18
pp.171-172

A 1 current   2 press   3 source
4 means   5 version   6 aim
7 article   8 affair

B 1 journalist   2 impressed   3 publish
4 released   5 collaborate

C 1 audition   2 cast   3 summary
4 documentary

D 1 released   2 contents   3 articles
4 controversy   5 were, crowded, with

해석

B 1 보도 기자는 현 쟁점[최근 이슈]에 관해 보도한다.
2 그의 자선 활동은 많은 사람들에게 감명을 주었다.
3 그 작가는 9월에 자신의 책을 출판할 계획이다.
4 그 영화는 다음 주 수요일에 전 세계에서 공개될 것이다.
5 그 디자이너는 그 사진사와 협력하고 싶어 한다.

C 1 배역이나 일자리에 대한 면접
2 연극, 영화, 또는 TV쇼에 나오는 배우들
3 요점의 짧은 서술
4 실제 사건을 보여주는 영화나 TV 프로그램

DAY 19 pp.179-180

A 1 tune 2 visual 3 poetry
4 statue 5 exhibit 6 literature
7 concept 8 compose

B 1 inspiring 2 performance
3 rhythmic 4 visually 5 conductor
6 imaginative

C 1 sculpture 2 genius 3 distinct
4 outline

D 1 운명 2 오케스트라 3 번쩍였다
4 대조를 보인다 5 모방하는 것

B 1 그의 작품은 정말로 영감을 준다.
2 그 오케스트라의 공연은 숨이 멎는 듯했다.
3 그들은 무대에서 리드미컬한 비트에 맞춰 춤을 췄다.
4 그 예술가는 자신의 감정을 밝은 색을 통해 시각적으로 표현했다.
5 음악가들은 잠깐 멈추는 동안 지휘자를 바라보았다.
6 영화 속의 상상력이 풍부한 이야기는 우리를 다른 세상으로 데려갔다.

C 1 조각으로 만들어진 예술 작품
2 매우 똑똑하거나 재능 있는 사람
3 다르거나 분리된
4 물체의 모양을 보여주는 선

DAY 18-19
1001 Sentences Review pp.181-182

A 808 article, based 809 aims, poetry
810 Clay, statue 811 released, version

B 812 orchestra, tune
813 Journalists, sources
814 published, summary
815 studio, sculptures
816 current, affairs

C 817 controversy, documentary
818 flash, exhibit 819 criticized, press
820 collaborated, released
821 celebrity, affair
822 imaginative, inspired
823 visual, entertain 824 contrast, content
825 impressed, audition
826 imitate, rhythm

808 그 기사는 사실에 기반한다.
809 그는 시집을 출간하는 것을 목표로 한다.
810 점토는 동상을 만드는 데 쓰였다.
811 회사는 그 앱의 최신판을 발표했다.
812 오케스트라는 완벽한 곡조로 교향곡을 연주했다.
813 저널리스트들은 기사를 쓰기 위해 믿을 수 있는 출처를 이용한다.
814 그 잡지는 인터뷰의 요약본을 출판했다.
815 그 예술가는 조각을 작업하기 위한 자신만의 작업실을 가지고 있다.
816 언론은 현재 세계 시사를 비판했다.

DAY 20 pp.189-190

A 1 impact 2 legend 3 origin
4 tale 5 ethnic 6 custom
7 traditional 8 convention

B 1 acceptable 2 differ 3 admiration
4 worthless 5 representative
6 define 7 diversity

C 1 legend 2 admire 3 valuable
4 heritage

D 1 smashed 2 worth 3 buried
4 stick, to 5 According, to

C 1 이 책은 마법의 성에 대한 전설을 말해준다.
2 나는 그들이 오래된 관습을 따르는 방식을 존경한다.
3 전통춤을 배운 것은 귀중한 경험이었다.
4 우리는 우리의 문화유산을 보호해야 한다.

DAY 21 pp.197-198

A 1 trend 2 admit 3 cause
4 complicate 5 teen 6 discipline
7 global 8 influence

B 1 gap 2 vary

C 1 gesture 2 misunderstood
3 seeks 4 Negative 5 accent

D 1 proverb 2 translate 3 let, down
4 fit, in, with 5 used, to, sending

C 1 엄지손가락을 치켜세우는 제스처는 어떤 문화권에서는 거절을 의미한다.

2 문자 메시지는 쉽게 오해 받을 수 있다.

3 그녀는 어떤 상황에서도 어르신들에게서 지혜를 구한다.

4 부정적인 태도는 내내 불평하는 것을 포함한다.

5 그 남자는 내가 거의 알아들을 수 없는 말투로 말했다.

DAY 20-21
1001 Sentences Review pp.199-200

A 827 Proverbs, valuable
828 Teens, fit
829 pricess, heritage
830 accent, differs
831 gesture, misunderstanding

B 832 worth, ruins
833 generation, gap
834 ethnic, traditional
835 represents, diverse
836 cause, complicate

C 837 admit, accept
838 origin, custom
839 negative, influence
840 seek, global
841 convention, trends
842 diverse, ethnic
843 significant, impact
844 tales, passed, down
845 According, legend, buried

해석

827 속담은 흔히 귀중한 지혜를 담고 있다.

828 십 대들은 보통 또래들과 어울리고 싶어 한다.

829 집안 전통은 귀중한 유산이다.

830 미국식 억양은 영국식 억양과 다르다.

831 그의 제스처는 오해를 낳았다.

832 그 유적지를 방문한 것은 시간을 들일만한 가치가 있었다.

833 세대 차이를 극복하기 위해 더 노력해 봐요.

834 우리는 전통 의상에 깃든 우리의 민족 유산을 기린다.

835 우리 공동체는 다양한 문화의 혼합을 나타낸다.

836 의사소통 오류는 복잡한 문제의 원인이 될 수 있다.

DAY 22 pp.207-208

A 1 brick 2 temple 3 column
4 district 5 resident 6 landmark
7 chimney 8 downtown

B 1 spot 2 locate

C 1 section 2 architecture
3 lawn 4 clinic

D 1 yard 2 structure 3 upstairs
4 tunnel 5 made, of

해석

C 1 어떤 것을 형성하는 부분 중 하나
2 건물 디자인에 대한 미술과 학문
3 짧은 풀로 덮인 땅 부분
4 사람들이 의료 서비스를 받으러 가는 건물

DAY 23 pp.215-216

A 1 airline 2 lane 3 license
4 route 5 crosswalk 6 fasten
7 vehicle 8 transfer

B 1 direct 2 track

C 1 submarine 2 aboard 3 overseas
4 carriage

D 1 brake 2 passengers 3 course
4 pull, over 5 Slow, down

해석

C 1 물속에서 이동할 수 있는 배
2 배, 기차, 버스, 또는 비행기를 타고 있거나 올라타는
3 바다를 건너; 해외로
4 말 한 마리 또는 그 이상이 끄는 차량

A 846 chimney, bricks
 847 terminal, downtown
 848 vehicles, lane   849 transfer, track

B 850 brakes, van
 851 constructed, tunnel
 852 rail, upstairs   853 spot, residents
 854 passengers, ferry

C 855 district, neighborhood
 856 direct, route   857 temple, known
 858 yard, lawn
 859 landmark, locate
 860 take, off, fasten
 861 structure, architecture
 862 airline, shipped
 863 pull, over, license
 864 submarine, course

해석

846 그는 벽돌로 굴뚝을 지었다.
847 버스 터미널은 시내에 위치해[자리 잡고] 있다.
848 모든 차가 버스 차선을 이용할 수 있는 것은 아니다.
849 7번 선로에서 다른 열차로 환승해 주십시오.
850 당신의 화물차의 브레이크를 정기적으로 점검하세요.
851 시는 산을 관통하는 터널을 건설했다.
852 나이 든 여자는 위층으로 올라갈 때 난간을 꽉 잡았다.
853 지역 주민들의 말에 따르면 이곳이 피크닉에 가장 좋은 장소이다.
854 이 여객선의 탑승객 수는 150명으로 제한되어 있다.

DAY 24 pp.225-226

A 1 tropical   2 damp   3 region
 4 urban   5 climate   6 rural
 7 border   8 territory

B 1 peak   2 state

C 1 stream   2 plain   3 breeze
 4 shore

D 1 bloom   2 chill   3 countryside
 4 fog   5 melt, away

해석

C 1 작고 좁은 강

2 평평한 대지의 넓은 지역
3 가볍고 온화한 바람
4 물이 육지를 만나는 곳

DAY 25 pp.233-234

A 1 underwater 2 species   3 stem
 4 pollute   5 environmental
 6 shade   7 preserve   8 sense

B 1 absorb   2 disappearing
 3 spilled   4 dump

C 1 destruction 2 glow   3 landscape
 4 marine

D 1 erupted   2 landfill   3 distinguish
 4 threat   5 Cutting, down

해석

B 1 싱크대의 물을 흡수시키기 위해 스펀지를 사용하세요.
 2 지역 시장에서 작은 사업체들이 사라지고 있다.
 3 죄송합니다, 제가 방금 당신 책상에 커피를 쏟았어요.
 4 바다에 쓰레기를 내버리지 마세요.

C 1 무언가를 파괴하는 행위
 2 약한 빛으로 빛나다
 3 대지의 자연경관
 4 바다에 있는 생명체와 관련된

A 865 path, stream   866 species, suck
 867 spill, polluted   868 threat, marine

B 869 tropical, regions
 870 landscape, melted
 871 Underwater, sense
 872 absorb, stems   873 shade, breeze

C 874 Dumping, landfills
 875 species, disappeared
 876 tide, shore
 877 leave, behind, trail
 878 peak, fog   879 chill, freezing
 880 surround, countryside
 881 preserve, territories
 882 border, states
 883 Urban, environmental, destruction
 884 erupt, surround

865 그 길은 개울로 이어질 것이다.

866 어떤 종들은 생존하기 위해 피를 빤다.

867 그 유출은 환경을 오염시켰다.

868 남획은 해양 생물들에게 심각한 위협이다.

869 어떤 과일들은 오직 열대 지방에서만 잘 자란다.

870 눈이 녹아 없어져서 풍경이 바뀌었다.

871 물속 해류는 다이버의 통제감을 요구한다.

872 뿌리는 물을 흡수하여 줄기로 보낸다.

873 우리는 나무 아래에서 그늘과 온화한 산들바람을 즐겼다.

DAY 26
pp.243-244

A 1 system　2 crisis　3 population
4 homeless　5 labor　6 factor
7 duty　8 tough
B 1 social　2 engage
C 1 tragic　2 hunger　3 standard
4 conflict
D 1 effect　2 expose　3 perceive
4 figure, out　5 took, action

해석

C 1 강렬한 슬픔의 감정을 일으키는
2 음식에 대한 강한 욕구
3 가이드나 예시로 쓰이는 것
4 사람들 간의 강한 의견 충돌

DAY 27
pp.251-252

A 1 moral　2 generous　3 meaningful
4 civil　5 appropriate　6 support
7 patience　8 require
B 1 raise　2 pursue
C 1 transform　2 distribute　3 vote
4 contribute
D 1 이득[혜택]　2 도울[도와줄]　3 희생
4 설립　5 기구[단체, 조직]

해석

C 1 형태를 바꾸다
2 많은 수의 사람들에게 주다
3 선거 또는 결정에 대해 선택하다
4 돕기 위해 무언가를 주다

DAY 28
pp.259-260

A 1 panic　2 disaster　3 crash
4 rescue　5 damage　6 risk
7 alarm　8 lean
B 1 slippery　2 occurrence　3 harmful
4 injury　5 cautious
C 1 wound　2 urgent　3 crash
4 victim
D 1 incident　2 alert
3 on, purpose
4 Hold, on, to　5 burned[burnt], down

해석

B 1 조심해. 바닥이 매우 미끄러워.
2 그 지역에서 홍수는 흔히 일어나는 일이다.
3 태양 광선은 피부에 매우 해롭다.
4 부상으로부터 회복하려면 시간이 조금 걸린다.
5 나는 늘 사람들에게 내 번호를 주는 것을 조심한다.

C 1 신체 부분에 생긴 부상
2 매우 중요하고 관심이 필요한
3 차량이 무언가를 친 사고
4 범죄나 사고로 인해 다치거나 죽은 사람

DAY 26-28
1001 Sentences Review
pp.261-262

A 885 requires, urgent　886 crash, injured
887 Voting, difference
888 flood, damage　889 social, issue
B 890 panic, emergency
891 civil, duty　892 risk, expose
893 flames, rescue
894 raised, organization
C 895 caution, required　896 standard, labor
897 disaster, system
898 tough, circumstances
899 support, victims
900 tragic, incident　901 Engage, raise
902 set, up, homeless
903 generous, meaningful
904 transformed, benefit

885 이 문제는 시급한 관심이 필요하다.

886 그 자동차 충돌사고는 운전사를 심하게 다치게 했다.

887 투표하는 것은 변화를 만들 수 있다.

888 그 홍수는 마을에 심각한 피해를 일으켰다.

889 괴롭히는 것은 심각한 사회 문제이다.

890 그는 비상사태에서 당황하지 않으려 했다.

891 범죄를 신고하는 것은 공공의 안전을 위한 시민의 의무이다.

892 보도 기자들은 가끔 진실을 폭로하는 위험을 마주한다.

893 소방관들은 사람들을 구하기 위해 불길과 싸운다.

894 그 미술 전시회는 자선단체를 위해 모금했다.

DAY 29 — pp.269-270

A 1 crop   2 rubber   3 professional
   4 harvest   5 cattle   6 equipment
   7 major   8 productive

B 1 cable   2 breed

C 1 Drones   2 steam   3 attempt
   4 invention

D 1 depends   2 manufacture
   3 expert   4 developed
   5 close, down

C 1 드론은 빠른 배달을 가능하게 한다.
  2 욕실은 열기와 수증기로 가득 차 있다.
  3 그들은 탈출할 시도를 하지 않았다.
  4 카메라의 발명은 사람들이 순간을 담아내게 해줬다.

DAY 30 — pp.277-278

A 1 dig   2 filter   3 charge
   4 chemical   5 advantage 6 generate
   7 consult   8 resource

B 1 plant   2 practical

C 1 rich   2 affect   3 explode
   4 compare

D 1 석탄   2 전기   3 양
   4 이점[장점]   5 효율적

C 1 무언가를 많이 담고 있는
  2 어떤 것에 영향을 끼치다
  3 큰 소리를 내며 갑자기 폭발하다
  4 공통점이나 차이점을 묘사하다

DAY 29-30
1001 Sentences Review — pp.279-280

A 905 charged, electric 906 Coal, affects
   907 filter, basis
   908 chemical, explode
   909 breeds, cattle

B 910 Drones, crop
   911 mechanic, equipment
   912 progress, developing
   913 Dig, rich   914 depend, supply

C 915 advantage, efficient
   916 attempted, commerce
   917 steam, power
   918 specialist, physics
   919 harvest, crops
   920 Turning, into, generating
   921 invention, rubber
   922 manufacturing, steel
   923 consult, compare

905 그는 자신의 전기차를 충전했다.

906 석탄은 환경에 부정적으로 영향을 미친다.

907 공기 필터는 정기적으로 청소되어야 한다.

908 화학 반응은 어떤 것을 폭발하게 할 수 있다.

909 그 농부는 자신의 농장에서 소를 기른다.

910 드론은 곡물 들판을 지켜보는 데 사용된다.

911 정비공은 그 장비에 대한 정기 검사를 했다.

912 과학자들은 백신을 개발하는데 진보를 이루었다.

913 씨앗을 심기 위해 비옥한 땅을 파라.

914 발전소는 전기 생산을 위해 물 공급에 의존한다.

DAY 31

pp.287-288

A 1 element 2 tissue 3 process
4 complex 5 laboratory[lab]
6 method 7 detect
8 technique

B 1 researcher 2 prove 3 relation
4 analyze 5 obviously 6 dense
7 examination

C 1 device 2 conclude 3 Vaccines
4 monitor

D 1 demonstrated 2 essential
3 predict 4 gene
5 prevent, from

해석

C 1 길을 찾기 위해 GPS 장치를 사용할 수 있다.
2 그 연구에서 어떤 결론을 내렸나요?
3 백신은 독감을 예방하는 효과적인 방법이다.
4 어떤 부모들은 자녀들의 온라인 활동을 감시한다.

DAY 32

pp.295-296

A 1 solar 2 gravity 3 accurate
4 theory 5 extend 6 launch
7 surface 8 advance

B 1 planet 2 universe 3 spaceship
4 Astronauts

C 1 beam 2 invisible
3 atmosphere 4 magnet

D 1 consists, of 2 aliens 3 orbits
4 unknown 5 succeeded

해석

B 1 수성은 태양계에서 가장 작은 행성이다.
2 우주는 매우 광대하고 놀라운 것들로 가득하다.
3 언젠가 나는 우주선을 타고 우주를 여행하고 싶다.
4 우주비행사들은 우주 비행 임무 전에 훈련받는다.

C 1 빛의 선[광선]
2 볼 수 없는
3 지구를 둘러싸고 있는 공기
4 금속을 끌어당기는 물체

DAY 33

pp.303-304

A 1 reality 2 instant 3 error
4 search 5 category 6 function
7 addict 8 online

B 1 type 2 post

C 1 Access 2 link 3 distract
4 reach

D 1 세계적으로 2 새롭게[갱신] 3 사생활
4 적응하는 5 끊임없는[거듭되는]

해석

C 1 그 건물에 접근(하는 것)은 거부된다.
2 그 영상의 링크를 내게 보내줄 수 있니?
3 산만하게 하지 마. 나는 집중하려는 중이야.
4 우리는 인터넷으로 전 세계 사람들에게 이를 수 있다.

DAY 31-33
1001 Sentences Review pp.305-306

A 924 link, access
925 atmosphere, layers
926 device, detect 927 Analyze, prove
928 solar, planets

B 929 lab, tools 930 focus, errors
931 Privacy, online
932 Vaccine, prevent
933 advances, search

C 934 Predicting, elements
935 gravity, invisible
936 instant, updates
937 astronauts, unknown
938 beam, reach
939 distracts, focusing
940 installed, monitor
941 Launching, accurate
942 find, out, universe
943 essential, adapt

해석

924 인터넷에 접근하려면 그 링크를 클릭하세요.
925 대기는 여러 층이 있다.
926 이 장치는 가스 누출을 감지하고 사람들에게 위험을 알릴 수 있다.
927 네 조사 결과들을 입증하기 위해서 데이터를 분석해라.

928 태양계는 태양과 다른 행성들을 포함한다.

929 실험실에는 실험에 사용되는 도구들이 있다.

930 연구원들은 오류들을 피하고자 세부 사항에 초점을 둔다.

931 사생활 염려는 온라인 활동을 추적하는 것과 함께 일어난다.

932 백신은 병이 확산하는 것을 막는다.

933 과학 기술의 발전은 정보를 찾는 방식을 바꿨다.

DAY 34
pp.313-314

A 1 policy　　2 evidence　　3 contract
　4 suspect　　5 criminal　　6 settle
　7 investigate　8 trace
B 1 disobey　　2 illegal　　　3 guilty
　4 robbery　　5 violent　　　6 punishment
C 1 commit　　2 permit　　　3 offend
　4 principle
D 1 appeal　　2 arrest　　　3 claims
　4 contracts　5 broke, into

해석
C 1 불법적이거나 유해한 일을 하다
　2 누군가가 무엇을 하거나 가지는 것을 허락하다
　3 누군가를 화나거나 속상하게 하다
　4 옳고 그른 것에 대한 규칙이나 신념

DAY 35
pp.321-322

A 1 defeat　　　2 weapon　　　3 defense
　4 desperate　5 loyal　　　　6 liberty
　7 devote　　　8 fate
B 1 invade　　　2 possession　3 greedy
　4 independence　　　　　　5 ancient
　6 insecure　　　　　　　　7 resistance
C 1 symbolizes　2 scholar　　3 holy
　4 biographies
D 1 revolution　2 military　　3 Republic
　4 reflect　　　5 broke, out

해석
C 1 우리의 국기는 우리나라의 가치를 상징한다.
　2 그 학교는 유명한 학자를 초대하여 강의하도록 했다.
　3 그 고대 사원은 마을 사람들에게 신성한 장소로 여겨진다.

4 그 도서관은 역사적 인물들의 거대한 전기 모음집이 있다.

DAY 36
pp.329-330

A 1 target　　2 rate　　　3 decline
　4 fund　　　5 steady　　6 potential
　7 strategy　8 expense
B 1 rapidly　　2 politician　3 election
　4 government 5 Wealthy
C 1 property　2 candidate　3 profit
　4 estimate
D 1 invest　　2 promote　　3 export
　4 economy　5 run, for

해석
B 1 국제 상황이 빠르게 바뀌고 있다.
　2 정치인은 종종 대중의 비판을 받는다.
　3 연말에 선거가 있을 것이다.
　4 정부는 피해를 보상하기로 약속했다.
　5 부유한 나라들은 세계 경제에서 중요한 역할을 한다.

C 1 사람에 의해 소유되는 것
　2 당선되려 하는 사람
　3 사업을 함으로써 얻는 돈
　4 양이나 크기를 추측하다

DAY 34-36
1001 Sentences Review pp.331-332

A 944 Robbing, criminal
　945 suspect, arrest
　946 slaves, desperate
　947 punishes, commit
B 948 accused, claims
　949 ancient, defense
　950 funds, military　951 Rapid, decline
　952 candidates, run
C 953 invest, property　954 evidence, guilty
　955 liberty, independence
　956 violent, criminals
　957 revolution, economies
　958 appeal, legal
　959 promote, permitted
　960 broke, out, invaded
　961 government, policy
　962 strategy, loyal

944 다른 사람들을 약탈하는 것은 범죄 행위이다.

945 경찰은 용의자를 체포했다.

946 노예들은 자유를 간절히 원했다.

947 법은 범죄를 저지른 사람들을 처벌한다.

948 그는 거짓 주장들을 한 것으로 기소되었다.

949 그 고대 도시의 벽은 수비를 위해 건설되었다.

950 그 나라는 군대를 지원할 충분한 자금이 없다.

951 빠른 경제 감소는 많은 실직의 원인이 될 수 있다.

952 세 명의 후보자가 대통령직에 출마할 것이다.

DAY 37
pp.339-340

A
1 angle	2 sheet	3 genuine
4 dull	5 enormous	6 odd
7 intense	8 numerous	

B
1 double 2 feature

C
1 precise	2 excess
3 lack	4 equal

D
1 delicate 2 approximate
3 Billions 4 was, filled, with
5 is, covered, with

C
1 명확하고 정확한
2 필요 이상인
3 어떤 것을 충분히 갖고 있지 않음
4 크기, 양, 가치 등의 면에서 같은

DAY 38
pp.347-348

A
1 terrific	2 pretty	3 consistent
4 ideal	5 awkward	6 awful
7 nearly	8 pardon	

B
1 exactly	2 incredibly	3 properly
4 absolutely	5 disgusting	
6 persistent		

C
1 immediately   2 likely
3 mostly 4 eventually

D
1 indeed 2 Fortunately 3 at, all
4 nevertheless
5 regardless, of

C
1 지체 없이; 당장
2 아마 일어날 것 같은
3 거의 전부 또는 거의 완전히
4 결국; 나중에

DAY 37-38
1001 Sentences Review pp.349-350

A 963 sorted, sheets   964 odd, all
965 absolutely, awkward
966 Lack, confusion
967 pretty, enormous

B 968 numerous, genuine
969 mostly, covered
970 likely, feature   971 Equal, ideal
972 filled, bunch

C 973 slight, disgust   974 dull, eventually
975 somewhat, precise
976 delicate, smooth
977 primary, properly
978 mass, incredible
979 approximate, billion
980 persistent, intense
981 nearly, doubled
982 Indeed, consistent

963 우리는 종이들을 색깔별로 분류했다.

964 너는 전혀 이상해 보이지 않아.

965 그것은 우리에게 완전히 곤란한 순간이었다.

966 명확한 지침의 부재는 혼란으로 이어진다.

967 크리스마스트리는 꽤 거대했다.

968 그는 진짜 골동품을 찾기 위해 많은 가게를 다녔다.

969 그는 청소 후에 대부분 먼지로 덮여있었다.

970 그 공연은 의류의 최신 트렌드가 특징을 이룰 것으로 예상된다.

971 모두에게 동등한 기회를 주는 것이 이상적일 것이다.

972 그 방은 풍선 한 다발로 가득 차 있었다.

pp.357-358

A
1 strongly   2 generally   3 certainly
4 seriously   5 definitely   6 context
7 overall   8 expression

B
1 deeply   2 simply

C
1 possibly   2 Frankly   3 Moreover
4 Otherwise

D
1 제외하고   2 하지 않으면   3 보다는[대신에]
4 뿐만 아니라   5 외에도

해석

C
1 저녁에는 아마 눈이 올지도 모른다.
2 솔직히 나는 야구 경기 보는 것을 즐기지 않는다.
3 그녀는 재능 있는 배우이다. 게다가 똑똑하기까지 하다.
4 밥 다 먹어. 그렇지 않으면 어떤 후식도 먹지 못 할거야.

pp.365-366

A
1 anywhere   2 distance   3 within
4 indoors   5 apart   6 session
7 northern   8 beyond

B
1 backward   2 upward   3 internal
4 previously   5 briefly   6 recently

C
1 whereas   2 whenever   3 shortly
4 meanwhile

D
1 beneath   2 upon
3 all, of, a, sudden
4 From, now, on
5 all, the, way

해석

C
1 나는 차를 더 좋아하는 반면 언니는 커피를 즐겨 마신다.
2 나는 날씨가 좋으면 언제든지 공원에 조깅하러 간다.
3 회의가 곧 시작될 것입니다. 착석해 주시기를 바랍니다.
4 그녀는 저녁 식사를 준비했고, 그동안에 그녀의 남편은 식탁을 차렸다.

A
983 session, shortly
984 recently, internal
985 Frankly, previous
986 definitely, rather

B
987 within, distance
988 seriously, except
989 certainly, unless
990 Generally, indoors
991 Despite, overall

C
992 deeply, sincerely
993 alongside, all
994 not, brief, also
995 upward, sudden
996 expression, context
997 upon, afterward
998 anywhere, northern
999 strongly, otherwise
1000 definitely, Furthermore
1001 simply, moreover

해석

983 치료 기간은 곧 끝날 것이다.
984 나는 최근에 제주행 국내 항공편을 탔다.
985 솔직히 말해서, 나는 이전 직장이 마음에 들지 않았다.
986 나는 확실히 외식하는 것보다 집에서 먹는 것을 좋아한다.
987 학교는 집에서 걸어갈 수 있는 거리 이내에 있다.
988 운전자를 제외한 탑승객들은 심각하게[심하게] 다쳤다.
989 그 차는 충전되지 않는 한 틀림없이 작동하지 않을 것이다.
990 일반적으로 뇌우가 치는 동안에는 실내에서 머무르는 것이 가장 좋다.
991 비가 왔음에도 불구하고, 그 행사는 전반적으로 재미있었다.

INDEX

1001 sentences
VOCA

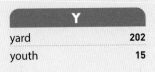

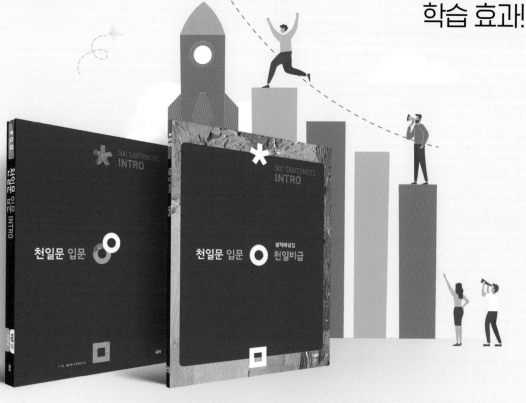

쎄듀런

① 구문
판매 1위 '천일문' 콘텐츠를 활용하여 정확하고 다양한 구문 학습

끊어읽기　해석하기　문장 구조 분석　해설·해석 제공　단어 스크램블링　영작하기

② 문법·서술형
쎄듀의 모든 문법 문항을 활용하여 내신까지 해결하는 정교한 문법 유형 제공

객관식과 주관식의 결합　문법 포인트별 학습　보기를 활용한 집합 문항　내신대비 서술형　어법+서술형 문제

③ 어휘
초·중·고·공무원까지 방대한 어휘량을 제공하며 오프라인 TEST 인쇄도 가능

영단어 카드 학습　단어 ↔ 뜻 유형　예문 활용 유형　단어 매칭 게임

④ 선생님 보유 문항 이용

Online Test　OMR Test

cafe.naver.com/cedulearnteacher

쎄듀런 학습 정보가 궁금하다면?

쎄듀런 Cafe

· 쎄듀런 사용법 안내 & 학습법 공유
· 공지 및 문의사항 QA
· 할인 쿠폰 증정 등 이벤트 진행

고등 기초부터 ○────── *New* ──────○ 수능 준비까지

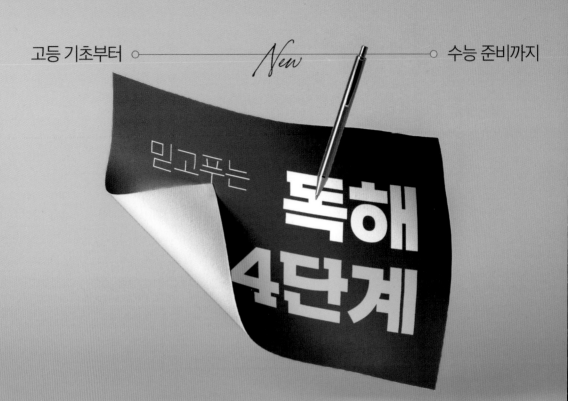

믿고푸는 독해 4단계

수능 독해의 유형잡고　　　모의고사로 적용하고

기본 다지는
첫단추

1 유형의 기본을 이해하는
첫단추
독해유형편

2 기본실력을 점검하는
첫단추 독해실전편
모의고사 12회

실력 올리는
파워업

3 유형별 전략을
탄탄히 하는
파워업 독해유형편

4 독해실력을 끌어올리는
파워업 독해실전편
모의고사 15회

* 위 교재들은 최신 개정판으로 21번 함의추론 신유형이 모두 반영되었습니다.

쎄듀